影响孩子

一生的教子方案

王宇 编著

金盾出版社

内容提要

《影响孩子一生的教子方案》一书共九章，主要针对21世纪孩子的心理特点，告诉父母如何抛弃错误的教育方式，正确教育子女；如何了解孩子的内心世界，不打不骂，用爱来教育培养孩子的独立、自主、自爱；如何用爱来感染他人，启发孩子在享受爱的同时知爱、懂爱、感恩爱。本书内容结合实例，通俗易懂，适合广大家长教子阅读。

图书在版编目(CIP)数据

影响孩子一生的教子方案/王宇编著. -- 北京 :金盾出版社，2012.2

ISBN 978-7-5082-7405-8

Ⅰ.①影… Ⅱ.①王… Ⅲ.①家庭教育 Ⅳ.①G78

中国版本图书馆 CIP 数据核字(2012)第 013257 号

金盾出版社出版、总发行

北京太平路 5 号(地铁万寿路站往南)

邮政编码:100036 电话:68214039 83219215

传真:68276683 网址:www.jdcbs.cn

封面印刷:北京印刷一厂

正文印刷:北京华正印刷有限公司

装订:北京华正印刷有限公司

各地新华书店经销

开本:850×1168 1/32 印张:9.625 字数:250 千字

2012 年 2 月第 1 版第 1 次印刷

印数:1～6 000 册 定价:20.00 元

前言

《影响孩子一生的教子方案》针对今日父母面对孩子的困惑，理论与实践相结合，从了解孩子的内心世界，到父母的情绪控制，搭起一座爱的桥梁，沟通着孩子与父母之间血浓于水的亲情。

孩子是未来的希望，是父母的骄傲，更是父母精神的寄托，所以父母总是千方百计地为孩子付出一切，当今的父母因为不懂得如何去了解孩子的内心世界，而一味地凭借着自己的好与恶来教育孩子，用金钱来诱惑孩子上学、做功课或是考取高分数，却往往成为不幸的失败者，并且还有可能使孩子成为拜金主义者。

《影响孩子一生的教子方案》告诉年轻的父母，要放下父母的架子，与孩子平等沟通，清晰了解孩子的内心世界，从而与孩子有效沟通，及时鼓励，常怀爱之心，启发孩子知爱、懂爱、感恩爱，让孩子从日常生活中的小事做起。

父母都有一种望子成龙、望女成凤的期盼，父母也会时常控制不住自己恨铁不成刚的怒气，失去理智地打骂孩子。当听到孩子嚎啕大哭的时候心也会痛，然而却总是犯下这样的错误，留给孩子内心难以愈合的伤痕。

面对自己的打骂，也许你曾视而不见、听而不闻，甚至从来就不曾想过孩子内心的感受，而是自我安慰"打是亲，骂是爱"但是这种打骂往往会将孩子推入深渊，使孩子在最敏感时期学会打骂、说脏话、叛逆等等。《影响孩子一生的教子方案》给父母们介绍了一些避免与孩子冲突的技巧，改变与孩子之间的沟通方法，从而使孩子与父母的心更加贴近；帮助孩子和父母建立健康、愉快的关系，使孩子在爱、包容、尊敬中成长，从而培养出更加出色的孩子。

本书结合实例，从“爱”出发给孩子点燃希望之灯：

世界冠军刘翔，小时候非常调皮，而且经常逃课，妈妈对自己的儿子感到十分担忧，但是她却从来没有打骂过自己的儿子。

有一天，她特意给儿子做些他最爱吃的菜，然后与小刘翔一起谈心，妈妈讲起一家人对他的希望和失望，渐渐地，万千感慨涌上心头，泪水禁不住地往下流。从而给刘翔带来了震撼，母爱包容了他的错误，也唤起了他心中的爱，从而使他懂得尊重父母的爱、懂得报答父母的爱。

父母教育孩子应从“爱”开始，给孩子包容与忍让，用爱心让孩子懂得父母的良苦用心，从而意识到自己的错误，并且愿意改正错误，通过努力来报答父母的恩德。

《影响一生的教子方案》从“爱”开始，让孩子在爱中成长，用爱来体会人间的酸甜苦辣，学会独立、自强、自信，懂得享受爱与分享爱，并且将这份爱广泛播种，让爱遍布整个社会。

真爱从生命开始，父母应关爱子女、呵护子女，珍惜父母与孩子之间的亲情，做到不打不骂，正确地给子女施以“爱”的教育，使孩子在和睦、健康、温馨的家庭中快乐成长，父母给孩子一种“爱”的教育，孩子给社会一种“爱”的文明，“爱”的责任。

作　者

目 录

第一章 和睦家庭，给孩子温暖的港湾

第二章 尊重孩子，给孩子独立的发展空间

第三章 宽容之“爱”,给孩子改错的机会

第四章 用“爱”倾听，关注孩子的内心世界

第五章 用“爱”赞美，给孩子放飞梦想的翅膀

第六章 为爱导航，让孩子学会感恩

第七章 让孩子在“爱”中学会分享与付出

第八章　寻根求源，父母“爱”孩子的误区

第九章　热爱生活，培养孩子的高度责任感

第一章

和睦家庭，给孩子温暖的港湾

俗话说："家和万事兴。"孩子是希望的幼苗，想要孩子幸福、快乐地成长，就要把爱种植于家中，因为只有爱才能给孩子带来智慧、带来快乐、带来温暖，从而为孩子带来前进的动力。所以，家必须和睦，只有让孩子感受到家是温暖的港湾、是安全的避风港，孩子才会无忧无虑地健康成长，以一颗乐观积极的心去回报父母、回报社会。

1. 给孩子一个"孝敬父母"的榜样

在中国的传统文化中,"孝"是一个灵魂性的概念。在古代,有"举孝廉"的说法,就是说,孝敬父母亲人,洁身自好的人,就可以被举荐做官。可见"孝"在人们心中的地位可谓是举足轻重。在当代,虽然没有了这种优待,但是那些以身事亲、孝敬父母的人也是大家赞扬的对象。几乎所有为人父母的人,都可以为孩子无私付出,不求回报。同时,几乎所有的父母也都希望自己的儿女是一个孝顺的孩子。那么,如果你想让你的孩子成长为一个孝敬父母、知恩图报的人,就要给他们一个"孝敬父母"的榜样,让他们从小都被你们孝敬长辈的气氛熏陶。

为孩子营造一个孝顺的环境

《弟子规》中总结了很多孝顺父母的话,比如"亲所好,力为具;亲所恶,谨为去。""亲有过,谏使更。怡吾色,柔吾声。"类似的道理还有很多,很多父母苦口婆心地教育自己的孩子要做一个孝敬父母的人。但是,最直观最有效的教育方式并不只是口说心授,而应该是言传身教并行。

所谓言传身教,其实也可以拆开来理解,那就是"言传"和"身教"。教育孩子要孝敬父母的时候,只有口头上的说教并不能达到令人满意的目的,还应该用你自己的亲身行动与之配和,这样才能给孩子以最直观、最亲身的感受。

苏南是一位年轻的妈妈,她的女儿优优刚刚 4 岁,长得很漂亮可爱,也很讨人喜欢。可是,最近她发现,女儿对自己总有一副颐指气使的态度。她让妈妈帮她做什么，而妈妈没有及时做到的时候，她的小嘴立刻就嘟了起来。这让她心里很忐忑。毕竟在孩子小的时候教育不好孩子的话，以后再想纠正孩子的心理就没那么容易了。

苏南静下心来好好想了一下，心生一计。晚上，她像往常那样，给婆婆打好了洗脚水，与以往不同的是，她今晚没有将洗脚水送到婆婆的房间，而是扶婆婆到客厅的沙发上坐下。这时候，她又以看电视的名义叫来女儿优优。很快女儿就从房间里跑出来，坐在了奶奶身边。

苏南这时候打开电视机，不出她所料，电视上正在播出一则著名的公益广告：一个小男孩要妈妈给他讲小鸭子的故事，而劳累了一天的妈妈没有及时地给他讲。他有些不开心，可是他来到奶奶的房间，看到妈妈不顾劳累，认真地给奶奶洗脚，突然转身离开。镜头一转，妈妈照顾完奶奶，来到小男孩的房间准备给他讲故事，可是小男孩却不在屋里，正当妈妈疑惑时，回头看到小男孩吃力地端着一盆水，走一路洒一路，但是，可以看出他很认真的样子。只见他把水端到妈妈身边，对妈妈说："妈妈，洗脚。"就这样，他边给妈妈洗脚，边说："妈妈，以后，我也要给你讲小鸭子的故事。"

苏南偷偷地看着女儿的表情，发现女儿甜甜地笑了一下，然后扭过头对她说："原来我的妈妈也像那个阿姨一样！妈妈，我以后也要做个孝顺的乖孩子，我也要给你讲小鸭子的故事。"听着女儿稚嫩而坚定的声音，苏南会心地笑了。

其实，正如那个广告所传递的意思：父母是孩子最好的老师。父母的行为会很大程度地影响自己的孩子，并对孩子产生启蒙作用。因此，想要培养一个什么样的孩子，就要给他营造一个什么样的环境。有时候，孝敬老人、尊重老人不用你每天挂在嘴边，也无需对他的耳膜进行"狂轰滥炸"，只要你自己做到了你想要他做的那样，自然就会对他起到表率和榜样的作用，这比什么样的话语都要有效、都要震撼心灵。

为孩子树立一个孝顺的榜样

有人说，一个人，从他（她）为人父母的那一天起，身上就被赋予了不一样的色彩。因为他不再只是自己父母的孩子，同时也成为了另一个生命的父母。在你的孩子成长的每时每刻，你都扮演着这样的双重角色。你哭，他会记着你哭的样子，你笑，他会记着你笑的样子；你脾气乖戾，他会因此而被熏陶出暴躁的性格，你性情温和，他会因此而被感染出温婉的脾气。

同样，如果你每天展示给他的是一个子孝女顺、其乐融融的温馨画面，他自然也就会在自己脑海里定格一个“孝敬父母”是天经地义的事情的画面。反之，如果你整天都对父母横眉冷对，恶语相加，稍有不如意就对父母横加指责甚至将父母赶出家门，那你的孩子自然也就无法为自己找到一个好的榜样，那他以后不孝敬你似乎也是有必然的了。

无论社会发展到什么阶段，孝敬父母的道理都不会有所改变。孝敬父母也是一个人的为人之本。当然，作为孩子的父母，你的内心里也一定希望自己辛辛苦苦抚养长大的孩子，能在自己风烛残年、日薄西山的时候成为自己内心最温暖的那一缕阳光。那么，你就要在日常的生活中给他们耳濡目染那些孝敬父母的场面。孝敬不是单靠嘴说出来就行的，还要你亲力亲为，做他幼小心灵的榜样。要知道，榜样的力量绝对比你千言万语的力量要大得多。

其实在日常生活中，孝敬你自己的父母，本来就是一件天经地义，不需别人告知的事情。你无须向他展示“戏彩娱亲”，不必向他演绎“卧冰求鲤”，更不用为他展演“弃官寻母”，只要你在生活中多关心自己的父母，凡事多和父母商量，不让父母为你忧心烦恼……这些举手之劳都会在他们心里留下深刻的印象，也会感染到他的内心，让他在心里认可孝顺父母的必要性。

因此，教育孩子孝敬父母时，最有效的不是多么绘声绘色地讲解，也不是纸上谈兵、天马行空的联想，而是你无声的感化和你为父母的安康、舒心而无怨无悔地忙碌的身影……

"树欲静而风不止，子欲孝而亲不待"是一种悲剧性的凄凉，因此，孝敬父母的心要与自己同行。"百善孝为先"，并且，孝顺从来都不是"说"出来的，而是以实际行动演绎出来的。也只有这样的方式才能对孩子的心灵有最大的教育作用。也许很多时候，你将"孝顺"两个字说得天花乱坠，也抵不上你给父母的一个拥抱，一句关心体贴的话语，或者是一桌可口的饭菜，一身温暖的衣服。他们需要的不只是你的语言烘托，更需要你的行动渲染。我们相信，出自一个妻贤子孝、"孝"字当先的家庭的孩子，一定也不会是一个冷漠无情，置父母的冷暖温饱于不顾的人。

2. 为孩子建立一个和睦家庭

众所周知，家庭是社会整体中的一个小细胞，也是孩子出生后生活的第一个环境，而家长可以说是孩子的启蒙老师。因此，家庭教育因为它得天独厚的条件，有着学校教育、社会教育不可代替的作用。为此，家庭教育显得愈发重要和愈发关键。虽然先天条件很大程度上制约着孩子的心理特征，但是，后天的教育和养成绝对是孩子心理发育的主要因素。所以，如果你想要你的孩子是一个积极乐观，心态平稳，遇事冷静的人，那就要给他一个和睦团结、积极向上、充满欢乐的家庭。

别让家庭战争毁了你的孩子

因为中国传统观念的影响，夫妻之间总是觉得在孩子面前有亲昵行为很别扭，很羞涩，于是就造成了许多夫妻相互体贴与关爱时背着孩子，可是，如果一旦吵架却是当着孩子，甚至还把孩子卷入其中的现象。天长日久，孩子可能会对爱情与婚姻产生消极的理解。如果万一再出现夫妻离异，有些人更是水火不容。比如，对孩子进行一些类似于“天下男人没有一个好东西”、“女人都是狐狸精”等消极的语言灌输。天长日久，这种偏激的泄私愤的言论可能会使孩子对家庭产生恐惧，甚至产生逃离家庭的想法。

因此，为孩子营造一个和睦温馨的家庭，显得至关重要，也显得刻不容缓。为人父母永远不要试图用锦衣玉食或是百依百顺的生活来代替一个和睦温馨的家庭氛围。良好的生活条件可以带给孩子身体上的享受和满足，但是却永远无法填补孩子心灵上需要温暖需要关爱的空白。因此，如果你真的爱你的孩子，就请让他远离家庭纷争，远离婚姻纠纷，给他一个充满爱的家。

陶雪和洛林结婚 12 年，有一个聪明可爱的孩子阳阳，刚刚 10 岁，成绩相当优秀不说，而且还多才多艺。在外人看来，这是一个幸福的家庭。

可是，半年以前，陶雪和洛林发生了婚姻危机，两个人经过了无数次的吵闹之后，都变得冷漠无言，处于冷战之中。这件事的原因是洛林升职了，在外应酬的时间越来越多，回家的时间也越来越晚，像电视剧里的烂俗情节一样，陶雪开始怀疑他外面有女人。虽然没有证据，但是陶雪一改往日贤淑的形象，和丈夫大吵大闹。洛林也不甘示弱，两个人就这样把日子越过越糟糕。

在吵闹的过程中，两个人几乎针锋对麦芒，但是有一个共同点，就是同样地忽略了儿子阳阳。他们不知道，每当他们两个吵架的时候，阳阳就独自一个人关上房门，静静地缩在角落里，不哭不闹，不言不语。直到外面平静了，听到父母各自摔门而出之后，他才战战兢兢地打开冰箱，找些吃的。

这样的日子，陶雪和洛林已经坚持了半年，而阳阳也就忍耐了半年。终于有一天，在两个人再度吵闹之后，阳阳含泪写了一封信留在卧室里，离家出走了。晚饭时，阳阳没有像往常那样出来吃饭，敲门也没有人回应。等进去看完那封信，两人才开始慌张，才意识到自己的行为已经影响到了年幼的孩子。可是，为时已晚，孩子已经不堪重负，选择了逃离。

看完这个故事，也许你也会为阳阳感到无辜或是惋惜。的确，在父母的纷争中，孩子是无辜的，他甚至不懂婚姻的意义，不懂感情的内涵，却要为自己最亲近的人所累，被父母的矛盾纷争所带来的家庭阴影所笼罩。这样的压力一天天地在孩子的心中生根发芽，最终结出了逃离家庭的苦果。

不得不说，和睦温暖的家庭是爱孩子的必要条件，如果父母连自己的角色都扮演不好，又怎么能对孩子的成长“指手画脚”？爱孩子，就给他最好的家庭氛围。一家老小，笑语盈盈；一桌饭菜，热气腾腾；一个画面，其乐融融……也许，这比任何话语都更有力量，比那句“爸爸妈妈爱你”更真实。

和睦的家庭是孩子健康成长的乐园

从古以来，“家和万事兴”都是一个不变的真理。并不是说“家和”就能有多么大的家业，就能有多么耀眼的光环。而是说“家和”能提高家庭成员的凝聚力，也能提高家庭成员的幸福感和认同感。这样的家庭无论是面对什么样的困难，都不会动摇。这样一来，也就能更容易走向更美好的未来。而这种凝聚力、幸福感、认同感正是家庭教育最成功的境界。

孩子的心灵就像是脆弱的雪莲花，远远看去很晶莹剔透也很坚强昂扬，但是，一旦稍有波动，就会支离破碎，无法复原。因此，如果想给孩子一个良好的成长环境，就要给他一个充满温暖的家。只有一个成长在温馨和睦家庭中的孩子，才能更懂得爱自己、爱别人，才不会在成长的过程中出现这样那样的身心问题。

教育孩子是一项神圣而艰巨的任务，它不同于其他任何一项工作。因为它需要投入真心和真爱，要进行心与心的沟通，要进行爱与爱的串联。而真心和真爱在教育孩子的过程中就很大程度上体现为家庭和睦，美满幸福。

美国有一位成功的妈妈凯莉，据她回忆说，当她还是一个小女孩的时候，曾经和姐弟、爸爸一起坐在地板上，她问爸爸："你给我们最棒的礼物是什么?"当时她的爸爸没有经过太多的犹豫就说："我觉得，任何一个父亲能够给予他的孩子们最伟大的礼物，就是爱他们的母亲。"可见，一个和睦的家庭对孩子的成长有多么重要。

研究表明，成长在和睦的家庭中的孩子，长大后一般都是一个尊老爱幼、温和宽容、思维缜密、谨言慎行的人，这样的人也更容易取得成功。而家庭不和睦，父母争吵打闹不断，甚至分道扬镳的孩子，长大后成为问题青年或者离婚的几率要大得多，严重的还会做出违法犯罪的事情。做父母的必须明白，孩子是一个娇弱的群体，孩子极其需要一个充满爱的家庭，同时也极其需要由父母稳固的婚姻所能带给他们很深的安全感。当夫妻双方从婚姻中学到更多相处的智慧，学会从对方身上发现优点，并能自觉地维护婚姻，避免家庭琐事的烦扰，友好地对待与婚姻有关的亲属关系等等时，家就成了一个温馨的港湾，也就成了孩子成长的乐园。

爱孩子，就给他最好的家庭氛围：父母相敬如宾，相亲相爱；老人含饴弄孙，共享天伦；邻里和睦，互帮互助；兄弟齐心，孝悌永存。总之，在他成长的岁月里，让他心里永远满满地装着你们的笑声。一定不要等到孩子选择逃离家庭，疏远父母的时候才开始醒悟，因为，那时你们都已经错失了太多美好，而这样的美好很有可能无法修复或是弥补。

3. 和孩子一起“闹”，让亲子之爱变得更有趣

由于社会现实的影响，现在的家庭里，多半都是独生子女。每当孩子从外边玩回来，或是放学回来，作业之外就是寂寞的世界了，唯有玩具和动画片为伴。而家长也经常因为家务或是工作压力而没有心情陪孩子玩，孩子和家长越来越没有话说。有的小一些的孩子见到妈妈或是爸爸抱抱亲亲之外，似乎就再也没有什么可以一起交流或是在一起做的事情了。而那些大一些的孩子情况更是糟糕，父母通常是问孩子今天有没有作业，然后逼着孩子做作业，而孩子做完作业之后就是沉浸到游戏世界去了，与家长的交流更是少得可怜。怎么样才能让家长和孩子能够快乐而又轻松地渡过业余时间，怎么样才能让家长和孩子更好地交流成为无话不谈的好朋友就显得迫在眉睫了。

教育孩子时，要勇当“孩子王”

很多父母，特别是当下的很多年轻的父母，都明白想要教育好孩子，就要跟孩子保持良好的亲子关系和互动关系。但是，一旦提

到究竟该怎样和孩子们成为朋友，怎样和孩子们建立亲密无间的亲子关系时，很多做家长的就变得无言以对，面面相觑了。

其实，最简单、最有效的方法莫过于家长和孩子打成一片，成为一个名副其实的“孩子王”。这样，你就成功地融入到了孩子的世界中，他也会把你真正地当作自己的朋友来看待。这时候，如果你针对孩子有什么样的教育计划或是户外项目，他多半也会乐意配合或是欣然前往。

而想要做一个合格的“孩子王”，就要睁大双眼，细心观察孩子的兴趣爱好，观察孩子的喜怒哀乐，知道孩子心里想的是什么，期望的是什么，然后再投其所好，有的放矢。往往这时候，你所做的事情也正中他的下怀，如果你此时再能和他一起玩闹，一起“疯狂”，一起没大没小，没上没下，那你基本上离“孩子王”的距离就不远了。

其实这些事情做起来并不难。众所周知，每个孩子都有自己特别喜欢玩的游戏或是玩具，这些只要家长在平时多细心观察就不难发现。当发现了孩子的兴趣爱好之后，就要采取一些行动去“迎合”孩子的爱好，成为孩子忠实的朋友。

再者就是，家长不要远远地看着孩子玩，最好能够和孩子一起手把手地玩，融入孩子的世界里，彼此像朋友一样玩耍。家长只是单纯地做到不干涉还不够，还要进一步进入其中，做个真正的“爸爸朋友”或是“妈妈朋友”。这个过程其实就是你和孩子亲密交流的过程，也是孩子充分依赖你，信任你，愿意主动亲近你的过程。这时候你也会发现，你的孩子是多么专注，对你又是多么的亲昵，而你的亲子计划也首战告捷。

和孩子一起“瞎闹”，越闹越亲

很多家长在与孩子的关系上总喜欢把自己定位为高高在上的

人，总觉得小孩子的胡打胡闹跟自己都没有关系。因此，他们选择的模式就是孩子玩孩子的，自己忙自己的，互不干涉，也互不影响。其实，这是一个亲子的误区。因为孩子和父母之间的感情，除了天生的血缘关系之外，多半要靠多接触、多沟通来加深。如果一直让父母与孩子之间的关系处于这种不冷不热、若即若离的状态，孩子就会与家长产生隔阂，天长日久，亲情也就很难加固。

好的亲子关系不一定是时时刻刻都和孩子呆在一起，但一定是孩子高兴的时候，有父母和他一起高兴，孩子玩耍的时候，有父母和他一起玩耍……总之，在自己力所能及的情况下，他们都会选择和孩子"搅"在一起，和孩子一起"瞎闹"，借此拉近和孩子的距离。

墨墨已经4岁了，是一个乖巧懂事的小女孩。唯一让爸爸妈妈感到很遗憾的就是，因为工作和孩子无法兼顾的原因，墨墨从小没有和他们住在一起，直到孩子快4岁的时候，才从爷爷奶奶家里来到父母身边。也正是因为这个原因，墨墨老是不爱跟爸爸妈妈说话，与爸爸妈妈的关系也显得不是很亲昵。每次爸爸妈妈叫她一起看电视时，她都摇摇头，而更愿意在自己的房间里和芭比娃娃一起玩，跟娃娃说话，唱歌。

这可急坏了爸爸妈妈，他们心里一面后悔自己当初就应该自己带孩子，一面急着想办法和孩子建立好亲子关系，让孩子认可父母的位置。一天，墨墨的爸爸听当幼师的妹妹说，让自己试着和孩子一起玩，一起闹，试着用儿童的语言和行为方式和孩子交流，也许会有效。于是，爸爸妈妈想了想，趁着周末一起来到了儿童玩具店，买了几盒橡皮泥，又买了一个风筝。然后又来到布料市场买了一些漂亮的布和轻纱，买好这些东西，两个人回了家。

晚上，爸爸妈妈早早地收拾完，就在墨墨的房间门口铺了一张大纸，拿出买回的橡皮泥，开始制作橡皮泥玩具。爸爸妈妈一边制作，还一边故意时不时地说："橡皮泥真好玩，可以捏成各种各样的小动物，还可以捏成漂亮的花朵、水果，怪不得小朋友都喜欢玩呢。”果然，过了一会儿，墨墨慢慢地打开房门，悄悄地坐到爸爸妈妈的身边。

爸爸妈妈会心地一笑，轻轻地问：“墨墨也想和爸爸妈妈一起玩吗？”墨墨不说话，使劲地点点头。妈妈高兴地从盒子里又拿出来几块橡皮泥递给墨墨，还拿来图册说明书，教墨墨玩。就这样，三个人玩了两个小时，在墨墨意犹未尽时，爸爸说要睡觉了，还说明天要带她去放风筝，回来还要给芭比娃娃做漂亮的衣服，以后三个人都要进行这种“游戏一起玩”的活动。墨墨开心得不得了，乖乖地洗漱完毕，然后去睡觉。

第二天，醒来的墨墨赶紧来到爸爸妈妈的卧室，爬到他们的床上，钻到妈妈的怀里，要跟他们一起去放风筝。他们两个看看对方，高兴地笑了。就这样，经过一系列的“游戏一起玩”的活动，现在的墨墨爱说爱笑，与爸爸妈妈亲密无比，亲子关系也越来越好。

这个故事可以说是一个亲子教育取得成功的例子。孩子和父母不够亲，不是因为孩子与父母之间没有父子母子的亲情，只是孩子还不懂得父子母子的亲情，同样也是因为父母以“工作忙”、“小孩子的游戏太幼稚”等为借口，不给孩子了解和懂得亲情的机会。

和孩子一起玩，和孩子一起“瞎闹”绝对不是幼稚的表现，而是和孩子建立彼此信任、彼此依赖的稳固关系的有效方式。当你放低姿态，站在孩子的位置，以孩子的视角观望周围的一切的时候，你会发现，孩子眼里的世界一点都不比成年人的世界单调，还富有很多成人世界里所没有的东西。而这种放低姿态的过程，就是心与心贴近的过程；这种换位的过程，就是和孩子用一根无形的线紧紧相牵的过程。

第一章 和睦家庭，给孩子温暖的港湾

如果你想和你的孩子之间建立良好的亲子关系，就不妨放低你的“成年人”姿态，用孩子的耳朵去倾听孩子的心声，用孩子的眼光去观望孩子的世界，用孩子的色彩去描绘孩子的心灵……试着和他们打成一片，闹成一团，从中，你会收获不一样的亲情。

4. 制定规范孩子行为的“家规”

古语有言曰：无规矩不成方圆。规矩就是做事的准则和标准。一个国家有一个国家的规矩和标准，如果从抽象变为具体的话，就是《宪法》以及各种各样的法律法规。一个社会也有一个社会的行为准则，除了法律法规之外，又多了一层道德准则的约束。同样的，作为社会的一个小细胞，家庭中也应该有一套规范人的行为的“家规”，这样，在教育孩子的时候，可以有章可循，也可以教育孩子从小做事要懂规矩、讲章法。

为孩子制定合理的“家规”

中国的“家规”观念可以说是源远流长，古代有严苛细谨的家规作为整个家族的灵魂性纲领，现在的家庭中虽说很少再有如此古板迂腐的做法，但是相对来说，每个家庭里都有一些不能触碰的原则底线，用来在无形中约束家庭成员。其实，无论是明确指定、代代相传的大家风范还是约定俗成、自觉遵守的小家传统，其目的都是要树立“角色”意识，让每个人都知道什么可做、非做不可，什么不可做、决不能为。

教育孩子是一件任重而道远的事情，为了让孩子对是非曲直有一个直观的、明确的感悟，制定一个合理健全的“家规”不失为一个好方法。父母要让孩子从小就知道规矩的重要性，明白人虽然相对来说是自由的，但是也绝不是可以任意妄为或是为所欲为，更不是可以胡作非为。要让孩子明白有些事情要努力做到，有些事情一旦做了就是犯错误。比如，见到长辈要问好，晚上睡觉前说晚安，外出时告知父母自己和谁一起、何时回来、去了何地，邀请别人回家要提前征求家长意见，东西摆放整齐，用后要放归原处，爱惜衣物书籍和粮食饭菜，进别人房间要敲门，经允许方可入内，不能乱翻别人的东西等等。

颜先生的女儿颜颜今年上大班了，老师说她比其他同学都懂事。其实，颜先生就是在她很小的时候开始锻炼她自主的能力罢了。颜先生给她定了简单的家规：自己洗澡，八点半睡觉，不喂饭等等，而且颜先生和妻子执行得很坚决，在女儿面前从不表现出心软。几年坚持下来，她就养成了良好的习惯，每天自己起床，自己吃早饭，自己去上学，晚上做完作业后看一会儿电视，然后自己洗澡睡觉，都不用大人操心，学习成绩也很优秀。

总之，要让孩子知道“勿以善小而不为，勿以恶小而为之”的道理。孩子毕竟还处在成长期，各方面的发育还都不够成熟，自我控制能力也较弱，有的已经改正的坏习惯还可能再犯。因此，家长作为其监护人介入其中，为其制定一些对其成长有利的行为准则和“家规”十分必要。无论是为了巩固孩子纠正不良生活习惯所取得的成绩，还是预防和纠正孩子的坏行为，这个方法都是可取的。

不过，各位家长需要注意的是，家规的制定要发扬民主，由全家人讨论制定，对孩子既要有约束作用，又要符合实际情况，使孩子经过努力可以做到。家规制定出来后，一定要严格执行，定期总结；在执行家规的同时，还要改善家庭的氛围，家庭成员之间要互相尊重、互相关心。在制定家规的时候，应该让他感受到这是缘于父母的爱心，要让孩子有安全感，切忌让孩子产生抵触心理，觉得父母不爱他了。在坚持原则的基础上给孩子关爱，在不违反威严的情况下让孩子明白父母的良苦用心，并让家规起到其应有的作用。

让“家规”充满爱的味道

如果一个人在童年时没有形成健全的人格，对事物将给其未来造成许多障碍。所以应该给孩子制定家规，让他从小就明了是非曲直，以免误入歧途。父母必须让孩子明白，自由并不是无限的，他必须接受并遵守一些规则。但是，对孩子进行合理的限制并不意味着他会失去自由。

在制定“家规”的时候，也要考虑到孩子的心理领悟力和执行力，语言尽量用正面的要求代替负面的责罚，语言要简洁凝练，言简意赅。如用“要按时起床睡觉，爱惜粮食，表现良好，可以获得一个小奖励……”代替“如果不按时起床睡觉，浪费粮食就要受到惩罚”。如果孩子违反了“家规”中的条款，可以酌情给予惩罚，但是要告知孩子惩罚不是目的，教育才是目的。不要小看“家规”的作用，如果执行好了，会使父母更好地把握教育的尺度。

除了要注意言语措辞之外，还要添加上一些“爱的味道”。让孩子感受到父母不是在给自己的身上增加一条限制自由的锁链，而是在用一种直观的方式教育自己、爱自己。此外，做父母的还要明白一个道理，就是想让孩子执行，自己就要和孩子一起执行。让孩子知道“家规”不仅仅是立给孩子的，而且爸爸妈妈也要严格遵守，以身作则。比如，要让孩子规律进食，父母自己就要在饭桌上举止规范，不挑食，不浪费。要让孩子懂礼貌，父母自己就要对所有的人使用文明用语……尽量帮助孩子认识到为什么要守这些规则，使他真正理解原则的意义。

只有让“家规”充满爱的味道，才能让孩子愿意执行，不会产生望而生畏的心理，对孩子来说，这个“家规”也更能起到作用。因此，为了教育好孩子，把握好教育的尺度，应该给孩子制定一个明确的“家规”，同时，为了让孩子快乐地执行，不会被父母的威严吓到，就要让“家规”变得“软”一些，正所谓“软规则，硬执行”。

孩子的心智发育尚未成熟，自我控制能力也属于相对较弱的阶段，因此为孩子制定一些适合其阅读、记忆和执行的“家规”就显得很必要。制定家规就是告诉孩子有规矩才能成方圆的道理，给孩子提供宽松的成长环境的同时，也告诉他们自由不是无限度的，想要自由就必须遵守一定的规则，知道什么能做什么不能做，什么该做什么不该做。与此同时，将父母的爱注入“家规”之中，让孩子不至于被家规吓跑，也让孩子享受到来自父母的关爱和温暖。

5. 不要做孩子的“统治者”

很多家长总喜欢以长者的身份居高临下地同孩子交流，总是以“我是大人，你要听我的”、“我的任务就是给你下达命令，你的任务就是无条件服从命令”的面孔面对孩子稚嫩的眼神。有些家长更是整天都以一副盛气凌人、颐指气使的样子对待孩子。他们不懂得平等地与孩子交流，不懂得俯下身来以孩子的视角来看待问题，因此他们往往需要面对一个“不听话”、和父母对着干的孩子。

第一章 和睦家庭，给孩子温暖的港湾

和孩子做朋友，陪伴孩子快乐成长

都说父母是孩子的第一任教师，可并非每位当上父母的家长都能很好地承担起“家庭教师”这一角色的分量，很多家长都没有事先为孩子的教育问题准备好教学大纲和认真备好课。曾经有一位家庭教育专家归纳得好：成人在家庭，成才在学校，成功在社会。既然家庭教育对孩子的人生有如此重要的作用，那么所有家长就一定要对此提高重视。

和孩子做朋友不是做做样子就可以，也不是一个口号喊喊就行，而是要身体力行，贯彻到底。如果总是和孩子站在对立面，总是不顾及孩子的内心，任意对孩子发号施令，带来的结果一定不会太好，还有可能出现孩子和家长“躲猫猫”或者“上有政策，下有对策”的情况。

厦门有这样一位初中生。一天他和妈妈一起去买学习资料，回来的路上，他见到很多因为天气干燥而枯死或发黄的花草。这个孩子就对妈妈说：“妈妈，你看，天气太干旱了，要是下点雨该多好，这样花花草草也不会被旱死了。你说是不是？”妈妈头也不回地说：“这不是你该管的事，也不是你能管得了的事。你的课文还不会背呢，多操心点自己的学习吧。都不知道你脑子里整天在想些什么，不务正业，玩物丧志。”“可是，我想多体验一下生活，不仅仅是死板地背课文。”孩子争辩道。“不行，我说不行就是不行。你翅膀硬了还是怎么了？你就应该听我的话，我让你干嘛你干嘛，休想自作主张。你给我记住，回家后好好背书，别再想你的雨了。听到没有？”就这样，孩子很失望地跟妈妈一路走回家，再也没有说一句话。

第二天就是周一了。这个孩子来到学校就和同学们说，哪一天下雨的话，我们写一篇诗歌好吗？一定很有意义。同学们答应了。果然，过了几天，天降甘霖，同学们兴奋极了，甚至放学的路上不打伞，体验漫步于小雨中的美好。回到家里，这个孩子就在自己的房间里写道：啊，及时雨呀！你来得好，下得妙，空气清新了！花朵鲜艳了！就连门前的小树都精神了。妈妈在外面听着不对劲，就进来问他在干什么。孩子回答，我在背诵课文，有事吗？没事就出去吧，别影响我背书。妈妈听了以后很开心，说着“乖儿子，妈妈给你做好吃的去”，就乐颠颠地出去了。屋里，孩子无可奈何地摇摇头。过了一会儿，屋里又传来了“及时的雨啊……”的声音。

看完这个例子，让我们想笑，却又笑不出来。有些时候真的要说，不是孩子不够听话、不够懂事，是我们做家长的真的有些倚老卖老、蛮不讲理。家长和孩子不是天敌，但是很多家长却将“天敌”的角色演绎得淋漓尽致，这也就难怪孩子会压抑自己的情感，或是和自己的父母“决战到底”了。

做孩子的朋友，而不是“司令”

做孩子的朋友，就需要家长放下平时的冷面孔，以一个真正温和的面孔来面对孩子。在一个优秀的家庭里面，孩子绝对不是一个弱势者，也不是一个只会听父母的命令，不能有自己的想法，不能有丝毫“越轨行为”的人。孩子和父母的关系应该是亲密无间、互相倾听的朋友关系。

如果你能够俯下身来以孩子的视觉来看问题，你会发现孩子的世界、孩子的想法并不是你所想象的那样混乱不堪、幼稚可笑。一位妈妈说过这样一件事情：当她的孩子很小的时候，有一次她跟孩子玩时，孩子竟然朝自己的妈妈的头发上吐口水。自然，这位母亲当时特别生气。但是当她强忍怒火问明原因时才明白，原来孩子是学着妈妈给她讲的故事中的小象，向妈妈的头上喷水，试图给妈妈“降温”。妈妈表扬了她的孝心，还给她讲了小象喷水和人吐口水的不同。她发现以朋友的身份与孩子交流，给孩子平等的权利，也使得孩子把她当成了自己真正的朋友，更乐于同她交流。

教育孩子，不能总是把自己放在高高在上的位置上，把自己弄成一副不可一世的样子。有时候也需要低下身子，弯下腰板，甚至要学会“退避三舍”。如果总是把自己当作孩子的“司令员”或是“统治者”，试图用自己的威严或暴力征服孩子幼小的心灵，那就是大错特错了。因为那样只会导致孩子害怕与父母交流，与父母越来越疏远。

要成功地与孩子进行有教育意义的交流，父母必须始终小心翼翼地去维护孩子幼小的心灵，平等地和孩子做朋友。让孩子明白这样一个道理：父母和孩子之间是平等的，而且还是相互尊重的。在适当的时候，尝试着用不同于平常的语言向孩子表达你的爱，表达你对孩子的关心和爱护。让孩子明白父母非常在意自己。同时，孩子们丰富的情感和纯真的心灵会让你有意想不到的收获。

做孩子的朋友，你会收获朋友般的真诚和亲人间的亲密无间；做孩子的“统治者”，你会收获一个与你势不两立的“敌人”和越飘越淡的亲情。因此，选择做孩子的朋友吧，在他情绪低落的时候，安慰他，鼓励他；在他神采飞扬的时候，祝福他，肯定他；在他渴望沟通的时候，拥抱他，倾听他……

6. 以身作则，从点滴做起

很多父母对孩子的教育没有达到预期的效果，就开始埋怨自己的孩子不够乖巧。其实，有些时候，问题并不是都出在孩子那里，这时候，家长就要反思自己是不是什么地方没有做到位，或者是自己有言行不一的行为。相对于孩子来说，父母就是一面时刻立在孩子眼前的镜子，孩子们常常是通过“照镜子”的方式，在不知不觉中“修改”自己的言行的。因此，家长的一言一行都要给孩子做好表率，这样孩子才能跟在父母后面学习他们的优点，摒除自己身上的缺点，最终养成慎独，乐观，健康的品质。

父母要做面合格的“镜子”

有些家长对教育孩子的问题感到很迷惑也很茫然：虽然平时没少对孩子进行说理和教训，可孩子还是软硬不吃，依然我行我素，不听家长的话，做一些令家长伤脑筋的事。其实，孩子的好品质是在受感染、被熏陶中潜移默化形成的，动之以情，晓之以理，再加上以身作则的行动感染，绝对要比枯燥、粗暴的说教训斥更加行之有效。

曾经有一位心理学家说过：“孩子的心灵就像一张白纸，日后形成的各种各样的性格和习惯，都是他们在日常生活中慢慢涂上的颜色。很多时候，特别是他们尚且年幼的时候，他们的心灵色彩不是自主而发的，而是取决于家长给了他们什么样的颜料，为他们涂画了什么样的色彩。”事实也正是如此，家长作为孩子人生中的第一个老师，其言行对孩子的身心发育有着不可估量的影响。家长想使孩子成为一个怎样的人，自己就得先成为那样的人，至少，应当向那个方向努力！

安宁是一位自由撰稿人，因为最近要赶出一本新书，时间比较紧迫，思路又不是很清晰，因此，心理状态很不好，不但容易发火，还总是写着写着就莫名其妙地把写好的文件愤怒地删掉，往往一篇文章还没有写好就半途而废了。

有一天上午，安宁突然发现，她的孩子晨晨这几天总是有点不耐烦：玩魔方玩到一半，还没几分钟就把魔方丢了；玩拼图时，往往刚拼好几块，就扔下不管了；看书时也是一样，看不了几页就烦了，把书翻得哗哗乱响，还一副“愤世嫉俗”的样子。于是她就问孩子怎么了，没想到小晨晨说我学你啊！这时候，安宁才意识到自己平时在写作时碰到不顺的地方，就很不高兴地把稿子弄成团，丢到垃圾桶的样子已经无形中影响到了孩子。她不由得后悔起来，赶紧跟孩子说对不起，并且心里暗暗决定，以后一定要克制自己的脾气，为孩子做一个好榜样。

说到做到，安宁果然改变了很多，不再无故地恼火，做事情也不再有头无尾，而是善始善终。在这种好的心态下工作，不但觉得写起文章来顺手多了，心情也是多云转晴。最让她开心的是，小晨晨果然不再有过激或烦躁的情绪，并且能乖乖地自己玩耍，那盒从来没有拼好过的拼图也终于完美地呈现在她的面前。

不乖巧的孩子不一定是个不好的孩子，但是言行不一、口是心非、不能以身作则的家长一定不是个好家长。孩子出生后，从小到大，几乎多半时间都是在家庭之中。朝朝暮暮，时时刻刻都在接受着家长的教育。家长的言行举止都将在儿童纯洁无暇的心灵上镌刻下难以泯灭的痕迹，对儿童思想、性格、品德、作风的形成会产生深远的影响。俗话说“近朱者赤，近墨者黑”，教育是在有意和无意、有计划和无计划、自觉和不自觉之中进行的，不管是以什么方式、在什么时间进行教育，都是家长以其自身的言行随时随地地教育影响着子女。

因此，想要教育出一个聪明懂事，身心健康的孩子，就要为他们做好一面人生之初的镜子。人们常说：“勿以善小而不为，勿以恶小而为之。”随手乱丢一张纸屑、轻易沾染一点污渍，决不可对之轻视。以身作则，请从今日始。

教育如好雨，“润物”细无声

生活中，很多家长都会发现或者被孩子的老师告知：孩子在与其他小朋友们玩耍游戏中，出现争执或打闹的情况时，往往喜欢或习惯性地引用父母的话来证实自已的言语行为是对的，如他们喜欢说：“我爸爸就是这样说的。”或“我妈妈就是那样做的。”等等。

也正是因为有这种情况的出现，家长更要做到以身作则。如今，教育的概念已经被大大地宽泛化，教育已不仅是让孩子掌握书本上的知识，还要求孩子要全面发展，“德、智、体、美、劳”也早已不是一句空话，素质教育也已经被广泛地纳人教育的日程。所以，这就需要家长教育孩子的观念也与时俱进，只有不断地提高自身素质的培养，才能更好地教育孩子和带动孩子的成长。

家长要以身作则，首先就是要讲文明、讲礼貌。遇事要以礼相待，凡事让三分，和为贵，不做沿街叫骂的“泼妇”，不做恫吓别人的“恶霸”。家长在平时要有意识有步骤地教给儿童应对进退、待人接物的礼仪，循循善诱，持之以恒，使儿童耳濡目染，从小就受到善与美的陶冶与感化；其次，家长要讲信用，不能说了做不到，或者朝令夕改。古代“曾子杀猪”的典故所传达的不仅仅是一个简单的取信于孩子的道理，更是一个为人处世最基本的道德操守。家长经常说空话，说了不算，算了不说，对孩子失信、对他人失信。久而久之，孩子也会形成讲空话的习惯，也会把诚信看得一文不值，那么，等到他们长大后，个人信用危机频发，人与人之间交往不交心的情况也就难以避免了。

另外，家长要养成良好的行为习惯，带动孩子有好的行为养成。行为习惯包括：生活习惯、劳动习惯、学习习惯等，家长平时要注意生活细节，养成良好的生活习惯，平时注意工作、劳动的方式方法，能自已做的自已做，在劳动中学会创造，毕竟生活的意义不仅在于发现美，还在于创造美。只有家长在学习中要能刻苦钻研、勇于上进，这样，才能教会孩子如何在日新月异、发展迅猛的社会中不断学习，不断完善自我，并在社会中很好地立足。

“好雨知时节，当春乃发生。随风潜入夜，润物细无声。”家庭教育的好坏，就如这春雨一般，皆是“润物细无声”。所以作为家长，就要在平时的生活中特别注意自己的一言一行，用自身良好的行为去引导孩子，这样，就能更多地体会到这种“此时无声胜有声”的效果了。

教育孩子从来就不是一件容易的事情，需要家长用心思考，用心观察，更需要家长用心感悟，用心引导。一万句话语的灌输，也抵不上一个以身作则的身影。因此，要想让你的孩子成为你心目中的好孩子，成为一个任何时候都能让别人赏心悦目的人，就请学会做一个合格的好家长，用你最美的身影，为他们的成长点亮一盏明灯。

7. 尊重老人，爱护弱小

教育孩子的时候，不可避免地要涉及到尊老爱幼的道德教育。尊老爱幼可谓是中华民族的传统美德，历久弥新。在我国，古代的时候就有了“老吾老以及人之老，幼吾幼以及人之幼”的高尚情操，当今社会更是需要这种情操的贯穿。教育孩子从小都要尊重老人，爱护弱小，让他们在心中形成一种良好的道德观念，这是每一个父母都应该想到并做到的。

让孩子懂得尊老爱幼是一种美德

尊老爱幼，指尊敬长辈，爱护晚辈，是一个人品德良好的最基本表现。“尊老爱幼”作为一种中华民族的传统美德，有助于促进家庭和睦，社会和谐，也是现代中国人的基本修养。同样，也是当今社会大力呼吁的精神文明建设的内容之一。培养孩子尊老爱幼的思想，就要从小开始培养，让孩子深刻地懂得尊老爱幼是一种每个人都应该有的美德。

老人的需求其实很少，要求也不高。只是需要晚辈的尊敬和孝顺，也只是需要孩子们承欢膝下的天伦之乐。因此，尊老一点都不难。教育孩子尊敬老人，要从小处做起。不但要求孩子尊敬自己的爷爷奶奶等亲人，也要教育孩子尊敬那些陌生的老人。比如见到老人要主动问好，对老人说话要语速适中，音量适宜，还要恭敬礼貌。做事情的时候如果遇到老人，要懂得为老人提供方便，不嫌弃老人手脚不够灵活，有耐心，有爱心，有诚心。公交车上遇到老人要主动让座等等，都是尊老的表现。总之，为老人带来方便和快乐，就是对老人最大的尊敬。

美国有一个小女孩叫艾尔莎，她和奶奶一起生活。她从懂事起，就学着给奶奶做饭，帮奶奶洗衣服，还细心地给奶奶洗头发，梳头发。从来不惹奶奶生气，对奶奶也很尊敬。可是唯一遗憾的就是奶奶腿脚不方便，因此常年呆在自己阴暗的房间里，终日见不到阳光。一天，小艾尔莎到屋子外面去玩耍，春天已经来了，外面鲜花盛开，草木茂盛，小鸟也叽叽喳喳地欢叫着。

艾尔莎在花园里跑啊跳啊，玩得很开心。突然，她想到了奶奶，奶奶一定也想看到这样的情景。于是，她飞快地跑回到家里，来到房子的外围墙处，想把房子翻个面，转换 180 度，这样在屋后的奶奶就能看到阳光了。可是，任凭她怎样努力，房子还是一动不动。她累得坐在一边，就在这时，她看到了自己身上被风吹动的裙子，她眼前一亮。她飞快地来到阳光明媚的地方，用裙子“装上”阳光，又飞快地跑到奶奶的房间，老远就开始喊着“奶奶我给你捉来了阳光”。可是，等到她打开裙子，却什么也没有，屋子里还是那么阴暗。她嗫嚅着说：“奶奶，我给你送来了阳光，可是，现在却什么都没有。”奶奶轻轻揽过小孙女，笑着说：“不，我已经看到了你眼里的阳光，比我所见过的阳光都要多。”

每个人都有老的那一天，老人为了自己的孩子奉献了自己的一生的岁月，也为这个社会做出了不可磨灭的贡献。因此，“尊老”是势在必行的一件事情。教育孩子尊老，让孩子懂得老人的可敬可爱；从小陶冶孩子感恩的情操，让孩子懂得尊老的意义，是每一个家长在亲子教育中必不可少的一课。

“爱幼”和“尊老”一样，都需要家长从小给孩子灌输这种思想。孔融让梨的故事已经是耳熟能详，妇孺皆知，它就是一个礼让的经典篇章。那么，就应该让这种精神一代代地传承下去。教育孩子“尊老爱幼”并行，让孩子在感恩和礼让中慢慢长大……

教育孩子尊老爱幼不能只流于形式

很多人认为，尊老爱幼最初形成的背景是多子女，几世同堂的大家庭，因此，尊老爱幼就显得意义非常。如今的社会，孩子是每个家庭里面“最稀缺”的宝贝，每个家庭成员都疼爱犹恐不及，更谈不上让孩子效仿先人尊老的传统了。而且，相对于独生子女来说，他们自身皆受宠于老人和父母，而“爱幼”就更是显得名存实亡了。

现在人们不难看到公交车上孩子坐着，老人一旁护卫的情景，也不难看到学校里的一个个“小皇帝”、“小公主”们占山为王，谁大谁说了算，甚至以大欺小，恃强凌弱的现象。有时候，他们的家长或老师也并不是没有对孩子进行“尊老爱幼”的教育，却成效甚浅。

究其原因，很大程度上就是因为他们的教育流于浅表，只是一种形式。

姗姗从小在家里受到尊老爱幼的训练。每次买回苹果，家长都要让姗姗效仿孔融让梨的故事。姗姗可谓训练有素，她每次都要挑出最大的苹果先给奶奶吃，奶奶照例笑着夸赞一番：姗姗真孝顺，好孩子，奶奶牙不好，你吃吧。接下来是爸爸和妈妈，他们也都有不吃大苹果的理由。最后，姗姗抱着那个最大的苹果独享去了。一个实在算不上什么的苹果，把这一家人逗得其乐融融。

有一天，爸爸的上司来家里玩，姗姗立马去果篮里找来一个大苹果，送给客人吃。奶奶和爸爸妈妈见了，个个都乐开了怀。那上司见状也说："你们家的孩子真懂事。"虽说这位上司最不喜欢吃苹果，但出于对孩子讲礼貌的尊重和肯定，他还是接过了那只大苹果。不料，他刚咬了一口就惹来了麻烦，只见愤怒的姗姗用手指着客人说："你为什么吃这最大的苹果？你太嘴馋了！你太不要脸了！你太恶心了！"那位上司被这突如其来的变故弄得不知所措，咬在嘴里的苹果咽也不是，吐也不是，一时间尴尬不已。姗姗的父母见状自然更是尴尬和惊恐，他们完全没有想到会发生这样的事情，于是赶紧向上司解释，那位上司说还有事就先走一步了，竟然是踉踉跄跄地出了门。从此，就很少来姗姗家了。

怎么会发生这种不可思议的事呢？其实道理很简单，姗姗当初拿这只大苹果送给客人，只是按照以前在家中训练的那样虚晃一枪，本以为这个大苹果最终还会回到自己的嘴里，可结果没想到客人"不按套路出牌"，会真的吃苹果，所以，她感到委屈和伤感，认为客人不友好，于是跟客人翻了脸，把事情弄得尴尬不已。

姗姗的家长用传统美德的故事教育孩子，最后却得到了一个并不"美"的结局，这个故事值得深思：教育孩子尊老爱幼，绝不能只停留在形式的层面上。教育孩子的时候，要让孩子知道这是一种个人修养的体现，不能为了受到表扬或是为了哗众取宠而表现得尊老爱幼，事后又翻脸或后悔。

教育孩子尊老爱幼可以说是每个家长和孩子都要、也都应该经历的一个过程。只有让孩子从小懂得尊老爱幼的深远意义，让孩子知道这是一种每个人都应该有的美德，才能让孩子真正地从心里接受这样的教育，也会在生活中自觉地践行这一精神。

8. 多抽些时间陪陪孩子，让孩子感受到家的温暖

众所周知，现在的生活节奏越来越快，生活的压力也越来越大。为了生活，为了给孩子一个富足的生活，很多父母都选择了出去闯荡，让自己的孩子做了可怜的留守儿童。他们有的几年都见不到自己的爸爸妈妈，当日夜思念的爸爸妈妈真的回来了，孩子竟然高兴地叫着“叔叔阿姨”，因为他们已经认不出这就是自己的父母。这是孩子的可怜之处，也是父母的可悲之处。在这里要提醒天下的父母，孩子需要的不仅仅是漂亮衣服，好吃的食物和“贵族”学校，他们更需要父母在自己身边的温暖。所以，无论你们的工作有多么繁忙，都请多抽些时间陪陪孩子，让孩子真正地感受到父母的爱是多么浓厚，多么温暖……

多陪陪孩子，因为他们需要父母的温暖

2011年的央视春晚中，有一个儿童类节目《爱我就抱抱我》引人注目。节目中几个可爱的小孩子唱出了他们的心声：妈妈总是对我说“爸爸妈妈最爱我”，我却总是不明白爱是什么；爸爸总是对我说“爸爸妈妈最爱我”，我却总是搞不懂爱是什么。爱我你就陪陪我、爱我你就亲亲我，爱我你就夸夸我，爱我你就抱抱我。我们总是对孩子说着自己有多么爱他们，却又“冠冕堂皇”地把他们单独留在爷爷奶奶家里，让孩子在无休止的盼望中慢慢长大。不得不说，这是做父母的失职之处。

看到孩子见到自己时迷茫陌生的眼神，听着孩子礼貌地叫着自己“叔叔阿姨”，不知道他的父母该是怎样的一种心情。天下没有不爱孩子的父母，同样也没有不希望父母陪伴的孩子。所以，为了你的孩子，请你在百忙之中抽出那双“日理万机”的手，紧紧地抱着你的孩子，用行动告诉他你有多爱他。

一位刚下班回家的父亲，脸上写满了疲倦。儿子看到父亲回来了，就慌忙跑过去问父亲一个小时的工资是多少，父亲爱搭不理地说20元。儿子听了以后跑回自己的房间，过了一会儿又出来请父亲借他10元，父亲很气愤地说自己工作这么辛苦，一个小时也才20元，你这小子肯定要把我的钱拿去买什么玩具，然后气势汹汹地叫儿子马上回房间睡觉。

待父亲冷静下来，他想可能是孩子需要这笔钱做正确的事情。于是，他再去找儿子，说要把钱给儿子。儿子听了很高兴，从一个饼干盒子里倒出来一些零钱，不多不少刚好10元。

父亲这时更加气愤了，问儿子为什么自己有钱了还叫别人再给他钱。儿子说，我这里钱还不够，现在够了，我有20元了。爸爸，我要用这20元买下你的一个小时，请你用这一个小时来陪我

玩。父亲听完后哑然，两滴眼泪从眼睛里滴下来。

钱可以买到很多东西，可以为孩子买来一所漂亮的房子，却买不到一个温馨的家；可以为孩子请来一个细心的保姆，却给不了孩子父母的爱；可以为孩子找到一个很好的学校，却教不会他怎样爱人。总之，钱可以为孩子办很多事，却唯独换不来孩子宝贵的成长时光。

而且，据山西心理卫生研究所的齐教授的研究显示，那些不常和父母在一起的孩子，很容易患孤独症。患孤独症的孩子多有语言障碍、多动、不合群等症状。这些孩子上学后多会出现学习障碍，长大后在与人交往时也会遇到困难。同时，好多孩子沉溺于网络，不务正业，浑浑噩噩，也和家长的疏于引导有关系。

因此，为了孩子的健康成长，工作忙的家长们不要一年四季只在儿童节关心孩子，不要只在春节才陪孩子。父母应该养成良好的教育习惯，并尽可能取消一些应酬，多抽时间陪陪孩子。实验证明，和父母接触多的孩子，智商高于与父母接触少的孩子。而且，那些和父母感情好的孩子，身心发育也要超过与父母极少接触的孩子。为了孩子的成长，又何乐而不为呢？

让孩子随时感受父母的爱

几年前报纸上曾经刊登过一个故事，说一个在外婆家生活的女孩，生了一场病却很激动，她说："我生病了，爸爸妈妈就能来看我了。"在学校举办的活动上，每个同学都可以把自己的愿望写在一张纸上，然后挂在"许愿树"上。她的外婆问她的愿望是什么，她说："我想让爸爸妈妈抱着我睡一次觉。"听完这个故事，也许你的心也会被这个女孩的话刺痛。孩子太需要爸爸妈妈的关爱了，可是，仍然有父母因为各种各样的原因不能让孩子如愿以偿。有的忙于工作，有的忙于玩乐，有的忙于生意，有的忙于奔波。就这样，忙着忙着，就忙成了错过……

米娜是一个化妆品的代理商，平时工作不算忙也不算清闲。忙的时候往往到凌晨才能回到家。忙的时候自不必说，她根本没有时间陪孩子玩或辅导孩子的功课。闲的时候，她又想去逛街，想坐在电脑前玩会儿游戏，关注一会儿自己的博客，看会儿电影，总之，也很"忙"，无暇顾及孩子。因此，如果告诉别人她已经是一个学龄儿童的妈妈，很多人都会不相信。

周末的一天，孩子添添要妈妈带他去科技馆，很多同学都去过了，说里面的"宇宙飞船"特别刺激。可是她却在电脑前兴致勃勃地玩游戏，还玩得不亦乐乎，连孩子的叫喊都没有听见。过一会儿，小添添看到妈妈没有出来，就跑到妈妈的身边让妈妈陪他去玩。妈妈一边目不转睛地看着电脑，一边敷衍他说："妈妈在给你写成长日记，你看多有意义啊。还有你的照片，还有妈妈给你写的配图文，等你长大了再看这些，你会觉得特别有趣。"添添还是不肯善罢甘休，仍然晃着妈妈的手臂让她妥协。可是米娜却丝毫不为所动，让添添一个人在家玩玩具就行了。添添看了一眼妈妈写给自己的成长日记，低声嘀咕道："连真的我站在你面前你都不愿意陪陪我，我要成长日记干吗?"

像米娜这种"买椟还珠"的现象很让人瞠目结舌。正如孩子说的那句话，活生生的孩子不去关注，却去弄那些虚无的东西，把孩子晾在一边，这样的家长可谓是"极品家长"。孩子其实不需要这种所谓的成长日记，只要他们成长的日子里，有父母的陪伴和呵护，有父母的叮咛和嘱咐，有父母的关爱和照顾，对于孩子来说，这比什么样的文章都值得回忆和纪念。而这种不管不顾孩子的感受，还要特立独行地为孩子的成长留下记忆的父母，实在是舍本逐末，因小失大的"典范"。

做父母的多陪陪孩子，多关心关心孩子的成长，这并不是什么难事。如果说现实情况不允许，只能说明你爱孩子爱得还不够，至少还没爱到点上。他们需要的是父母的怀抱和父母与众不同的体温和气息。因此，为孩子多制造一些与父母相处的机会，多陪陪孩子，他们会因你的爱而越来越优秀！

9. 教会孩子快乐学习

作为孩子的家长，不能只口头地告诉孩子说学习是一件快乐的事情，一定要让他能亲身感受到学习的快乐和美好，让他自己从学习中体验到收获的乐趣和骄傲。寓教于乐，劳逸结合，只有这样，教育才算得上是成功的，孩子也不会出现诸多厌学的情绪和对学习的抵触行为。

培养孩子的兴趣，寓教于乐

《论语》里面有一句话说："知之者不如好之者，好之者不如乐之者。"要知道兴趣是孩子最好的老师，什么样的话语也抵不过兴趣在孩子学习过程中的地位。在孩子刚接触学习的时候，如果一直对他进行填鸭式的教育，每天命令他学这个弄那个，弹了钢琴练书法，跳完芭蕾做瑜珈，那么孩子不喜欢这样的教育也实属正常。即使被强迫坐到钢琴和书桌前，也不会百分之百地投入进去，结果还是一样的事倍功半。没有兴趣的学习，于孩子来说是一件费力伤神的事情，不但学不好，还会让孩子越来越讨厌学习。如果能找到孩子的兴趣，进行重点培养，就很有可能造就出一个优秀的孩子。

试想，如果当年让达芬奇去研究万有引力定律，恐怕《蒙娜丽莎的微笑》不会这么迷人；如果当年让爱因斯坦去画画，恐怕至今“嫦娥奔月”还只是一个美丽的幻想甚至是空想。同样地，如果让贝多芬去研究核能反应，让梵高去弹钢琴，让居里夫人去跳芭蕾，恐怕世界和历史就是另一番模样了。但是，值得庆幸的是，他们都找准了自己的兴趣爱好，并一直潜心研究和努力下去，为人类的文明画上了浓墨重彩的一笔。因此，想到这些，作为孩子的家长还有什么想不开的呢？

一言以蔽之，就是：让孩子不逃避学习，甚至爱上学习的方法就是培养他们的学习兴趣。而对于此，一个具体的实施方法就是和孩子一起快乐地学习。不要把家庭当作一个死板的教室，而应该让孩子感到家庭是一个学习的乐园。做父母的最好每天能抽出来一定的时间，作为一家人的“快乐学习时光”，让孩子和自己一起学习，互相督促。

当然，正人先正己，做家长的在和孩子一起学习的时候，一定要注意潜移默化和耳濡目染的熏陶作用，自己一定要做好孩子的表率，让孩子看到自己认真学习，一丝不苟并且兴致勃勃的样子。在学习的过程中也可以与孩子进行互动，比如互相讨论刚刚看到的内容，各自可以提出自己的看法。也可以针对一个意见不统一的问题进行辩论，只要是让孩子开心的学习方法都可以大胆地尝试。

做家长的也可以引导孩子养成提出问题，经过讨论和查阅资料解决问题的学习习惯。这种“提出问题——讨论问题——得出结论——解决问题”的模式很值得推广，因为它不但能提高孩子发现问题、解决问题的热情，还能在不断的探索和讨论中不知不觉地取得进步。总之，让孩子在玩乐中就能学到知识，让孩子在玩乐中就能不断地成长，孩子还有什么理由厌烦学习呢？

和孩子一起快乐学习

无论是电视上的教育频道还是亲子教育类的书刊，“快乐学习”都已经是老生常谈的话题。但是即便如此，还是有很多家长不谙此道。

有一个很成功的家庭：父母都是一家国企的高级会计，一双儿女分别被哈佛大学商学院和斯坦福大学金融管理专业录取。在外人看来，这是一个出天才的家庭。事实上，并不是他们的孩子比别的孩子聪明多少，而是他们有一套教育孩子的秘诀，那就是和孩子一起快乐学习。

当孩子还在小学阶段的时候，这对夫妻还是单位的小职员，位卑言轻，工资也仅仅够维持生活。让这对夫妻感到遗憾的是，他们的一双儿女的数学都不是很好，这多少也让做会计的他们有些惭愧。后来为了提高孩子们的数学成绩，夫妻俩想到了一个办法，就是通过练习孩子们的速算和心算来激发孩子们对数学的兴趣。具体的实施方式就是，他们去书店买回了很多训练速算心算的书籍，然后对孩子们宣布说自己的单位要提拔一批职工，但是要求是必须要考取注册会计师的资格证。这个证特别难考，很多人都半途而废或是功败垂成。这对夫妻提出想让孩子们和他们一起练习速算和心算，起相互督促的作用。

孩子们都高兴地答应了。就这样，每天吃饭前，由爸爸出题目，等他喊出“预备开始”后，四个人就抢答，抢答最快最准确的就可以得到大家的掌声和不用洗碗的奖励。时间一天天地过去，学完的书也越来越多，后来不仅仅是数学，其他的领域也都有所涉猎。在后来的考试中，两个孩子的成绩一下子跃居全校的前几名，几乎年年如此。两个孩子开心极了，虽然出的题目越来越难，但是四个人还是“玩”得不亦乐乎。转眼，两年过去了，他们的父亲成功地考取了注册会计师资格证，母亲也考取了高级会计师的资格证，不但升职了，薪水也翻倍地增加。

后来的那么多年里，他们都一直保持着这样的学习方式，再后来两个孩子也成功地考入了各自理想的顶尖学府——哈佛大学和斯坦福大学。

从这个故事，我们不得不承认这对父母的高明。他们不但培养出了一双优秀的儿女，也让自己有了翻天覆地的进步，这一切就是得益于“快乐学习”。和孩子一起快乐学习的关键就在于“一起”和“快乐”四个字。既然是“一起”，那么家长就不能置身事外，一定要和孩子一起将学习进行到底。如果你下班回家，吃过饭之后就打开了电视机，悠哉悠哉地看着当天的新闻或是欣赏一部电视剧，而将孩子独自关在房间里看书学习。那么，即使有人告诉你，孩子正“两耳不闻窗外事，一心只读圣贤书”地刻苦钻研，对外面传过来的音乐声和嬉笑声充耳不闻，想必连你自己都难以相信。很可能此时孩子是“身在曹营心在汉”，他的心早已飞到了千里之外，要么天马行空地想象着电视剧的剧情，要么是怨声载道，愤愤地埋怨着父母的“自私”和“不近人情”。

所以，要想让孩子静下心来投入学习，父母就要给孩子创造出一个浓厚的学习气氛。比如父母可以在孩子的书桌旁看书，在不打扰孩子学习的情况下做一些笔记，也可以和孩子一起制定各自的目标，抢着学习。只要激起孩子的学习热情，那么想要实现“快乐学习”就容易多了。

其次就是“快乐”二字了。既然是“快乐”学习，那就一定要体现出学习的快乐之处。这就要求家长在孩子的学习过程中，不要给他们施加过多的压力，给孩子一些自己安排学习任务的机会。而家长就是在外围给孩子提建议，并不是发号施令，更不是逼迫孩子学这学那。这样一来，孩子在一个相对自由和轻松的环境里学习，快乐学习也就不那么难以办到了。

快乐学习的真谛就在于让孩子切身体会到学习的乐趣，品尝到成功的果实，感受到收获的喜悦。给孩子一个宽松的学习氛围，给孩子一个集体学习，共同进步的场景，这并不难做到，只要你肯做，你就是一个成功的家长，你也将培养出一个优秀的孩子！

10. 为孩子创造良好的成长环境

“环境对一个人的成长起着非常重要的作用，良好的环境是孩子形成正确思想和优秀人格的基础。”瑞典教育家爱伦·凯曾如是说。中国俗语里也有“近朱者赤，近墨者黑”的说法。可见，一个好的成长环境直接影响着孩子心理的养成。因此，家长在教育孩子的过程中，不但要教育孩子自己要有慎独的精神，还要谨慎地观察孩子周围是否有不利于孩子成长的环境。如果是，就要立刻采取措施，避免孩子幼小无知的心灵被不良的成长环境“污染”。

爱孩子，就给他创造最好的成长环境

在孩子的成长过程中，一个好的成长环境甚至比家长不厌其烦的谆谆教诲的作用还要大。在一个不好的环境里成长，孩子每天受那些乌七八糟的事情和那些道德缺失的人影响，久而久之，就会变得和这个环境如出一辙了。而相反，如果让孩子在一个好的环境里成长，每天被谦虚礼让的人们和清新儒雅的环境熏陶，孩子

在和这样的环境和这样的人们长期接触的过程中，也会不自觉地向着这个方向靠拢，这就是所谓的熏陶的力量。

因此，如果想做一个合格的家长，想让自己的孩子出落得谦虚儒雅、勤奋好学、平易近人，就要给孩子创造一个如此这般的环境，让他能在这样的环境中“印随学习”。

《三字经》中“昔孟母，择邻处；子不学，断机杼”已经成为千古名句，而典故中的主角——孟母的“三迁择邻”、“断机教子”等脍炙人口的故事也成为了千百年来中国人妇孺皆知的历史佳话，更是天下母亲教育子女的要效仿的经典故事。

孟子，名轲。出生在山东省邹城的农村。三岁时丧父，家里一贫如洗。孟子与母亲相依为命。孟家最初的住处靠近一片墓地。因此小时候的孟子经常看到出殡送葬的人群从附近经过，一时间，孟轲与其他孩子就“为墓间之事，踊跃筑埋”。他们模仿送葬的人群，饶有兴趣地做抬棺埋人的游戏。孟母看到后心里很担忧，她担心自己的孩子不务正业，不往正路上走。于是，孟母果断地带着小孟轲搬了家。她带领孩子到了比较远的庙户营村，当时，这里是一处繁华的集镇。孟轲很快又融入了这里的闹市环境，逐渐又同集镇上的孩子一起玩起做生意的游戏，与同伴们学习商贩叫买吆喝，讨价还价，还学邻居屠夫杀猪宰羊。看到这些，孟母再一次觉得这里仍然不是培养孩子的理想场所，这样下去，孩子很容易受市侩的影响，沾染上世俗之气。

于是，在这个集镇上居住了一段时间之后，孟母又带着小孟珂搬了家。这一次，他们搬到了学宫的旁边。这是当年孔子之孙——子思设宫讲学的地方，被后世人成为“子思书院”。果然不出孟母所料，天资聪颖的小孟珂又很快地被这里浓浓的书香味所吸引，听着书院里朗朗的读书声他也开始跟着学习诗书礼仪，开始潜心治学。孟母终于松了一口气，觉得自己终于找到了适合孩子成长的环境，并长期地居住了下来。事实也正如她所想，小孟珂在这里开始走上了自己学习的道路，并从此一步步地走上了“亚圣”的道路。

古人曾经说过：“与善人交，如入芝兰之室，久而不闻其香；与恶人交，如入鲍鱼之肆，久而不闻其臭。盖与之化之矣。”因此，一个成长环境绝对可以影响一个人的性格和心理的塑造。让孩子跟优良的环境接触，孩子学会的是优秀的接人待物和格物致知之法，让孩子在一个糟糕的环境中成长，就难免沾染到不良的习气，继而对孩子的性格和心理造成不良的影响。这个道理其实不需赘述，很容易明白。所以，给孩子营造一个良好的成长环境，刻不容缓。

家长要自律，给孩子的成长增色添彩

给孩子创造一个良好的环境不仅需要父母擦亮双眼，给孩子一个好的家庭以外的环境，更需要家长有自律的精神，尽量在家庭内部给孩子一个好的环境。要知道，家庭是孩子的第一成长环境，其对孩子的影响绝非别的环境可以比拟。

小珂的父母都是私企的员工，平时工作很忙也很繁琐，因此照顾孩子的时间不多。但是他们认真地对待和孩子相处的每一个时刻，自己也很注意，怕影响了孩子的学习。

每天为孩子准备好晚餐之后，他们才会叫女儿出来吃饭，吃饭的时候，问问女儿的学习情况，鼓励孩子自立自信，一切都是那么和谐。孩子吃晚饭后，他们会适当地安排她参与一些家务，像洗碗，收拾桌子之类的。但是，一旦孩子进屋学习了，他们做家务或者看电视的时候就会压低声音，尽量不影响孩子，甚至很多时候都选择看报纸，看书或者到楼下散步来消磨时间。而那些比较喧闹的娱乐方式如打牌，打麻将的事情在他们家里更是没有发生过。小珂嘴上不说，但是心里充满了对父母的感激，学习上也很自觉努力，成绩一直都很优秀。

与此相反的是芊芊的家庭。她的家庭条件比较优越，父母也都很喜欢热闹的环境。因此，每到晚饭后，就会有几个人来她家和她的父母打麻将或者喝酒聊天。这期间自然少不了吆喝喧哗的声音，外加上抽烟的人将屋子弄得烟雾缭绕，简直让芊芊无法忍受。

芊芊几次试图规劝父母不要影响自己，父母都很无奈地说人家都约好了要来，也不好意思拒绝，再说了很多都是单位里的小领导，拒绝了不好。还说让芊芊学会静心，真正做大学问的人在什么样的环境里都能好好学习……一席话将芊芊气得头昏脑胀，她对父母大吼道："反正我也不打算做一个多么伟大的人，我只是想有一个安静的环境，难道这比让我疯掉还让你们难过吗？如果你们再这样，就别怪我不客气了。你们不说我说，你们不好意思我好意思，总之，别怪我不留情面。"芊芊几句话将父母说得目瞪口呆。

"两耳不闻窗外事，一心只读圣贤书"的人毕竟是少数，这个世界上，更多的人还是希望自己认真做事的时候能有一个安静和谐的环境。那些能在喧闹的环境中依然安之若素、心如止水的人并不是没有，但是这也不代表他们喜欢这样的环境，也许更多时候是无可奈何。即使退一万步来说，真的有人就是那样的"神圣"，非喧闹的环境不能做学问、不能做事，我们也不能从小就要求自己的孩子是那样的"神圣"。

给自己的孩子一个良好的成长环境，是每一个父母应该有的想法和应该尽的责任。父母不但要尽量为孩子选择一个好的周围环境，让孩子在好的外界环境中健康快乐地成长，更应该对自己"高标准、严要求"，尽量做到孩子面前不抽烟不喝酒，孩子学习的时候不喧哗不吵闹。而那些对孩子的成长不利的娱乐活动当减则减，当弃则弃，不要让自己的贪玩、放纵影响了孩子的成长！

第二章

尊重孩子，给孩子独立的发展空间

心理学家研究发现：84%的孩子都有自己的主见、独力分析、判断是非的能力，如果家长不尊重孩子，一味地按照自己的要求去约束孩子，就会影响孩子的健康发展。因此，孩子需要被尊重的权利，需要在成长期间享受一个完整人的权利，从而为孩子创造出独立的发展空间，使他们在充满诱惑力、信息万变的世界中独自去尝试、想象、探索、操作，促使他们成为一个自由、独立、自主的行动者！

1. 尊重孩子的秘密和个人隐私

面对孩子越大越不听话，很多父母都会抱怨，看到孩子锁在抽屉的日记，想到孩子吱吱唔唔不肯诉说的话语，父母开始担心，怕孩子染上坏毛病，怕孩子早恋或是做些有违道德的事情，因此，父母开始千方百计地去翻孩子的书信和日记，然后拿其中一些内容当作孩子“错误行为”的证据，从而指责、打骂孩子。这种教育只会伤害孩子的自尊心，而且还会进一步关闭亲子之间沟通的渠道，失去孩子的信任。

隐私代表孩子走向成熟

隐私不愿告人的或不愿公开的个人的事。

父母不要害怕子女的隐私，看到他们开始写日记，或是经常把自己的屋门上锁就感到害怕、恐慌，其实这是一种走向成熟的标志，作为父母应该感到高兴，并且更加认真地对待自己的子女，尊重他们的隐私，而不是通过强求或是打骂来管教孩子的隐私。

世界著名教育家斯特娜夫人说过：“自尊心是一个人品德的基础，若失去了自尊心，一个人的品德就会瓦解。”所以当孩子把“请勿打扰”放在父母手上时，孩子并不是说不爱父母，而是希望自己的隐私被父母尊重，被承认。

有一次，一位父亲看到儿子神神秘秘地走进房间，他感到十分担忧，想走进去看看自己的儿子在干什么，但是儿子曾经对他说过：“进门前要先通过我的同意。”

父亲尊重孩子，所以一般不私自走进儿子的房间，但是最近儿子越来越神秘，他却只能着急地在外边走来走去，正在他准备敲门进屋时，儿子从房间里蹦蹦跳跳动走了出来，高兴地搂着父亲的脖子："亲爱的爸爸，我永远爱你，你是世界上最懂我、知我、尊重我的好父亲！"然后儿子拿出自己精心制作的卡片送给爸爸，接着说道："爸爸，你为我隆重地举办过很多次生日聚会，送给我过很多珍贵的礼物，今天是您的生日，在这百忙之中，你却忘记了，但是做儿子时刻记着你的生日，这张卡片是我花了一个星期为你精心制作的，希望你能喜欢。"

父亲看着自己儿子，一个才九岁的儿子，就懂得孝顺、体贴自己，他的内心涌现出了无以言表的激动，只是拉着儿子的手高兴地说："爸爸非常喜欢儿子的礼物，这将是我今生收到的最珍贵的礼物！"

父亲尊重了儿子的隐私权，从而获得了儿子的尊重与喜欢。其实很多时候，孩子开始强调自己隐私权的时候，并不意味着孩子一定是地做些有违道德或是有违论理的事情，只不过是感觉自己长大了，自己应该有自己的权利去阻止父母的过分干扰，从而在门上或是心中贴上："请勿打扰。"当父母看到这些时，请不要担心也不必伤心，因为这代表自己的孩子走入了成熟，开始拥有独立的意识。

尊重孩子的"隐私"，就是尊重孩子的人格

随着孩子的长大，父母开始对孩子的成熟担心，慢慢转变为不放心和不信任，并且总是喜欢竖着耳朵偷听孩子打电话，在孩子离开家里的时候偷看孩子的日记，甚至悄悄"跟踪"孩子，干涉孩子的生活。

父母在抱怨、担心孩子的同时，孩子也在愤怒、斥责父母对自己的不尊重。处于青少年时期的孩子，心理上出现了一些新的变化，随着年龄的增长，他们对父母的依赖减少，独立意识开始增强，成人化倾向明显，故而非常希望得到别人的尊重，从而强化自我的独立自主性，并且随着孩子掌握的知识信息的增多，他们的内心也变得敏感起来，感情逐渐细腻起来，许多想法都开始在内心翻腾，

使得自己原先敞开的心扉开始关闭，即使有不少话想说，但因为父母与子之女间的代沟，使得他们与父母的心理沟通明显减少，转而有了自己的隐私，并且开始转向"心爱的日记本"或是与他有共同兴趣爱好的同伴好友大量倾诉自己内心的"秘密"。

这种隐私是独立意识和自尊意识的体现，它是孩子走向社会的前奏，与孩子青春发育期的身心健康关系重大，虽然孩子明白，父母过分地注意自己的隐私往往出于对孩子的关心和爱护，但是孩子却对父母对自己千方百计的窥视、探测深感痛恨，感觉父母没有把他当成人看待，没有尊重他自己的人格，严重者还会引发孩子与父母之间的争吵，引起他们对父母的厌烦，产生对抗与叛逆心理。

作为父母，要懂得尊重孩子的隐私，毕竟孩子大了，心中自然会有些不愿意告诉他人的秘密，尽管孩子内心世界有正确也有错误的东西，但这种隐私毕竟是孩子成熟的表现，也是孩子成长过程中的正常现象。因此，父母对此应给予一定的尊重，而不是对孩子瞒着自己给抽屉上锁而感到心急、焦虑，甚至于用"偷"之类的方法去管教孩子。

孩子有了一定的独立意识后，他们更加反感打骂式的管教方式，面对孩子的隐私，父母应用心了解，从尊重开始，慢慢地了解孩子的心灵，给孩子灌输正确的人生观、社会观，从而避免孩子在复杂的社会环境中，染上不利于自己健康成长的恶习，比如：抽烟喝酒、结交不三不四的朋友、晚间彻夜不归、早恋、赌博等。

尊重孩子是为了更好地理解孩子，尊重孩子是为了给孩子和自己建立一座平等的桥梁，从而使孩子主动走出来与父母沟通，建立两代之间的默契，从而使孩子感受到父母与子女之间不仅仅是血缘上的亲子关系，更是生活中可以信赖的朋友，从而有的放矢，引导孩子健康成长……

2. 尊重孩子的个人兴趣

社会上流行着一句话："不能让孩子输在起跑线上。"于是许多父母不考虑孩子的意愿，给孩子报各种各样的特长班、兴趣班，认为这么做是对孩子的未来负责。让孩子涉猎广泛，培养兴趣，这本无可厚非，但前提是要尊重孩子的个人兴趣。强迫孩子做他们不喜欢做的事情，或者禁止他们做喜欢的事情，只会引起反感和厌恶，甚而扼杀孩子的好奇心和创造力，带来无可挽回的损失。孩子有权利决定自己喜欢什么、不喜欢什么，哪怕是父母，也没有资格剥夺他们的兴趣爱好。

兴趣是孩子最好的老师

俗话说："兴趣是最好的老师。"在兴趣的引导下，孩子的智能会得到最大限度、最持久的发挥，而且会学得更轻松、更快乐。这一点和任何一个大人都是一样的，人们都非常愿意去做自己喜欢的事情，而且不知疲倦、乐在其中。如果父母无视孩子的兴趣爱好，甚至强行剥夺孩子的权利，结果必然会伤害孩子的心理、束缚孩子的发展。

孩子的兴趣应该由他自己来决定，然而，在生活中却有许多父母一手"包办"了孩子的兴趣，学舞蹈、学钢琴、学外语、学绘画……其目的无非是为孩子的考试、升学甚至以后的人生增加竞争的砝码。现代社会的竞争固然残酷激烈，可因此而牺牲孩子的兴趣只会适得其反。一个孩子的兴趣表面上看起来或者只是涂涂画画、哼哼小曲、逗逗小动物、观看星辰等等微不足道的小事，但是却饱含了孩子的热情、好奇心、想象力和创造力。父母如果随意扼杀孩子的兴趣，后果将是不堪设想的。

美国教育家斯宾塞曾经说过：“身为父母，千万不能太看重孩子的考试分数，而应该注重孩子思维能力、学习方法的培养，尽量留住孩子最宝贵的兴趣与好奇心。绝对不能用考试分数去判断一个孩子的优劣，更不能让孩子有以此为荣、辱的意识。”著名的心理学家皮亚杰也曾说过：“强迫工作是违反心理学原则的，而且一切有成效的活动，都必须以某种兴趣为先决条件。”尊重孩子的兴趣，才能更好地培养孩子。

有一个男孩，他在乡下老家度过了宝贵的童年，他从小就非常喜欢小动物，经常钻到山里、爬到树上、走到河边去看各种各样的小动物，研究它们的外形和生活习性。上学以后，他被父母接到了城里。在城里，他还是喜欢到处观察小动物，为此经常带着一身泥土回家。父母看到以后，都非常生气，他们觉得男孩是不务正业，这样做势必影响学业，于是禁止他再“玩”小动物，并且让他学钢琴，以便以后中考加分。

可是，男孩一点儿也不喜欢钢琴，他总是趁着父母不注意的时候偷偷溜到附近的公园去做自己喜欢做的事情。到他上初中的时候，他已经背着父母积累了好多昆虫的标本，他把它们藏在房间的一个隐秘处，视其为宝贝。

有一次，他以为父母不在家，于是把一只黑色蜘蛛带回了家。谁知道一打开门，父母就在门口守着，他们看到他手中的黑色蜘蛛，大发雷霆，爸爸一脚踩死了蜘蛛，妈妈找到他藏标本的“百宝箱”，毫不留情地摔倒在地。那一刻，他愣住了，回到自己的房间默默地坐了一个下午。

从那以后，男孩变得沉默寡言，学习成绩也一落千丈，父母为此十分发愁，甚至怀疑他是不是智力出了问题。直到那一次，他们到学校开家长会，生物老师特别表扬男孩：“你们那孩子特别聪明，如果好好培养，以后一定能成为出色的生物学家。”听到老师的话，父母都呆住了。

兴趣是孩子获取知识的最大动力，他们最大的潜力往往体现在他们感兴趣的方面，所以，在尊重孩子兴趣的前提下，给予适当的指导和帮助，会让他们学得更加快乐，将来也更有可能在某一领域有所成就。可是上例中的父母，不分青红皂白就干涉孩子的兴趣，甚至强行剥夺孩子的兴趣，结果给孩子的心理造成极其恶劣的影响，倘若他们再不改变自己的态度，无疑会毁掉这个男孩的一生。

尊重孩子的兴趣，呵护孩子的心灵

现实生活中，有的父母出于功利的考虑，忽视孩子自己的兴趣，强迫孩子学这学那，给他们强加许多不必要的学习任务，在增加孩子负担的同时，也会对他们的心灵造成不可逆转的伤害。有的父母恨铁不成钢，如果孩子没有学好他们钦定的“兴趣”，就会斥责甚至打骂孩子，久而久之，使孩子产生逆反心理，甚至变得自卑、自闭。曾经有这么一对父母，他们强迫坐不住的孩子练琴，致使孩子砸断自己的手指以示抗议。不尊重孩子的个人兴趣，最直接的后果是扼杀了孩子的兴趣，而更深一层的是造成孩子的心理损伤，影响他日后的成长和发展。

孩子的兴趣是多种多样的，有的也许对他们的成长有利，有的可能对他们的将来没有太多帮助。不管孩子的兴趣怎样，都表明他们对生活的热爱和憧憬。因此，父母不能单方面地干涉孩子的兴趣，而是要尊重和重视孩子的个人兴趣，使孩子的兴趣向健康积极的方向发展。要做到这一点，父母对孩子的兴趣爱好也不能听之任之，要给予适当的引导和帮助。如果孩子染上的是恶习，就要帮助他对自己的兴趣有一个正确的认识和评价，并且帮助孩子转移自己的兴趣；如果孩子沉浸在自己的兴趣中影响了正常的学习和生活，父母应该教会孩子合理安排时间，正确对待两者的关系，但切不可简单粗暴地制止，而要用孩子可以接受的方式。

每一个孩子都有独特的兴趣爱好，父母应该像尊重其他成人一样尊重自己的孩子。作为父母，最基本的是要尊重孩子拥有个人兴趣的权利。只有在尊重的基础上，才会与孩子站在一个平等的立场上与孩子沟通，倾听孩子的想法和感受，发现他的兴趣，承认他的兴趣，培养他的兴趣，使孩子获得积极正面的引导，从而激发孩子的潜能，健康而快乐地成长。

如果父母的确有必要干涉孩子的兴趣爱好，那么在这之前，也要充分听取孩子的意见，尊重他的内心感受，千万不要强迫他学习没有兴趣的事情，否则只会适得其反。尊重孩子的兴趣，就是呵护孩子的心灵。

在孩子选择兴趣爱好时，固然需要父母的引导，但是父母绝不可以代替孩子选择。每一个父母都应该尊重孩子的个人兴趣，哪怕孩子的兴趣爱好与父母的期望有差距，但只要是正当的嗜好，都应该尊重孩子。因为孩子在做自己喜欢的事情时，可以充分地发挥个人的创造力和潜力，并使专注、认真、持之以恒等各种习惯和意志得到锻炼，这对孩子的成长绝对是有利的。

3. 经常蹲下身来对孩子讲话

一位妈妈正领着孩子在田野走着，突然孩子挣脱妈妈的手，蹲到一株花前说了许多悄悄话。妈妈奇怪地问："你为什么要蹲下去呀？”孩子回答：“我站着，他听不见呀！”没有尊重就没有交流，父母经常蹲下身来对孩子讲话，一个简单的动作，使孩子得以平视父母的目光和表情，这样孩子才会感受到被尊重，才会向父母敞开心扉。而那些只会以居高临下的态度面对孩子的父母，很难获取孩子的信任，也很难与孩子进行真正有效的沟通交流。

“蹲下身”，与孩子平等交流

一般情况下，父母都比孩子个子要高，跟孩子讲话时，孩子需要抬着头，因此很容易在无意中给孩子造成心理上的压迫感。而当蹲下身来和孩子讲话，与孩子站在同一个高度，就可以和孩子进行眼神交流，孩子在心理上也会感到平等、安全。

其实，“蹲下身”不仅指形式上的蹲下来，还指站在同一个心理高度上，父母以平等的态度和眼光，用认真而亲切的态度，从孩子的思维方式、年龄特点出发，与孩子平等交流，理解孩子，包容孩子，同时对其做出恰当的引导和处理。

然而，现实中很多父母在教育孩子时，习惯于高高在上，对孩子发号施令，把自己的主观愿望强加到孩子身上，而很少考虑到孩子内心的真实想法和感受。尤其是当父母与孩子发生矛盾、冲撞时，如果父母不能把自己与孩子放在一个平等的位置上，就会恶化矛盾，造成更大的隔阂。

有一天，肖女士下班推门而进时，发现女儿和老公站在客厅里“对峙”——女儿泪痕斑斑，老公凶神恶煞。原来，老公一回到家就看到他心爱的那只玻璃工艺品在地上被摔得粉身碎骨，女儿正忙着打扫。老公马上火冒三丈地指责女儿打碎了工艺品。女儿则矢口否认。家里没有其他人，也没有猫狗，老公认定女儿做了错事还撒谎，气急之下打了女儿一个巴掌。

看着剑拔弩张的气氛，肖女士马上让老公去做饭，由她来处理此事。她把女儿拉到房间，擦干女儿脸上的泪水，问："妈妈想和你谈谈，可以吗？"女儿倔强地昂着头，半晌，才抽抽搭搭地冒出一句："跟你们大人没……没什么好谈的。"肖女士仔细地看着女儿，发现她已经有她肩膀那么高，是半个亭亭玉立的少女了，她即用商量的口气问："我们可以像两个大人一样谈谈吗？""像大人一样？"女儿扭过头，疑惑地看着肖女士，不屑地问："怎么像大人一样谈谈？"

肖女士坐下，然后示意女儿也坐到床沿，说："坐下，这样我们才像两个大人谈话。"女儿犹豫了一下，在对面的床沿上坐了下来。肖女士注视着女儿的眼睛，说："我们之间的谈话首先是平等的……""但是你们对我一点都不平等。"话没说完，女儿的话就像机关枪一样扫了过来，"特别是老爸，动不动就打骂，那么霸道……"女儿又委屈地抽噎起来。肖女士递给女儿一张餐巾纸，示意她说下去。

女儿继续愤怒地"控诉"，一桩桩她觉得不公平的事都翻了出来，最后竟连孩子上幼儿园时的陈年往事都倒了出来。真没想到，女儿的心里竟然淤积了这么多的不满和愤慨。

肖女士拍拍女儿的头，趁热打铁地告诉女儿，两个大人之间的谈话，除了平等、心平气和，还应该是客观的。就拿今天的事情来说，到底是怎么回事，你能老老实实地告诉我吗？

女儿低下头，小声地承认了错误。她本想擦擦书橱上的灰尘，没想到碰了工艺品，又因为怕爸爸打她，所以才撒谎。肖女士猛然意识到，问题出自孩子，根源却在家长。她诚恳地向女儿道歉。女儿诧异地看着妈妈，脸上却有了笑容。吃饭时，她主动向爸爸道歉，一家人又恢复了往日的温馨。

在这个故事中，肖女士让女儿坐下来说话的这一动作，实际就是主动"蹲下身"来和女儿交流的一种表现。让孩子与父母像两个大人般平等地谈话，孩子才会真正敞开心扉，与父母坦诚相待，向父母倾诉内心深处的想法。而不管孩子做了什么，往往"事出有因”，而“因”总是回归到父母身上。因此，父母应该给孩子尊重和平等，经常以平等的方式与孩子进行朋友式的沟通，才能解开父母与孩子之间的“心结”，尽可能减少两代之间的沟通障碍。

平起平坐，才能实现心灵的沟通

泰戈尔有一句名言这么说：我们把世界看错了，却反而说世界欺骗了我们。这句话用在孩子和父母的关系上同样合适。身为父母，在埋怨孩子越来越不听话的同时，有没有想过自己把孩子看错了呢？孩子有孩子的天地，父母有父母的世界，如果父母不能站在与孩子同一高度来看待周遭的世界，理解孩子的眼光和态度，那又何谈与孩子进行心灵上的沟通？没有直抵心灵的沟通，又怎能达到教育的目的？

有教育专家指出，在与孩子的沟通中，最关键的是尊重孩子，而尊重的前提是理解。父母与孩子处在不同的年龄阶段，经历不同，思考问题的出发点存在差异，况且我们正处于社会的急剧转型时期，许多事情连做父母的都难以适应，自然也很难理解孩子中出现新的观念和行为。这就是所谓的代沟，很大原因是发展时代上的差距造成的。因此，父母应当与时俱进，经常站在孩子的角度想问题，从换位思考中去理解孩子。切忌以长者自居，居高临下地一味训诫、喝斥，这样孩子会感觉遭受不公平的待遇，不被理解，从而与父母产生心灵上的隔膜。

要理解孩子，就要经常与孩子进行沟通。在与孩子交流时要平等、有耐心，努力从孩子的角度出发，理解孩子的想法。在与孩子谈话时，也要注意营造良好的交谈氛围。首先父母要放下架子，蹲下身来，平视孩子，将孩子当作独立的个体来对待。在与孩子交谈的过程中，父母不要表现出一副漫不经心的样子，如眼睛左顾右盼，手里不停地翻动东西等等，这样孩子会因受到忽视而关上自己心灵的闸门。

有一位父亲每天都要和女儿交谈一个小时，当女儿很小的时候，就把她放在柜子上，站着和她交谈；当女儿长大一点后，就把她放在沙发前的茶几上，坐在沙发上和她交谈；当女儿长高了，他们就坐在沙发上一起交谈。不管采取何种姿势，其目的都是要与孩子站在同一高度上，平等地与孩子沟通感情。

放下长辈的威严和架子，蹲下身来和孩子讲话，是在向孩子传达一个信息：父母尊重你的人格，愿意跟你协商。这样，孩子的心会和大人的心更加贴近，孩子能看到父母的眼神里洋溢着理解孩子的渴望，能看到父母的面部表情流露出来的喜怒哀乐，在平等的交流下，他们也会更加愿意将内心的真实想法与父母分享、探讨。

4. 孩子有梦想，父母应支持

美国著名黑人民权领袖马丁·路德·金曾发表过一篇激动人心的著名演讲《我有一个梦想》，它鼓舞着人们追求梦想，追求自由，追求正义。梦想无国界，梦想引领着人类迈向更加美好的未来。然而，反观当下，原本高贵的梦想却在现实的夹缝中奄奄一息，成人的梦想尚且一文不值，更何况孩子那天马行空的梦想！于是，大部分父母或刻意或无意地掐灭了孩子梦想的火种，这等于熄灭了孩子心灵中的导航灯。没有梦想，就没有未来。爱孩子，就要爱他的梦想，并且支持、鼓励、帮助他实现自己的梦想。

第二章　尊重孩子，给孩子独立的发展空间

梦想是孩子飞翔的羽翼

著名“童话诗人”顾城写过一首诗歌《梦想》：

种子在冻土里
梦想着春天
它梦见——
自己舒展着颤动的腰身
长睫旁闪耀着露滴的银钻
它梦见——
蝴蝶轻轻地吻它
春蚕张开了新房的金幔
它梦见——
无数花朵睁开了稚气的眼睛
就像月亮身边的万千星点……
种子呵
在冻土里梦想春天……

梦想是一颗幼小的种子，孕育它、浇灌它，它就会长成一个葳蕤明丽的春天。

没有梦想，种子不会长成挺拔的大树；没有梦想，草籽不会连成廓大的原野；没有梦想，幼雏不会变成勇猛的老雕；没有梦想，孩子不会养成幸福的心灵……孩子拥有梦想，说明他有追求、有志向、有目标，这是非常值得嘉奖的一件好事。梦想就是孩子飞翔的羽翼，拥有梦想的孩子，长大后才能在天空中上下翻飞、恣意翱翔。珍视孩子那小小的梦想，将来他们回馈给父母和社会的将是一个辽阔无垠的天空。

每个孩子都有属于自己的梦想，长大后他想成为什么样的人或者想干什么。不管这些梦想看起来多么千奇百怪或者遥不可

及，父母都不应该讥讽、打击孩子，而要肯定孩子对未来的憧憬，珍爱孩子对未来的描绘，尊重孩子对未来的梦想。不要剪断孩子梦想的羽翼，放手让孩子在追逐梦想的旅途中体味人生百态，他会成长得更加成熟和坚强。

很多年以前，有一个小男孩出生在一个普通的农民家庭，因为家里穷，小男孩很小就跟着父亲下地干活。有一次，小男孩跟着父亲顶着太阳在地里干活，累了，他就和父亲坐在田埂上休息。小男孩一言不发，出神地眺望着天边的云朵，父亲看见他这个样子，就问他想什么。小男孩说："等我长大了，不种地，也不上班。""那你干什么？"父亲问。他充满向往地说："我想每天坐在家里，等着人给我邮钱。"一听他这话，父亲笑起来，说："荒唐，你别做梦了！我敢保证，不会有人给你邮钱。"

上学后，小男孩知道了埃及有一座举世闻名的金字塔，他很想去看一看。他对父亲说："等我长大了，我就去埃及看金字塔。"父亲这次可有点生气了，在他的头上拍了一掌，训斥道："真荒唐！你别总是做梦了！我敢保证，你去不了。"

为了实现心中的梦想，小男孩每天清晨四点就起来看书写作，每天坚持写 3 000 字。许多年后，他当了记者，成了作家，每天坐在家里读书、写作，出版社、报社和杂志社源源不断地往他家里寄钱，他用邮来的钱去各地旅行。他去埃及旅游，坐在金字塔前的台阶上，给父亲邮回了一张明信片，上面写着："我一直认为，我的生命不要被别人保证！"

这个小男孩小时候的梦想，长大后全部实现了。他就是台湾著名作家林清玄，其作品被誉为"世纪末最清明的文章，人世间最美妙的声音"。

没有任何孩子的一生可以被保证，没有任何父母可以预言孩子的命运，包括梦想。一个家境贫穷的小男孩，正是在梦想的照耀和引领下，才跳出农门，实现了梦想，创造了属于自己的人生。父母们往往认为孩子的梦想是异想天开，做白日梦。其实，梦想虽显得虚幻迢遥，但只要孩子心向往之，并付诸努力，谁又能断言没有实现的一天呢？拥有梦想的孩子是可爱的，支持孩子梦想的父母是可贵的。让孩子张开梦想的羽翼起飞，他才能飞得更高、飞得更远。

放飞孩子的梦想，让他快乐成长

孩子是父母生命的延续，但不是父母梦想的延续。有些父母将自己未实现的梦想嫁接在孩子身上，而忽视了孩子真正的兴趣和梦想，这样做对孩子而言，是非常痛苦和辛苦的。任何一个孩子都不是父母的私有物品，在家庭中，他们和父母在地位、人格上都是平等的。孩子有权利选择和追求自己的梦想，而作为现代社会的父母，限制、扼杀孩子的梦想无异于犯罪。还有些父母认为孩子的梦想和志向与他们的构想不一样，就横加指责，勒令孩子“改弦易辙”。这也是戕害孩子梦想的一种表现。不要强迫孩子放弃他的梦想来迎合任何人的愿望，鼓励他大胆地梦想吧，这才是父母的首要任务。

孩子想象力丰富，梦想较为浪漫，幻想的成分较多，且经常“见异思迁”。譬如今天看到运动赛场上运动员的英姿，就希望成为运动员；明天听了一场歌星的演唱会，就发誓要当歌唱家；后天看了一本科学家的传记，就立志要当科学家……对于这些缤纷多彩的梦想，父母不要泼冷水，更不要嘲讽讥笑，而要不断地启发引导，让孩子明白梦想的实现要符合社会和个人的实际。父母在尊重孩子梦想的前提下，对其进行适当的引导是有必要的，但绝不能越俎代庖。

帮助孩子探索他的梦想，找出实现梦想所必须做的准备工作。哪怕你的孩子一心想成为“超人”或“仙女”，这也不是不可能实现的事情。在现实生活中寻求可以代替的选择——警察、消防队员或者空降员，他们的使命就是帮助那些有困难的人，这和“超人”、

"仙女"的性质是一样的。不管你的孩子想成为医生、作家、演员还是运动员，试着带领孩子了解这些职业的各种情况，调查一下要实现梦想需要学习哪些技术和接受哪种教育。另外，要提醒孩子，任何梦想之旅都不是一帆风顺的，只有通过努力的学习、具有坚定的决心并经历过无数次挫折、失败，才可能实现梦想。

珍惜孩子的梦想，支持孩子的梦想，为实现孩子的梦想提供持久的帮助和鼓励，这才是真正疼爱孩子的父母。不论将来孩子的梦想能否实现，他都一定会感激父母当年哺育他梦想的羽翼。因为有梦想，孩子的脚步才会走得更加坚定，更加响亮，更加长远。点燃孩子梦想的火花，将会绚烂整个夜空！

5. 每一个孩子都有尊严

"你怎么这么笨"、"没出息"、"你真丢我的人"、"我的脸都让你丢光了"——诸如此类的话我们一定不会陌生，它们通常是大人训斥自家孩子时说的话。在父母的眼中，似乎只有大人才爱面子，也似乎只有大人的面子才重要。事实上，谁都要面子，谁都要尊严。对孩子来说，父母当众责备的话语，无异于扇孩子耳光，使他们的自尊心受到无形伤害，使他们的颜面荡然无存，这将极不利于孩子健康成长。

孩子的健康成长需要"尊严"

所谓的"尊严"，就是指人的权利被尊重。每个人心里都有得到别人尊重的渴望，都在追求和捍卫自己的尊严。法国伟大的启蒙思想家卢梭说："每一个正直的人都应该维护自己的尊严。"尊严不容侵犯和亵渎，为了维护自身的尊严，人类愿意付出一切代价。不仅大人有尊严，每一个孩子也都有尊严，而且孩子心灵的健康成长要依赖于尊严的支撑。

孩子需要他人对自己的肯定与尊重，当他意识到"爱面子"时，说明他已经具有了强烈的自尊心。孩子的自尊心是弥足珍贵的。著名教育家苏霍姆林斯基说："没有自我尊重，就没有道德的纯洁性和丰富的个性精神。对自身的尊重、荣誉感、自豪感、自尊心——这是一块磨练细腻的感情的砺石。"自尊，是尊严的开端，是尊重他人也要求他人尊重自己的表现。

古训有云："堂前训子，背后教妻。"即教育孩子可以在大庭广众之下，而教导妻子则要暗中进行，照顾她的面子。在这种传统思想的影响下，很多父母不管谁在场，一旦揪住孩子的错误就立刻批评；或者在与邻居朋友谈论孩子时，总爱当着孩子的面数落他的缺点、揭发他的短处；又或者在外人面前强迫孩子做他不愿意做的事。这都是蔑视乃至侵犯孩子尊严的行为，结果会使孩子的幼小心灵产生挫败感、羞辱感，给孩子的心理留下阴影，还会让孩子对父母缺乏安全感和信任感，从而疏远父母与孩子的关系，产生难以弥合的隔阂。不懂得尊重孩子的父母，也难以获得孩子的尊重。

李女士带着四岁的儿子冬冬参加朋友聚会，恰巧一个朋友的孩子文文也来了。两个小家伙很快打成一片，玩得不亦乐乎。晚饭时，冬冬有点笨拙地夹起一块鸡腿，正要往嘴里送时，他的小手一歪，整个鸡腿掉到了衣服上，随即又掉到了地上。见到此景，李女士一股怒火冲上头顶，大声地责备冬冬："你怎么那么笨，刚给你换的新衣服！你看人家文文怎么不掉东西？"听了妈妈的训斥，冬冬顿时感到很难过，强忍着眼里的泪水。

遭到妈妈的训斥后，冬冬怎么也不肯吃菜了，只顾低头吃自己碗里的饭。任凭妈妈如何给他夹菜，他就是不吃。

回到家以后，冬冬委屈地对妈妈说："你让我太没面子了！"妈妈很诧异。只听冬冬一脸难过地接着说："我弄脏了衣服，你也不能当着大家的面骂我啊。我又不是故意的！"原以为这么大的孩子什么都不懂，没想到"面子"对于他也同样重要。想到这，李女士赶忙向儿子道歉。

育儿专家认为，儿童长到2岁多时，就开始出现自主意识，强调自身立场的重要，表现出一定的自尊心。孩子虽然年纪小，但是与成人一样，他们是独立的个体，是有尊严的人。爱惜、维护孩子的尊严，不伤害孩子的自尊心和自信心，这是每一个父母教育孩子时的重要原则。

维护孩子的尊严，给孩子"面子"

爱默生曾这样解释尊严："不要让一个人去守卫他的尊严，而应让他的尊严来守卫他。"尊严好比人们身上的皮肤，与生俱来，一个生命从呱呱落地的那一刻起，尊严就已经在产生效应，不要因为孩子年纪小而忽略他本应有的尊严。呵护孩子的尊严，在人前给孩子"面子"，这是每一个为人父母者应注意的问题。维护孩子的尊严，应遵循以下这些原则。

"不当众"原则。对孩子一些不恰当的举动、做法，大人可以给予暗示、提醒或制止。若要深究和教育还需等待合适的机会。不妨在回家之后，或是没有他人在场的时候，这时对之晓之以理往往能收到较好的效果。当众打骂、训斥，会让孩子颜面扫地，有时甚至会使孩子形成自卑或自暴自弃的心理。

"不翻旧账"原则。有时大人训斥孩子，越训火气越大，就新账旧账一起算，从眼前的事情追溯到幼时鸡毛蒜皮的事情。这样会冲淡教育的主题，孩子觉得大人是拿他当出气筒，根本达不到教育的目的。客观冷静，就事论事是解决问题的根本，这样孩子会比较容易接受，会觉得大人是给他面子的。

“不全盘否定”原则。教育孩子的同时一定要给孩子明确方向，树立信心，激发斗志。大人在评价孩子的时候尽量不要用否定的词语，而是要告诉他正确的做法是什么。更不能全盘否定，把孩子说得一无是处，让孩子失去改进的信心。要让孩子明白，他的面子要靠自己来“挣”，而且要他相信自己能挣回面子，这样不仅能维护孩子的面子，还能激发他的上进心。

孩子和大人一样，也是有思维和认知的，只是他们还处于懵懂时期，理解很单纯、浅显，但根本的天性理解和大人是一样的。不要将孩子放在低矮的位置上，他们都是独立的个体，是有尊严的人，要用平视的角度和孩子交流沟通，孩子得到了尊重，同时大人也会被孩子所尊重。

维护孩子的尊严，就是尊重孩子的人格和权利。将孩子当成是一个与所有人平等的独立个体，尊重他的意愿和想法，不向他强行灌输自己的观点、经验，更不强迫他去做他不愿意做的事情，让孩子体验到作为人的价值和意义，让孩子的个性和特长得到充分发展，那么孩子才会在自尊的基础上成长为拥有独立人格、自由思想的“人”。

6. 孩子的朋友，父母必须认真对待

“找啊找啊找朋友，找到一个好朋友……”这首儿童歌曲告诉人们孩子对朋友的珍爱以及对友谊的渴望。“近朱者赤，近墨者

黑"的古训也让诸多父母意识到朋友对孩子一生的成长的重要性。良友宛如好书,能让孩子受益;损友好像臭气,会让孩子受害。现代社会环境复杂,父母固然需要认真对待孩子的朋友,教会孩子选择真正值得交往的朋友,却不能一手包办,任意干涉,否则只会适得其反。

尊重孩子的朋友,就等于尊重孩子

儿童心理学专家莫伦·欧布拉博士指出,从两三岁起,孩子就开始考虑如何与朋友交往。如果他能从觉得"我们在一起很好玩",发展到思考"为什么我就是喜欢这个人",就说明他已经开始享受大人们可以享受的美好友情了。在孩子的同伴关系中,是以友谊为核心的。

甚至可以说,交朋友是孩子最早接触的一项重要社会技能。孩子在友谊中学习社会技能、交往和合作,扩大和丰富社会关系,体验情绪,积累情感的力量,影响着成年后性格、情趣、心理承受能力、社会交往等多方面的发展和完善。7 岁的孩子就能在游戏中学会多合作少攻击,而且能把自己的思想和情感用语言表达出来,渴望在家庭之外得到同伴的支持。因此,朋友在孩子的生活中充当着重要的角色,父母首先应该尊重孩子交友的权利,其次是引导孩子如何择友。

在交友标准上,父母和孩子往往各执一词。当今社会中,大多数父母对于孩子交友,多少带着功利性目的,譬如让孩子结交家境良好、成绩优秀的朋友,以图互相学习、共同进步,反之则勒令禁止。而孩子心地纯洁、良善,他们往往觉得与朋友交往"好玩"是前提,只要兴趣相投、品行优良者都值得结交。对于孩子的朋友,父母应该站在尊重孩子的立场上,只有尊重孩子的选择,尊重孩子的朋友,孩子才会感觉到被尊重。在此基础上,慎重地对待孩子的朋友,适时地对孩子交友给予善意的提醒，孩子才会心服口服地接受。

有一对美国夫妇，这阵子寝食难安、心神不宁，因为他们的儿子最近结交了一群新朋友。这群新朋友不仅穿着奇装异服、身上刺着纹身，而且还经常三五成群四处乱逛，各种花样百出的聚会更是频繁不断。对于儿子的新朋友，美国夫妇颇不放心，他们想提醒儿子不要跟这群朋友来往，又怕善意的提醒会激起孩子的逆反心理，弄巧成拙。于是陷入了一种既想保护儿子又想让他自己做决定的两难境地。

无奈之下，美国夫妇向一个研究教育心理学的朋友求助。朋友了解原委后说，不要轻易干涉孩子的社会生活，对于孩子结交什么样的朋友，要尽量让他们自己做决定。只有在他们的决定被证明确实非常不明智的情况下，父母才能干涉。而这种干涉，一定要有足够的证据，不能只凭自己的直觉、偏见、保护孩子的本能和自己的主观判断。

接着，他向美国夫妇提供了一套非常实用的指导方法。他说："对于孩子交朋友，通常有四种情况，什么时候应该保持沉默、什么时候应该说、什么时候应该采取行动、什么时候应该明令禁止，以及分别采取什么样的行动要视具体情况而定。"

朋友对美国夫妇逐步分析了这四个步骤如何具体操作。他说，如果父母不赞成孩子交某个朋友的理由仅仅是基于个人的老眼光、喜好或者对那个孩子父母的看法，那么最好对孩子的选择保持沉默。

如果孩子结交的朋友存在着潜在的麻烦，但目前还没有真的惹出麻烦，那么父母则应密切注意事情的发展，并且把自己的担心告诉孩子："我对你和某某人的交往觉得不舒服、不放心。"同时对你要采取的行动做出解释，"我现在要比以前更加严密地注意你了。但是只要你不遇到麻烦，我就不会干涉你。"这时候就应该说出来。

如果孩子的朋友经常遇到一些麻烦，或者孩子曾与这个朋友一起陷入过麻烦，比如有过不良的驾驶记录，曾经入店行窃被逮捕过，一起逃过课等等，这时就要对他们的交往采取一些合情合理的限制，比如不要让孩子与朋友一起开车，不要让他们俩在没有大人陪同的情况下进商店。这时父母可以对孩子发出警告，“现在，我只是限制你和他来往。如果再惹出麻烦，我就要彻底禁止你与他交往了。”

如果孩子的朋友已经被证实是一个好惹是生非之徒，或者孩子与朋友一起做了性质严重的坏事，则要明令禁止他们来往。

最后，那位朋友提醒美国夫妇，让孩子自己挑选朋友是尊重孩子的一种表现，非在万不得已的情况下，应尽量让孩子自己做出决定，强迫孩子按照父母的意愿交朋友极有可能会引起孩子的逆反心理。

这对美国夫妇还是比较理智的，他们没有粗暴地干涉孩子交朋友。其实，在这个鱼龙混杂的社会，父母们担心少不谙事的孩子受到坏朋友的污染是非常值得理解的。然而，在家庭教育中存在的最大危险就是孩子的叛逆，一旦孩子在“私底下”交朋友，那将是非常让人头疼的事情。因此父母应该尽可能尊重孩子的选择，尤其不要以个人的眼光来评判孩子的朋友，同时教育孩子对自己的行为负责。

对孩子如何交朋友加以引导

作为父母，不仅关心孩子的衣食住行，也关注孩子身边的朋友，生怕一不留神孩子受到不良影响，影响学习，浪费时间，上当受骗，学坏变坏等等。孩子尚未建立起个人的价值观念体系，对社会事物的判断和辨识能力有限，因此父母应该对孩子如何交朋友、交哪些朋友加以引导。

首先，父母在对孩子平时的教育中，要有意识地帮助孩子建立正确、健康的价值观，譬如告诉孩子真正的友谊是什么，交朋友要看重的是什么等等。孩子有了正确的价值取向，父母就可以对孩子交友省一半心。

其次，父母应该尊重孩子的朋友。比如，对孩子的朋友不能以貌取人，要注意表达对孩子朋友评论的方式，不应蛮不讲理地指责或禁止孩子的交友，而要尽量从孩子的角度去看他的朋友。只要孩子的朋友没有品质问题，则不要过多干涉孩子的交友。善待孩子的朋友，父母才可以获取孩子的信任，对孩子的交友适时提出中肯的建议。父母还要注意不要排斥孩子结交异性朋友。

另外，倾听孩子在交友过程中遇到的问题和困惑，给予孩子真诚的建议和支持。许多孩子认为朋友是永恒的，父母要告诉孩子朋友之间的关系会发生变化，要有心理准备。如果孩子遭遇到了交往挫折，父母最好能和孩子面对面地坐下来好好谈一谈，讨论什么是真正的友谊，应该怎样解决矛盾等话题，并指导和帮助孩子处理交往中的困难。

父母应鼓励孩子多和其他的孩子交朋友，珍贵的友谊对孩子的成长是极为有利的。然而，值得注意的是，父母不要过分干涉孩子的交友问题，尤其是不要按照自己的意愿或喜好限制孩子的交友，这样只会引起孩子的反感。给孩子自主选择朋友的权利，平时多和孩子沟通关于朋友的话题，将交友问题透明化，并适当进行引导，这才是真正地重视孩子的朋友。

7. 尊重孩子的意愿和想法

中国式的父母总是认为孩子是自己生的，年纪小，不懂事，因此习惯替孩子包办一切，而置孩子的个人意愿和想法于不顾。而大多数美国父母的信条则是相信不管孩子多小，都要给予孩子个人自主权，以便他们在自由的环境中完善个性。这就是导致中国孩子独立性与创新精神远远落后的重要原因。中国父母们应该意识到，尽管孩子很小，他们也会有自己的思想和个性，他们有权利表达自己的意愿和想法。

孩子有自己的意愿和想法，表明正在迈向独立

父母和孩子的世界是不同的。在孩子懂事以后，他便开始思考自己眼中所看到的这个世界，思考他所遇到的每一件事情，并逐渐产生自己的想法和观点。孩子的一言一行都表达着他的意愿和想法，都意味着他对未知世界的积极探索。而孩子乐于对父母世界的事情发表意见和想法，说明他已经初具独立的思考意识，是迈向独立的第一步，这是非常可贵的。

对于正在不断成长和探索的孩子，父母应该尊重孩子的想法、倾听孩子的诉说、理解孩子的心情。对孩子的意愿和想法给予积极的赏识和尊重，好处之一便是可以锻炼孩子的思考意识和表达能力，其次可以通过倾听孩子的观点，了解孩子内心的真实想法，从而纠正孩子在成长过程中的一些错误思想，使孩子获得新的知识和感悟。

父母要培养孩子的独立思考精神，鼓励孩子发表自己的意愿和想法，千万不要过度管束，或者忽略和压制孩子的想法，这样会

使孩子的个性受到压抑，并且失去对生活探索思考的兴趣和勇气。

富兰克林·德拉诺·罗斯福是一位杰出的美国总统，他出生在一个民主的家庭中，有一位非常尊重他的意愿和想法的母亲，这使富兰克林从小就非常有主见。

幼年的富兰克林长得英俊潇洒，很招人喜欢。妈妈尤其喜欢他那头漂亮的卷发，并喜欢用各种服装来打扮他。但是，妈妈为他选择的衣服，富兰克林却并不喜欢。

有一次，妈妈想给富兰克林穿绉边的套装，富兰克林大胆地说出了自己的不满。还有一次，妈妈想说服富兰克林穿苏格兰短裙，富兰克林又拒绝了妈妈的好意。最后，富兰克林和妈妈一致同意穿水手服。

关于这段故事，富兰克林的妈妈萨拉在她的《我的儿子富兰克林》一书中这样写道："父母们对于衣饰的品味虽然高雅，可是父母们执拗的儿女却并不喜爱。"可敬的是，这位妈妈并没有强迫孩子听从自己的意愿和想法，而是非常尊重孩子的意愿和想法。她解释道："父母们从来不曾试图对他施加影响，来反对他的喜好，或者按父母们的模式规定他的人生道路。"

富兰克林渐渐长大，他想把自己的卷发剪掉。虽然妈妈非常喜欢富兰克林的卷发，但还是同意了儿子的请求，剪掉了他的卷发。她对儿子报以最大的理解和尊重，只是将儿子的几缕卷发保留起来，将它们与儿子幼年时期的其他纪念品一起珍藏着。

尊重孩子的意愿和想法，采纳孩子正确的想法，满足孩子合理的要求，这样对孩子个性的发展和良好品格的形成是有好处的。孩子小的时候，能够做主的不外乎穿衣吃饭这类小事，如果父母能够放手让孩子做决定，那么孩子的自信和独立精神就会不断加强。反之，如果一开始就扼制孩子的意愿和想法，就等同于抹杀了孩子的独立性。

尊重孩子的每一个意愿和想法

尊重孩子的每一个意愿和想法，就是给孩子自主决定的权利。许多父母认为孩子太小，没有思考的能力，和他商量也没有用，因此在事关孩子和家庭的事情上经常没有征求孩子的意见，就自作主张，从安排孩子的衣食住行等小事、到规划孩子成年后的事业，婚姻等大事。这种教育方式就好像把孩子当作一个机器人看待，让其按照程序和模式生活，结果使孩子变成一个缺乏主见、人格缺失的不完整的人。

苏联教育家苏霍姆林斯基说过："如果一个人不能认可自己的存在，就不能在自己心灵里成为主宰者，就不能在生活中确立自己的地位，就不能在人生的道路上自豪地抬起头来走路。"尊重孩子的意愿和想法，意味着尊重孩子作为一个独立人的存在。

然而，尊重孩子，并不意味着对孩子的所作所为、所思所想放任自流，而是尊重孩子发言的权利，让孩子有选择的机会，在尊重孩子的基础上给予适当的引导和鼓励。

在家庭中，要永远记住孩子也是其中的一员，他与父母的地位是平等的。父母在决定一件事情之前，不妨听听孩子的想法和意见，让孩子有知情权和参与权，这会让孩子感到自己在家庭中的重要性。在家庭中形成这种民主的氛围，孩子一旦遇到事情也会主动跟父母商量，征询父母的意见，而不是隐瞒父母，我行我素。

而对那些与孩子密切相关的事情，父母则要主动征询孩子的想法，并尽量尊重孩子的意愿。因为孩子有权知道自己的事情，也有初步的分析和判断能力。当孩子表示不满或者反对的时候，应该心平气和地给孩子解释，争取孩子的理解，而不能强制孩子服从甚至恐吓孩子。

家长要尊重孩子的意愿和想法，鼓励孩子发表自己的看法，遇事多和孩子商量。当孩子主动和你谈起他的意愿和想法时，不要敷衍了事，而应该耐心倾听，并与孩子共同探讨，深入了解孩子的内心世界，这样不仅能让孩子感受到被尊重，而且还有助于孩子形成不依赖、不盲从于别人的个性。

8. 给孩子自由支配的时间

一份调查显示，中国城市独生子女平均每日可支配的自由时间只有68分钟。父母怕孩子闲得无所事事，更怕孩子输在起跑线上，于是强行安排、支配孩子的时间，争取分分秒秒都用来学习知识和培训技能。这让处于成长发育阶段的孩子超负荷高速运转，不仅对孩子的生理和心理造成负面影响，还使孩子的童心和天性遭到扼杀。剥夺孩子自由支配的时间，实际上就是剥夺孩子自由、快乐的童年，剥夺孩子成长和发展的机会。

给孩子自由时间，让他拓展自我空间

“周一至周五，早晨5:00起床读一个小时英语，晚上19:00～20:20参加英语强化、美术基础、作文强化班，20:30～22:20完成家庭作业，周六、周日分别安排管乐学习、野外骑车、阅读文学名著、全面检查复习上一周并预习下周各科学习内容。”这是一份父母给孩子安排的学习时间表。由此看来，现代父母为了培养孩子成为一个优秀的人，甚至不惜牺牲孩子的自由时间。这表面上看

起来这是为孩子着想，为孩子的未来铺路，实际上是对孩子的童年和心灵的戕害。

青少年教育专家孙云晓说：“如果您控制了孩子所有的时间，也就意味着您控制了孩子的生活、快乐和意志，这样给孩子带来的必然是被剥夺自由的痛苦。连自由都被剥夺的人，您还能指望他独立、有思想、有创新吗？”作为父母，将心比心地想，也不愿意自己的时间被安排得满满当当，也希望有自由的时间可以放松放松，以此消除疲劳、缓解压力。更何况孩子在自由的时间里并不是只会玩耍，而是不断认识、感知生活和周围的世界。

心理学家研究表明，孩子在成长过程中，非常需要父母视线之外的，由孩子自己开拓出来的属于他们自己的自然空间和心理空间，这种空间的扩大就是孩子自我的扩大。因此，保证孩子自由支配的时间非常重要，让他们做自己的事，以保证这种独立空间的存在和扩大，这样孩子才会健康成长。

期末考试的前一天，一位妈妈让在读五年级的女儿做数学卷子，女儿做了一段时间后就不肯再写了。妈妈对女儿说，你数学差，再不多做点题目期末考试肯定考不好。女儿急了，激动地说想写首诗。妈妈听了非常生气，就说：“我不管你了。你想干什么就干什么吧！”想不到平时热爱文学的女儿真的开始写诗，平时积聚的情绪一下子爆发出来，三分钟的时间诗就写好了，题目是《妈妈，我压力好大》。

“妈妈，我的压力好大/一分一秒一嘀嗒/外面的鸟儿早已飞回家/无论是寒冬还是酷暑/我都在家/我在家/不是摆弄芭比娃娃/也不是上游戏网站 4388/而是拿起笔在奥数题上比比画画/啊/压力好大/我真讨厌黑板上 5678/什么时候我能给自己放一个假/一株草和一朵花/我都希望去探索它/啊/压力好大/我真希望和小伙伴玩娃娃家/你当爸爸我当妈妈/照顾宝宝直到他长大/时光一天一天被学习打发/学习的内容难度也越来越大/妈妈，我想告诉你/

长大的我不会没有出息/不要让大自然和我没有关系/给我放个假，好吗/妈妈，我的压力真的好大”

看到孩子写的诗，妈妈有些心酸，但还是严厉地说：“你写诗有什么用！赶快给我写数学作业。”女儿的眼泪顿时涌出来，但最后还是乖乖地坐下来写数学卷子。

为了孩子上学方便，这位母亲特地在学校对面租了间房子，每天陪读到晚上10点左右，还给孩子请了家教，希望提高孩子的成绩，以便能上个好中学。她知道升中学数学很关键，偏偏女儿的数学是弱项，所以逼着女儿在课余时间做了几大本数学题。看了孩子的诗以后，她知道孩子并不快乐，于是对自己的教育进行了反思，终于决定这个寒假给孩子“放个假”，不给孩子报任何辅导班，让孩子做她喜欢做的事情。

听一听孩子的心声，父母会发现孩子比他们想象得还要懂事和有想法。在好奇心的召唤下，孩子本能地渴望认识外部世界，渴望有属于自己的时间去探索、思考、感知新奇的事物。父母强行控制孩子的时间，强迫孩子透支他们的时间和精力，只会让孩子产生自身无法承受的压力，对学习产生疲劳和厌倦。这种结果相信每一个父母都不愿意看到。因此，给孩子自由支配的时间，让孩子自主安排各种活动，拓展其自我的空间，一定会比单调的以学习填充时间更加有益。

教会孩子利用自由支配的时间

教育家苏霍姆林斯基在《要教会儿童利用自由支配的时间》一文中说，“不要用硬性规定的计划来束缚儿童，让他们去仔细地看看各种事，并且看个够。也许，你还可以把儿童放掉整整一个小时，让他们各自去干自己要干的事。这是儿童的天性使然，不如此就不可能有儿童的感知和思维。”自由时间对孩子的成长是可贵的。

然而，给孩子提供自由支配的时间，并不是让他们爱干什么就干什么，因为“放任自流会养成无所事事、懒散拖沓的不良习气”。而且孩子在成长前期对时间缺乏控制力，因此父母应当教给他们怎么利用自由支配的时间。在苏霍姆林斯基看来，不要违背儿童的天性控制孩子的时间，而要尽量让孩子接触有趣的、惊奇的东西，也就是说，“应该使儿童的时间充满使他们入迷的事，而这些事又能发展他们的思维，丰富他们的知识和技能，同时又不致破坏童年的情趣。”这是值得父母们铭记在心的教育原则，以此指导生活中具体的教育实践。

在这一点上，父母应该注意自身的示范作用。身教重于言教。父母在空余时间的活动安排以及对待空余时间的态度会在很大程度上影响孩子。假设父母一有空就沉溺于看电视、打牌，那么孩子就算有自由时间，也会懒散、无所事事。因此父母需要以身作则，在积极丰富自己闲暇时间的同时，积极引导孩子，让他能够合理利用自由支配时间，使自由支配时间的价值最大化。

父母还要充分了解孩子的兴趣特点和爱好，引导孩子在自由支配的时间里把学习、生活与娱乐融为一体。既保持一份轻松愉悦的心态，也能够有学习的意识、研究和探索的乐趣。使孩子的自由时间变得丰富多彩，将有助于他们增强对生活的乐趣，从而使孩子成为乐观向上的人。

给孩子自由支配的时间，就是还给孩子一个独立探索世界的空间，就是还给孩子一个自由、快乐的童年。每天给孩子一点自由支配的时间，让他按照自己的设计和兴趣行动，你会发现他正在走进自然、走进生活、走进浩瀚无际的思维世界……而这是一个孩子快乐的源泉，也是他最终走向幸福的必要条件。

9. 让孩子自己去决定

“如果我是比尔·盖茨的爸爸，知道儿子居然大二要从哈佛辍学，我会不会支持他？如果我是李安的父亲，知道儿子居然去搞电影，我又会不会阻止？如果我阻止了，还会不会有今天的微软总裁比尔·盖茨和大导演李安？”作家刘墉在其专为女儿所写的书《靠自己去成功》中发出这样的质疑。作为父母，以爱的名义安排孩子、操纵孩子、溺爱孩子，这是不是对他真正的爱？须知，孩子终有一天要独自面对自己和世界，当他挣脱父母的手、远离父母的视线时，谁才是他人生的主人？是他自己！让孩子自己去决定，他会更早学会生存，学会生活。

让孩子自己去决定，靠自己去成长

著名诗人纪伯伦在《致孩子》一诗中这样写道：“你们的孩子，都不是你们的孩子。你们可以给他们以爱，却不可给他们以思想，因为他们有自己的思想。你们可以荫庇他们的身体，却不能荫庇他们的灵魂。”的确，父母赐予了孩子生命，但任何一个孩子都不属于父母，因为孩子有属于自己的思想、灵魂，他们勃发着新生的力量，他们会开拓出全新的道路和世界。而假设父母不能认识到这一点，固执地代替孩子去选择、决定、规划，那么就等于扼杀了孩子独立的思想和灵魂。

一名幼儿教育专家指出，传统的教育观念有两个严重的误区：一是认为孩子可以任意被塑造，而忽视了孩子天然的成长规律；二是过于重视大人的塑造，而忽视了孩子才是自己成长路线的决定者。

研究表明，总是由父母做决定的孩子，长大后常常缺乏判断力和选择的能力，而且缺乏责任感，甚至不知道如何对自己负责。因此父母应给孩子一点做决定的机会，让孩子学会如何做决定，这样孩子才能成长为一个独立、有主见的人。

雷蕾是个乖巧的小女孩，因为爸爸妈妈工作忙，雷蕾便跟爷爷奶奶一起生活。奶奶每天接送雷蕾时，都会把孩子的吃穿安排好，就连喝牛奶插吸管这样的事，她也不让孩子做，总是自己做或请老师做。

于是，每天早晨雷蕾到幼儿园后，从不主动去玩玩具或进行户外活动，而是四处游荡，非要等老师指定她去玩什么她才去；每当老师请她进行选择时，她便犹豫不决，事事都要由别人做决定，自己不知道做决定。

妈妈认为这样可不行，同雷蕾爸爸商量后，他们把雷蕾接了回来。爸爸妈妈既没有过多地干涉雷蕾做什么，也不催促她做什么。当雷蕾特别想要自己脱衣服或者穿衣服时，爸爸妈妈就放手让她自己去脱和穿；雷蕾洗澡时，爸爸妈妈尽量让雷蕾有充足的时间在澡盆里玩耍；吃饭时，爸爸妈妈让雷蕾自己吃，而且不催促她，吃饱以后也不再让雷蕾留在饭桌旁；到了该睡觉、该外出散步或者该回来的时候，都想办法多说些有趣的事情来引逗她按照父母的话去做。

雷蕾妈妈既不想把女儿娇惯成说一不二的“小皇帝”，也不想女儿成为连什么自己都不能决定的“小木偶”。现在，雷蕾已经是个5岁的“小父母”了，她有自己的眼光、自己的思维、自己的感受、自己的判断，不再是绝对听话，叫她干什么就干什么的“小木偶”了。

不同的教育方法培养出不同的孩子。雷蕾的奶奶无微不至地照顾着孩子，好像不如此就显得不爱孩子，她事无巨细都替孩子做好，从不让孩子自己做，更别说让孩子自己做决定，这种做法无异于剥夺了孩子成长的机会，剥夺了孩子做事、思考、说话的权利，致使雷蕾变成没有主见、依赖性强的人。而雷蕾妈妈的做法则是有的放矢，给孩子自己决定的机会，也适当地加以引导管教，这更加利于孩子的成长。

学会放手，让孩子做自己的主人

“我慢慢地、慢慢地了解到，所谓父女母子一场，只不过意味着，你和他的缘分就是今生今世不断地在目送他的背影渐行渐远。你站立在小路的这一端，看着他逐渐消失在小路转弯的地方，而且，他用背影默默告诉你：不必追。”身为两个孩子的母亲，面对日益长大、渐行渐远的孩子，作家龙应台在《目送》中发出这样的感慨。

孩子是向往天空的风筝，他们总有一天要飞出父母的手心。早知如此，就该早日放手让孩子做自己的主人，让他为自己的行为负责。家长是孩子的第一任老师，趁孩子还在你的视线之下，让他自己去决定，让他去犯错和遇挫，他才会成为自己成长路线的决定者，哪怕将来离开了父母，也能靠自己搏击风浪，做人生的主人。

许多教育学者认为，父母包办孩子的一切是对孩子的极度不信任，会使孩子失去很多锻炼的机会，这就等于告诉孩子，我们不相信你的能力，这会使孩子的自信心遭到很大打击，对孩子今后的人生也会有很大的影响。

当孩子开始萌发自主意识，强烈要求自主，就不再愿意什么事情都听父母的，因为他有了自己做决定的需求。如果孩子的这种需求长期被搁置，自主意识就会被抑制，自信心也会遭受打击，这极有可能会使孩子对自我产生消极评价，形成自卑、依赖的性格。到了一定年龄阶段，父母再想训练孩子给自己做主就很难了。因此，在孩子的幼年时期，父母就应该经常让孩子做决定，哪怕事情再小，孩子也能在做决定的过程中锻炼思维能力，构建独立意识。

孩子由于知识、经验的缺乏，面对过多的自由和选择，反而不利于他的选择和做出决定。因此，作为父母，可以给孩子一定范围的选择权利，也就是让孩子在限定的范围中进行选择。这样，孩子会逐渐树立起适当的选择意识。父母也可给孩子制定一些基本的底线，然后放手让孩子去决定自己的人生，除非在非常必要的时候才帮助孩子。

在孩子做决定的过程中，父母可以给孩子分析各方面的情况，让孩子充分考虑各种情况再做决定。如果孩子认真考虑后做出了决定，那么作为父母应该支持孩子。因为不管任何决定，孩子已经开始在为自己的人生负责，他已经在慢慢成长为一个独立、自信、有责任心的人。

10. 不做孩子的“监工”

当下越来越多的父母成为“监工”、“陪读”，主要体现在对孩子的学习方面紧抓不放、越俎代庖、严密监视，甚至有的父母放弃工作，全程陪同孩子一并“学习”：在家学习与孩子一样的课堂内容、所有习题提前做一遍，课后陪孩子做作业等等。有一项调查显示，某地 72％的家长会陪同孩子做作业，原因是担心孩子的学习成绩下降。在中国，父母对孩子学习成绩的关注超过了对孩子身体健康、生活习惯、交友情况的关注，这种舍本逐末的教育心态背离了教育的根本。学习固然重要，然“授人以鱼不如授人以渔”，培养孩子良好的学习习惯以及自主学习能力才是最重要的。

不当“监工”，慎防孩子养成依赖症

对大多数父母来说，做孩子的“监工”实在是情非得已，既有来自外部的升学压力，又有来自对孩子成绩及前途的近忧远虑。现在的孩子普遍是独生子女，有的父母担心孩子学习无伴，太孤独，

就扮演起了陪读的“书童”;有的父母主要是配合学校的要求，监督、检查孩子的学习，以防孩子成绩跟不上，拖了班级的后腿;有的是父母自发守在孩子的身旁，一来可以防止孩子磨蹭、走神，二来可以随时解答孩子学习上的疑问……

不管是无奈还是自愿，不管初衷是为孩子着想还是向一流成绩看齐，事实是孩子的身旁多了一位“监工”，孩子的一言一行、一举一动都被纳入父母的眼底。这样做的好处是或许暂时能够使孩子的学习作业和成绩维持表面的“光鲜”，但是长此以往，就会使孩子习惯于依赖家长，而错过了自己独立思考、独立分析和解决问题的成长机会。

试想一下，如果大人们工作时身边也有一位虎视眈眈的“监工”，他仿佛就是为了专挑你的错误而存在，那该有多么痛苦和不自在！对于孩子来说也是一样的，随着独立意识的增强，他们越倾向于获得个人的空间以及独立完成事情。如果父母没有重视孩子的这种需求，不仅会压抑孩子的心理，还会使孩子错失培养良好的学习习惯和学习技能的阶段。

张女士是一名小学四年级学生的妈妈，下班以后，同事招呼她出去逛街。她赶忙摆摆手:“不行不行，得回家‘伺候’孩子写作业，还得签字呢，要不明天小孩到学校交不了差。”说完麻利地收拾东西回家。

回到家吃完饭，张女士就坐在儿子洋洋的旁边，目不转睛地盯着孩子写作业。洋洋极不情愿妈妈坐在他旁边，这把他弄得紧张兮兮的。他稍稍停顿一下，妈妈就问:“怎么了？是不是遇到不懂的问题了?”看到洋洋一言不发，张女士竟自作主张给儿子讲起了题。“好了，我会了，会了。”为了让妈妈别嘟囔他，洋洋嘴上这么说，实际上根本没听懂。

“这道题目你怎么又错了?”张女士拿起儿子的数学试卷说，“这种类型题不是给你说过好多遍了吗？每次都说‘会了，会了’，怎么还做错啊！上课没有听老师讲课也就算了，我给你讲那么多遍你怎么还记不住呢！”

面对妈妈的数落和质问，洋洋不满地说了句：“你好烦！”

想起自儿子上学来，每天陪他写作业写到九十点，结果竟引起儿子的反感，张女士不禁心酸起来，她也好累啊！

从上例中可以看出，林女士已经长期给孩子当“监工”，当孩子在写作业遇到一点点问题时就急于帮孩子解决，而没有给孩子独立思考和解决疑难的机会。结果孩子不懂装懂，屡错屡犯，反而使孩子丧失了学习的主动性和积极性。这是吃力不讨好的行为，无形中增加了孩子和父母的负担。因此，父母应该明白培养孩子的自主学习能力比孩子暂时的学习成绩更加重要。

培养自主学习能力比拔高学习成绩更重要

父母作为孩子的监护人，有权力也有义务监督孩子在成长过程中所遇到的一切问题，包括学习。然而，监督不意味着监视、监控。在孩子刚入学的阶段，父母可以“陪”孩子陪得恰当好处，譬如用心引导孩子适应新的学习环境、熟悉新的课程、形成新的合理的学习模式，然而父母不应该一直陪读下去，在适当的时候应该放手，让孩子自己去掌握学习的方法和技巧。

有教育专家指出，父母“陪读”使孩子常常处于依赖、被动的状态，自主学习的动力和能力明显减弱，是件得不偿失的事。其结果，短期内或许表面上对学生的学习有所帮助，但难以获得长远的教育效益。在父母一方看来，陪孩子写作业或者进行其他学习活动是对孩子的关心，但孩子反而感到是一种束缚，试想他们在做功课时既要研究题目，又要时刻提防旁边家长的训斥打骂，在这种相对紧张惶恐的心理支配下，又怎能全身心地投入学习中去呢？作业做不出反正有家长代做，孩子求知的欲望，学习的主动性和进取精神又怎能从小培养！

有些父母担心不陪着孩子一起学，不在旁边督促，孩子的学习成绩就会下滑。的确，习惯了父母“陪读”的孩子在父母放手之后，可能导致成绩下降，但只要孩子自身具备了学习能力，在一段时间的适应后，成绩又会一点点提高上来。关键是父母要在平时的学习生活中一点一滴地培养孩子的自主学习能力和良好的学习习惯。

父母不要只盯着孩子的学习分数，而要把更多精力放在孩子的学习态度和学习能力的培养上。平时要留意孩子的作业是否认真，观察孩子的学习态度是否端正。如果发现问题，就要及时与孩子交流，或者和老师沟通。关键是帮助孩子建立起学习的信心，找到学习的方法，体会学习的乐趣，这比陪在孩子旁边教会他几道数学题重要得多。

在孩子做功课时，父母的作用是给予适时的辅导和点拨，而不是当“监工”。一个自由的人，才可能成为一个自觉的人。只有教育孩子养成学习的自觉性，他才会更愿意去学，所以父母应该耐心地、巧妙地从孩子的学习中抽身出来，还给孩子一个独立思考、独立学习的空间。

第三章

宽容之“爱”，给孩子改错的机会

父母教育孩子的艺术在于激励、唤醒、鼓舞。每一个孩子在成长的过程中都或多或少会犯些错误，在这个时候，孩子潜意识里已经知道自己犯了错误，但是他们并不希望得到打骂的惩罚，而是希望得到家长的一颗包容的心，一次爱的宽容。这个时候，父母应该谅解孩子的过错，唤醒孩子的迷惘，增强孩子的自信，给他们自由成长的空间，然后用赤诚的爱去温暖、去关心、去感化他们，从而把一块“顽石”打造成“美玉”。

第三章 宽容之“爱”，给孩子改错的机会

1. 允许孩子耍些小脾气

如果你的孩子正在为某事生气，要允许他发脾气。父母可以先坐下，安静地等待孩子，安静地看着孩子，不要打断他的怒气，要全神贯注地关注孩子，这就是在告诉孩子：你是被我关心的，我在认真地注意你的感觉或问题。父母要允许自己的孩子耍些小脾气，这有助于孩子宣泄心理能量，更是对孩子关爱的一种表达。

孩子也有生气和发火的权利

当孩子因为小事发脾气的时候，当孩子“无法无天”的时候，父母应该怎么办呢？责备他，惩罚他，告诉他不应该这样吗？其实，这是孩子在向父母发射信号。他在表现自己内心的一种需要，这是非常正常的事情。每个人都需要有发脾气的机会，但是一定要注意方式和场合。假如我们可以理解到孩子的心理需要，就不会急于纠正孩子的错误，而是会想办法找出孩子之所以这样做的原因。因为只有当孩子懂得，你理解他的心情，明白他的需要时，他才能平静下来，听从父母的解释与引导，不然只会采取抵触态度，或虽然表面服从，但是下一次却还会重蹈覆辙。

辉辉见一些小朋友在下棋，就挤了进去……一会儿，只见另一个孩子捂着鼻子哭着跑过来：“辉辉打我，我的鼻子被他打疼了。”辉辉爸爸跑过去把辉辉一把拉出来，质问道：“你干嘛打人家？你这小鬼昏头啦？把别人打伤了怎么办？啊?!”辉辉憋红了脸，声辩：“那他干嘛不让我看呐?”“不让你看就可以打人啦？我看你是越来越不像话了，去，赶快向人家道歉。”“我干嘛要道歉，是他先不让我看的。”辉辉还是一脸倔强，爸爸非常气恼，伸手就在辉辉的头

上打了一下。这下,辉辉也咧开嘴哭上了,一边哭一边还在叫:"是他先不让我看嘛,是他先不让我看嘛……"还向爸爸挥着小拳头。

这时,辉辉妈妈来了,把辉辉拉到一边,递给他几张纸巾,让他擦干眼泪,并对另外那个孩子说:"让我先跟辉辉聊聊,好吗?"那孩子跑开了,妈妈把辉辉抱在怀里:"好了,先冷静一下,我知道你现在很生气,那你把事情的经过告诉妈妈,让我知道你为什么生气好吗?"辉辉在妈妈的怀里渐渐冷静下来。原来辉辉在看别人下棋的时候,高声地在那儿指手划脚,另一个孩子想将辉辉赶走,于是用力推搡辉辉,辉辉伸手去挡,正好撞在那孩子的鼻子上。于是,妈妈对辉辉说:"我知道你生气的原因了,别人不让你看下棋是让你很生气,但是你大声地说话也会打搅别人,我觉得如果看别人下棋的时候能比较安静,应该会受欢迎的,你说呢?"辉辉点头了,妈妈又继续说:"我还觉得如果你想继续去看棋,或者想要别人原谅你,继续让你看棋,那么应该向被你撞疼鼻子的人道歉,也许别人还是会欢迎你的。"辉辉又点了头:"好吧,我试试吧。"

从上述事例可以看出,儿童的感情与行为方式都是有关联的,父母应该认识到,就算小孩子打人或用其他动作表达情感都是正常现象。在制止他的不正确的行为时,首先不要责备或羞辱他,尝试着向他说明爸爸妈妈理解和接受他的情感,再用积极的方式向他提出建议,帮助他用恰当的方式表达感情,爸爸妈妈期待他改变行为,培养他的自尊和自信,并让孩子感觉到父母是相信他的,这样的做法才是真正的尊重儿童。

父母要细心地观察孩子,理解他们,给他们自由表现的机会,在理解的基础做好引导工作。只有这样,才能保证孩子们的心理健康和快乐成长。

第三章 宽容之“爱”，给孩子改错的机会

怎样巧妙应对孩子的小脾气

大声尖叫、打滚、摔东西、撞脑袋……随着孩子一天天成长，从几个月就开始耍小脾气了。面对耍小脾气的孩子，有什么妙招能够让他的小脾气悄然消失呢？

1. 只要没有危险，别理睬乱发脾气的孩子

当孩子有因为发脾气而憋住气或者猛烈撞墙这种行为发生时，建议先带孩子去医院看医生，排除疾病的可能。假如没有疾病，最好的办法就是不要管他。要注意观察，尽量找到诱发原因。

2. 多和孩子交流，告诉他对待生气的方法

无论孩子多大，父母都要养成和他讲道理的习惯。在这个过程中，无论孩子怎样闹腾，父母首先一定不要发脾气，更不能让步，也不要利用贿赂、打耳光或威胁等手段来对待孩子的发脾气行为。

3. 计时隔离，让孩子自己冷静下来

当孩子发脾气不能控制时，不妨把他放在一个安全的房间里，告诉他：“我爱你。我知道你非常生气，你可以在这里生完气再跟我一起玩。”假如在公共场合，要根据情况决定是留在原地，还是以最快的速度把他带离现场。

4. 提供“生气玩具”，让孩子发泄不良情绪

父母可以给孩子买一面小鼓，一个充气怪物等作为“生气玩具”，每当他生气的时候，他可以击打这些玩具来发泄自己的不满。假如没有合适的“生气玩具”，就给他一个枕头，就让他击打这个枕头来发泄自己的不满情绪。

5. 一起尖叫，再诱导他恢复正常情绪

当孩子喊叫哭闹的时候，父母不妨在一旁以跟孩子不同的方式尖叫：“我生气！我生气！”此时，孩子的注意力会被吸引过来，甚至开始模仿你。你尖叫几声以后，再慢慢地降低音量，再以更快速

的方式说:“我生气!我生气!”以后,孩子也会明白,表达生气的情绪不一定要用非常高的音量。

6. 适当让步,采取迂回政策改变孩子

当孩子生气发脾气的时候,父母首先要把握住自己的情绪,做出一些让步,切记要把握让步的幅度,让步不可过大,也不可过于频繁,不然,孩子很可能会养成用发脾气和你讨价还价的习惯。

7. 转换心情,化解孩子无法控制的小脾气

当孩子处在气头上的时候,最好别和他硬碰硬,不妨考虑让他做些别的事情,使孩子的注意力转移到其他的事情上。

8. 控制孩子情绪,防止他受伤或者伤到别人

当孩子处于生气状态的时候,可能会在身体和情绪上完全失去控制,这个时候,父母一定要冷静,尽量抱住他,使他平静下来,以防他伤害自己或其他人。

9. 避免专制,做个受孩子欢迎的民主父母

父母要尽量学会从孩子的角度去看待问题,多给孩子一些自由,或者指导他去决定一些很重大的事情,这样一来,孩子的自信心就会得到提高,也会更好地成长,发脾气的几率也会慢慢地减少。

对于孩子来说,他们的喜怒哀乐等情绪体验通常是毫无掩饰的,他们敢爱、敢恨、敢说、敢笑,这其实也是孩子心理的一种优势,一种使得孩子能及时宣泄各种情绪能量的优势。孩子们自然流露情绪其实并不可怕,只要不干扰他人的正常学习和生活,不伤及别人,就没有什么对和错之分。在孩子成长的过程中,父母必须细心地观察孩子、理解孩子,给孩子自由表现的机会,在理解的基础上对其进行引导,就能保证孩子的健康成长。

2. 让你的孩子远离体罚

家长如果对孩子进行体罚，极易造成孩子不良的性格。长期遭受父母体罚的孩子在精神上总是处于惶恐和惊吓之中，而且会在某种程度上丧失自信和自尊，性格敏感、脆弱、胆小、孤僻，自我封闭甚至冷漠。体罚最严重的后果就在于其会很容易减轻孩子的内疚。孩子心里会认为，挨打是自己为错误的行为所付出的代价，于是他就会感到心安理得。所以，很明显地，体罚严重干扰了孩子身心健康的发展。

“体罚”教育不可取

体罚是教育孩子的错误方式，而且体罚只会起到“事与愿违”的效果。根据一项调查显示，54％的孩子遭受过体罚，说明在现代社会，体罚这一传统的打骂子女的管教方法依然广泛存在着。所谓“体罚”，通常指的是父母或其他家庭成员采用暴力手段，也就是用自己的肢体或者借助工具，殴打、强行限制其人身自由或者用其他手段，给其子女或后代的身体、精神等方面造成一定程度的伤害后果，从而使被体罚人顺从体罚人的意志的行为。

其实，“为了教育孩子”的口号，不过是父母为体罚孩子找的一个借口。究其根源，缺乏真正科学的教育孩子的方法，而对子女抱有高期望值以及盲目维护自己的家长权威，才是父母们体罚孩子的真正原因。

李女士这几天非常烦恼，原来，她正在上五年级的儿子小安因沉迷网络竟然常常在网吧待到半夜。一年前，当她发现小安有沉迷网络世界的迹象后，也曾语重心长地跟他谈过心。可是，几番谈心教育却丝毫不起作用，心急如焚的李女士发怒了，她抬起的右手重重地落在儿子的后脑勺上。

挨打后的最初几天，儿子变得很乖，不再上网了。但是很快她就发现，儿子是背着她偷偷上网，愤怒中的李女士继续对儿子实行体罚。可是让她没有想到的是，在最近一段时间，小安干脆常常在网吧待到半夜，不愿回家。

自古以来，我国就流传着“棍棒底下出孝子”、“不打不成才”的说法，西方谚语中也有之类的表述。时至今日，体罚孩子依然是很多父母教育孩子的“法宝”，甚至不少父母把其奉为金玉良言。然而在现实生活中，很多家长选择用打骂的方式教育孩子，但结果却往往适得其反。父母打骂孩子，很多时候只是出于一时的冲动，甚至是下意识的，没有经过大脑思考的，可是这种冲动对孩子造成的后果却是无法弥补的，使孩子产生不良的心态和心理偏差。的确，父母在对孩子进行知识教育和品德培养时必须要严厉，但是想通过体罚孩子达到教育目的是非常不可取的，这样做的结果最终只会是“两败俱伤”。

经常挨父母打的孩子，性格会慢慢变得孤僻，不愿意和其他同龄人玩耍。孩子以后步入社会，与别人相处时难免会遇到较大的心理障碍。父母们往往是在一时冲动下打了孩子，但是造成的严重后果却是无法挽回的。

父母经常打孩子，还会使孩子出现不同程度的心理问题，例如说谎。有的家长容不得孩子犯一点错，于是，孩子为了避免“皮肉之苦”对家长能瞒就瞒，能骗就骗。但是孩子说谎，通常站不住脚，容易被家长揭穿。为惩罚孩子说谎，于是家长变本加厉；为逃避打骂，孩子下一次犯错时还会说谎，慢慢就形成“恶性循环”。此外，常挨打的孩子害怕家长，无论父母提什么要求，也无论父母的话是对是错，都乖乖顺从。在这种“绝对顺从”的环境下成长的孩子极易自卑、懦弱、被动。特别是父母当众打孩子，更会挫伤孩子的自尊心，使他们怀疑自己的能力，还会自感“低人一等”。

由此可见，体罚孩子所遗留下来的弊端是很明显的，不但不能让孩子"心服口服"，反而会使孩子的内心感觉不到家庭的温暖，情感变得麻木，并在心理上疏远父母，长此下去就会影响正常的亲子关系。而且，遭遇挫折的孩子有可能会选择离家出走的极端方式，甚至被坏人利用，最终走上犯罪的道路。

事实上，没有人天生就什么都会做，父母应该允许孩子犯错误，教育孩子需要耐心、爱心和理解，打孩子永远不是解决问题的最好方法。

学会非体罚式的家庭教育

以前人们认为好孩子是打出来的，因为很多孩子小时候都挨过打。不过，据有关专家的研究发现，不用体罚也一样能够教育出好孩子。那么，家长该怎么做呢？

逻辑性的教育方法

生活中，有极多的非体罚的教育方法是逻辑性的。例如，当宝宝抓住爸爸鼻子用力捏的时候，就可以把他放到地板上。这个惩罚就是把他和爸爸分开（虽然爸爸就在他的旁边）。父母当即就用这种温和但有效的方法教育宝宝，若是宝宝想抓别人的脸，父母就要控制他的欲望。

通常，小宝宝打父母的脸，只是想引起父母的注意。此时，若是父母边打孩子的手边说"不要打了"，是很讽刺的行为。父母不妨说："啊，好痛啊！"然后把孩子放下来，让孩子单独待几分钟。这种做法会让你的孩子明白，他不好的行为不但得不到关注，而且会造成相反的效果。

暂停游戏的管教方法

暂停游戏的管教方法对于学龄前幼儿和低年级的小学生都非常管用。所谓暂停游戏，就表示暂时不理睬孩子，也不让他玩。

家长可以在家中找一张离家人活动的区域较远的椅子，也不要太远，以免不知道孩子正在做什么，不过也别把他放在很多东西中间。当你宣布暂停游戏的时候，你的孩子就要坐到那张椅子上去，直到你告诉他时间到了才能起来。家长可以根据孩子的年龄，设置时间的长短（时间不能太长，不然孩子容易忘记为什么要坐到椅子上去，甚至觉得难过或怨恨）。若是孩子提前站了起来，就需要重新计时，他必须重新再来一次。

将孩子单独关在房间中

有些父母发现这种惩罚方法非常有效，他们把孩子关在房间里，告诉孩子，只有保证不再捣乱了才能把他放出来。这个方法在理论上有个缺点——他可能会让房间变得像一间监牢。不过，这个方法也能使孩子明白，他会暂时失去和其他人在一起的权利，还能让孩子知道，发怒的时候最好找个地方单独待一会儿，使自己平静下来。

对不当的行为立即惩罚

对于年龄稍大的孩子而言，若是一犯错误马上受到惩罚，效果会很好。例如你已经严厉地让他收拾东西了，但他还是把玩具丢得满屋子都是，你就不妨把玩具没收几天，如此种种。有效的惩罚通常都是有原因的，孩子自己也一定要清楚为何会被罚。这样的惩罚会让孩子明白一个很重要的人生道理——要为自己的每一个行为承担后果。

对处于成长阶段的孩子来说，一个温馨和谐的家庭环境是非常重要的，而这也是作为家长的责任。专家建议家长：在平常的教育中，要懂得激发孩子的兴趣，认真观察孩子的特长，根据孩子在不同年龄段的发展规律给予恰当的引导，对症下药，切忌动不动就体罚。

3. 对待逆反的孩子需要宽容与耐心

现实生活中，很多家长在抱怨孩子越来越不听话了，每天不想回家，不愿和家长说心里话，倾诉交流，做事也很任性。但是，孩子们却说，父母每天从早到晚地唠叨，太烦人了，还规定这不许，那不准，真讨厌。显而易见，家长与子女之间是在"较劲儿"。但是，要想真正解决问题，父母对待孩子要有宽容之心与耐心。

正确对待孩子的逆反心理

据有关教育专家介绍，由小学进入中学，对孩子来说是一个飞跃。他们认为自己再也不是小孩子了，开始有了独立活动的强烈愿望，一方面他们渴望摆脱父母，自作主张；另一方面又没有办法不依赖家庭。

处于这个年龄段的孩子，不但缺乏生活经验，而且又很强调自尊，强烈要求别人把他们看做是"大人"。假如这个时候家长还把他们当小孩来看待，无微不至地"关怀照顾"，不厌其烦地叮咛，他们就会感到很烦，就会感觉自尊心受到了伤害，进而还会产生反抗心理，萌发对立的情绪。假如父母在同学和异性面前管教他们，那么，他们的"逆反心理"会变得更加强烈。

3月1日，寒假后开学第一天，读初中的罗飞被母亲领着去了一家青少年心理中心，由于罗飞不愿意再回马来西亚读书，只得来中心寻求帮助。

罗飞的母亲说："我和孩子的爸爸没多少文化，靠艰苦创业成了水果批发大王。有了经济基础后，就希望儿子弥补我们文化的不足，能有机会出国深造，所以选择让儿子去马来西亚读书。为此，家里已经花了近30万元，可他在马来西亚就是待不长，一次次往家跑，这次说什么也不再回去读书。为了让儿子未来有更大的发展，我们花钱、求人，操碎了心，但是他说不读就不读了。他这么逆反，太伤父母的心。”

罗飞对母亲的倾诉却有些不耐烦：“家里是为我花了不少钱，可那是你们大人的选择，我不喜欢，我就不回去。”看到母亲着急上火，罗飞反倒很高兴，他说：“一直是你们控制我，终于能控制妈妈一回了。”

对于读初中的孩子来说，一个很显著的特点是“变”。生理上在变，孩子开始发育了；心理上同时也在变，家长会感觉到，不知从何时起，孩子不听话了，甚至还会与家长“对着干”。你让他向东，他偏朝西；你让他往西，他偏朝东，这种现象，在心理学上就被称之为“逆反心理”。这个时期，在心理学上被称之为“心理断乳”期。

孩子随着年龄的增长，知识面的增加，内心世界越来越丰富，逐渐形成自己的价值观，这种价值观有时和父母的价值观不同，难免会遭到父母的反对，得不到父母的理解。于是他们就会到同龄人中寻找共鸣，和父母也变得不再亲近了，这个时候，假如父母不了解子女的这些心理、生理变化，只知简单、生硬地管教，就会逼得子女产生反抗情绪和行为。

青春期的孩子，虽然自我意识发展了，但自我控制能力还很差，常常会无意识地违反纪律。他们爱和人争论，可常常论据不足；爱怀疑，却又缺乏科学依据；爱发现见解，可又判断不准；喜欢批评别人，但又极易片面。家长了解了“心理断乳”期孩子的上述特点，对待他们就一定要避免简单粗暴，更不能用“哄骗”的方法来对待他们。

第三章 宽容之“爱”，给孩子改错的机会

与逆反期孩子沟通的7大技巧

1. 尊重孩子,平等对待

父母不要过多地限制孩子的行为,应该学会尊重孩子,以朋友的身份平等地对待孩子,给孩子留一些空间去自由探索,这才是从源头上治理逆反心理和反抗行为的办法,从而使孩子感受到被了解、被接纳、被理解。切忌使用高压手段或恐吓威胁。孩子之所以会出现逆反心理,就是出于其对父母的不满或愤怒。压服和威胁尽管在短时间内能够使孩子的逆反心理和反抗行为减少,可是却在无形中又增加了孩子内心的愤怒,助长了潜伏的矛盾。

2. 对孩子先说“是”

人际关系学家戴尔·卡耐基曾经在分析人性的弱点时说:“人是有思维惯性的,当你的思维往某个方向倾斜时,就有可能会一直延续下去。我们若牢记这一原理并巧妙地加以利用,是很有助于亲子间沟通的。”比如,和孩子交谈或讨论问题时,别一上来就批评孩子,或反驳孩子的意见,那样就会使双方形成对立的观点,接下来你再说什么孩子都可能说“不”。

反之,如果试着先谈论一些你能和孩子达成共识的话题,把愉悦谈话的氛围建立起来,让孩子在平和的情绪中先从心理上接受父母。这样一来,他们就可能会认同和接受父母的观点,在这个基础上再逐渐过渡到双方也许存在分歧的话题。这时候,因为有前面的谈话氛围和心理定势做基础,孩子对与父母有分歧的问题就会宽容许多,亲子沟通就容易进行下去。

3. 让孩子感觉他是“大人”了

在与孩子谈话的时候,有的父母总是习惯性地在一开始就提出批评或异议,认为这样才足以表达自己的重要和家长权威。事实上,这也是无数家庭亲子沟通陷入僵局的一个常见原因。父母

要学会和孩子交朋友，不摆家长架子，敞开自己的胸怀，尊重孩子的观点，与孩子平等地进行有效沟通。

让孩子感受到自己已经是“大人”了，让他享受大人的一些权利，同时引导他自觉地履行大人的义务。若能做到这些，他们和父母就有了更多的共同语言，父母和孩子间的交流沟通就更顺畅了。久而久之，孩子就会喜欢和父母说话，父母和孩子慢慢就会成为无话不谈的好朋友了。

4. 站在孩子的角度看问题

父母要学会换位思考，懂得站在孩子的立场去想问题、考虑问题、处理问题，同时也让孩子体验当父母的角色，让他体会一下做父母的难处，角色互换就极易赢得相互的理解和信任。理解和信任才是父母和孩子之间进行交流和沟通最重要的前提条件。

不妨尝试着和孩子轮流做家长，让孩子负责整个家庭某个时间段的日常事务。这样一来，他一定会主动和爸爸妈妈做沟通的。

5. 顺势化解孩子情绪

顺势化解是一种心理学技巧。当孩子产生非常强烈的逆反情绪时，他就会故意做一些事情来气父母，达到激怒父母的目的。若是父母被孩子牵着鼻子走，就难免会陷入极其被动的局面，激化亲子关系。不过父母如果接受了他的行为，平静地面对他的反抗情绪，孩子就会有种一拳打到棉花上的感觉，使不上力，从而转变态度，主动与父母沟通。

6. 避免长篇大论的说教

父母批评孩子时一定要就事论事，不翻旧账，不对孩子有过多的要求，沟通的问题要具体化。很多家长有一个毛病就是很爱语重心长，可是说出口的话又空洞无味。例如“你必须好好学习”，其实这样的语言是毫无益处的。由于这些话明显缺乏可操作性，孩子不能把握，反而造成孩子反感焦虑。恰当的方式是以一种有具体内容的对话，以鼓励的方式慢慢地与孩子进行沟通，这样更易调动孩子的积极性，而且能够掌握住孩子思考、行动的方向。

7. 给孩子做好表率

在日常生活中，父母必须为孩子树立一个良好的榜样形象，要使自己的孩子感觉到自己的父母是最优秀的，并为有这样的父母而引以自豪。这样一来，就为亲子间的沟通交流奠定了良好的基础。不要把工作和生活中的不快发泄到孩子身上，要懂得控制自己的情绪，别随便对孩子发脾气，切忌喜怒无常。假如父母本身在情绪处理上都有问题，就需要先解决好自身的情绪问题。

对于孩子逆反心理，父母要根据孩子的心理特点，循循善诱，多多教育。父母要看到逆反心理积极的一面，例如因逆反心理所产生的好奇心，是一种渴求认知事物的欲望，更是求知的动力。逆反心理很多时候也具有求异和思辨的特点，可以说是孩子智慧的火花、创造的源泉，家长需要留心注意，因势利导，就能促使其成材！

4. 勿用成人标准要求孩子

现在有些父母经常把握不好教育孩子的度，把十三四岁的孩子当成三四岁的孩子去娇惯，结果当然会妨碍孩子的成长。相反地，若是想让十三四岁的孩子能像三四十岁的人那样成熟、自律，于是就采取高成人化标准严格要求，这无异于拔苗助长。若是父母动辄就着急、上火、生气，显然也会妨碍孩子成长。正确的做法是父母以孩子的角度为出发点，考虑到孩子的成长特点，并在生活实践中引导孩子朝着理想的目标努力，孩子一定能变得越来越优秀，亲子间的感情也会越来越融洽。

不要用成人眼光去衡量孩子的行为

不能够理解孩子的行为，和孩子之间出现矛盾，其实，还是大人把孩子大人化了！忘记了他的年龄，忘记了他的阅历，也忘记了他的能力，更忘记了自己是为人父母的。因此，父母一定要时刻提醒自己：不要用成人眼光及标准来衡量孩子。

张涵的父亲自己辛劳了大半辈子，只有他这么一个孩子，又是男孩，便把自己全部的希望都寄托在他身上。他希望张涵去实现自己当年因“文革”运动而破灭了的上大学、当科学家的梦。平常他对张涵要求非常严格，要他勤奋、果断、有风度，要他做事节奏快，要他处理人际关系恰到好处，要他叠被子像军队的战士，要他穿衣像父亲当年一样俭朴，要他吃饭不磨磨蹭蹭……父亲觉得，对儿子严格要求是为他好，而且孩子也没有明确反对。但父亲越这样要求，张涵越紧张，越做不到。越做不到，就越着急，后来张涵见了父亲就害怕。

此后，他们父子的关系没有以前那么和谐了，父子感情也越来越疏远，孩子有什么事也不愿意和父亲沟通了。

正是因为父亲用成年人的标准要求孩子，结果孩子做不到，父亲就焦虑，于是快乐的儿子变成了使父亲生气的儿子。这也是在提醒更多的父母，不要违背孩子心理成长规律，才能使孩子快乐健康的成长。

在现实生活中，父母的脑海中常常有一个完美的“模范孩子”标准，并以此督促自己的孩子也要这样去做。但孩子毕竟是活生生的人，他们不可能什么都按照家长的意愿行事。于是父母便会因此而焦虑不安，甚至大动肝火。如此一来，就更使得孩子寸步难行，不知道自己该怎么办好。这也有可能会起到负面作用，有的孩子表面上服从家长，按照家长说的去做，但不过是做表面文章给家长看，并没有什么实质的内容，这根本对孩子起不到任何教育作用。如果是内向不善言辞的孩子，他们就老老实实地把自己关在书房里，坐在书桌前，但是心思并不在学习上，而是偷偷地翻着漫画书。在生活中这样的事例还是很常见的。

当这种情况出现的时候，父母非常有必要进行一些心理调整。首先，父母必须降低对孩子过高的期望，制定一个切实可行的、适合孩子实际能力的目标。如果命令孩子“集中精力学习一个小时”而孩子不容易做到的话，不妨把目标定得低些，变成 10 分钟或者 15 分钟。其实成人也是同样的道理，当目标订得过高时，往往没有积极性去做。试想一下，若一开始就会灰心丧气，觉得自己做不了，结果就一定是做不好的。

父母不要总是以自己成人的眼光去衡量孩子的行为，假如真的就像父母所希望的那样，孩子一门心思地扑在学习上，那么结果也不过是培养了一个高分低能的学习机器而已。作为家长，如果想使孩子身心健康和学习成绩齐头并进，就一定要明白：孩子在自己的年龄段里会完成这段时期的任务，不要强硬干预孩子的自然成长规律。孩子不是没有思想的机器，他们需要游戏、伙伴、生活、休息……当然也缺不了学习。

教育孩子不能脱离年龄特点

父母之所以教育不好孩子，往往是因为缺乏童心。父母总是用成人的眼光看孩子，事实上孩子有自己的想法，他们对事情想象力丰富，好游戏，爱提问题。但是，有些父母总是让孩子“规规矩矩”，希望把孩子变成听话的“小大人”，这种脱离年龄特点的教育方式极易造成两代人的隔阂，也注定是不会成功的。

父母对孩子的很多行为都表现出不理解，比如孩子的兴趣爱好和父母不同，行事习惯和父母不同，等等。孩子的行为常常带有时代特色，而父母的做法常常带有过去时代的痕迹，两代人的经历各异，肯定会有很多不理解。

第一，父母要了解孩子的心理。只有了解了孩子才会有童心，只有站在孩子的角度为他着想，才能取得好的效果。

例如，孩子下雪天想和小伙伴出去打雪仗，但是妈妈怕孩子着凉，就把他关在房间里。孩子一再请求："妈妈，我就玩一会儿，玩一会儿就回来。"妈妈却说："外面那么冷，会着凉的。那些大孩子会欺负你的。你玩具有那么多，在家自己玩！"孩子哭了，因为家长不明白孩子打雪仗有多大的乐趣。

有的孩子会用自己的变形金刚去换小朋友手中的泥人，有的孩子养个小蜗牛会倾注全部心血……有些事情在大人看来不能理解，但对孩子而言却很正常。"每一个孩子在思想观点、感情、感受、快乐、不安、忧愁方面都是一个独特的世界。"父母只有了解了孩子的心理，才能赢得孩子的心，赢得教育的主动权；反之，则会使孩子反感，甚至遭到孩子的怨恨，父母是费力而不讨好。

第二，要清楚孩子的要求。美国的一位学者赫茨为了了解孩子的心理要求，曾经对五大洲 20 多个国家 10 万名孩子做了一番调查，结果发现孩子对父母的主要要求有以下十条：

1. 有孩子在场，别吵架；
2. 每个孩子都要给以同样的爱，不要偏心；
3. 任何时候都别对孩子失信、撒谎，说话要算话；
4. 父母之间要互相谦让，互相谅解；
5. 父母和孩子之间要保持亲密无间的关系；
6. 孩子的朋友来家里做客时，要表示欢迎；
7. 对孩子提出的问题要尽量全面地予以答复；
8. 在孩子的朋友面前不要讲孩子的过错；
9. 注意观察和表扬孩子的优点，不要过分强调缺点；
10. 对孩子的爱要稳定，不要忽冷忽热，不要动不动就发脾气。

第三，要常常回忆自己的童年。每个人都经历过美好的童年，但一旦为人父母，常常就会忘记自己的童年，一味以成人的标准要求孩子。假如父母能回忆一下自己的童年，“将心比心”，遇到问题多站在孩子的角度想想，就能理解孩子的心情，也就能找到适合孩子的教育方法。

例如孩子正兴高采烈地跳皮筋，父母非要让孩子马上回家，孩子就会不高兴。为什么？因为她自己刚跳完，下面该给别人抻皮筋了，这时候回家，小朋友就会对她不满。如果好容易等到该她跳了，而被父母叫回家，她心里同样会不满。若是父母理解孩子当时的心情，让孩子再玩一会儿就回家，孩子有了思想准备，过几分钟后自觉不玩，心里也就平衡了。

父母可以想想自己的童年：拍洋画、弹球、打弹弓、跳皮筋、跳房子、下老虎棋、吹泡泡、过家家，都曾使我们快乐过；骑马打仗、打雪仗、躲猫猫，也曾使我们激动过，若是父母能回忆一下这些，对于理解孩子、正确引导孩子都是很有帮助的。

没有理解就不可能有真正的爱。不理解孩子，父母对孩子的爱不被孩子接受，因为父母脱离了孩子的实际，强人所难，甚至把孩子当成执行自己意志的工具。反之，懂得换位思考，支持孩子的合理要求，和孩子同喜、同忧、同乐，心灵相通，情感交融，这样才能使孩子真正感受到父母的爱。

理解不是目的，而是教育的起点。理解不能代替教育，但没有理解往往也很难教育。有很多孩子和父母情绪对立，往往是因为父母不理解孩子，简单粗暴地教育孩子造成的。理解之后就能避免这样的做法，就能把简单粗暴变为耐心诱导，就能把单纯“禁堵”变为积极疏导。这样一来，父母和孩子之间的亲子关系才能更和谐！

5. 不要干预孩子的课外阅读

对于一个渴求知识的孩子来说，阅读能力是其成长过程中所必需的一种重要技能，不管对于应试还是未来的生存发展，阅读都是一种很有必要且有益的学习方式。但现在一些父母为了让孩子有更多的时间学习功课，为了不使孩子因课外阅读而导致学习成绩退步，会采取各种方式阻挠孩子阅读课外读物。据调查，有些父母为了不让孩子读“课外书”，甚至不惜打骂。殊不知，这样做是在“害”孩子，父母应给孩子推荐适合孩子看的书，而不应一味地禁止孩子读课外书。

不要阻止孩子看课外书

报纸上登了这样一件怪事：有一个学生在家里看《小说月报》，结果被家长“没收”了，学生辩解说是老师让看的，这位家长竟然要孩子找老师“打证明”，才答应把书还给孩子。

其实，上述的情况并不是个例。有的家长只要求孩子学好功课，做好作业就行了。课余时间不允许孩子看课外书，特别是杂志和小说，更是在禁看之列。事实上，这种做法是错误的。

喜欢读课外书的王建向他的同桌借了一本厚厚的小说，说好一星期后就归还，但是一星期过去了，王建说书没有看完，要求再续借几天，但几天过去后王建仍未归还，还吞吞吐吐的，王建的同桌以为王建想赖着不还，就把这事告诉了老师。

老师向王建一了解，他竟哭了起来，说书已被他爸爸撕碎了。原来，他的爸爸一直反对他看“课外书”。借书之后，他回家就马上开始埋头读。刚好他的爸爸喊他吃饭，连叫几遍他都没听到。等爸爸推开房门看到王建又在看“课外书”，而且看得很投入，一怒之下就把那本小说给撕了……

分析一下，故事中的父亲阻挠孩子看课外书的初衷也是为了孩子好，他担心孩子多读课外书会挡误时间，且冲击孩子读“教科书”，从而学习成绩受到影响，相信这也是众多父母不让孩子读“课外书”的主要原因。

事实上，父母们的这种担心是多余的。如果孩子懂得他的主要任务是学好功课，考试要考好，不会因为喜爱读课外书而放弃学习。就算有个别的孩子因为痴迷于读课外书而影响了学习，也是可以引导的。父母反对孩子读课外书可能还是因为担心孩子多读“课外书”会偏科，这种想法是没有道理的，广泛涉猎各种课外读物既有利于提高孩子的语文水平，又能扩大孩子的知识面，因为有很多知识是教科书上学不到的。

常言道：书香门第多才子，其中一个重要原因就是他们的家庭读书氛围好。假如父母都是知识分子，本身都有阅读习惯，言传身教，自然能够影响到孩子。很多家长缺乏这样的素质，但是也不能因此而不能有所作为。比如，双休日常带孩子逛逛书店、图书馆，就是一个好办法。上述这些地方特殊的读书氛围就好像是气功的“场”，你的孩子去的次数多了也就会产生“场效应”。

父母平日还要留心孩子的交友，有意识地鼓励孩子和爱读书的同伴来往，同伴的言行也会在不知不觉中影响孩子。此外，现在的孩子周围的资讯过于丰富，电视节目、电脑网络、游戏机等，对他们阅读习惯的形成是非常不利的。家长若是在假日带孩子出去郊游，在撇开这一系列外界干扰的情况下，拿出一本孩子喜欢看的书，那么，孩子一定会情不自禁地读起来。相信，这样的读书氛围也会是孩子喜欢的。

父母应该怎样引导孩子阅读课外书

聪明的父母都应该知道，课外读物是丰富孩子心灵世界、培养孩子兴趣的最好途径，严禁孩子看课外书的父母目光是短浅的。所以，父母不应强硬阻挠孩子读课外书。但因为孩子尚未成熟，缺乏足够的分辨能力，尚未形成成熟的读书观。所以就要求父母在充分理解尊重孩子的基础上，对孩子看课外书进行正确引导。那么，父母应该怎样引导孩子的课外阅读呢？以下做法可供参考。

1. 以孩子的特点为孩子选课外书

父母可以根据孩子的年龄为孩子推荐好的课外读物，选择时应注意知识性与趣味性相结合。因此，父母为孩子选书，最好是和孩子一起讨论，以适应孩子的心理和兴趣。在这样做的同时，父母还应对孩子讲清哪些书适合孩子看，哪些书会对孩子成长不利，只要不是一味地阻止孩子读课外书，随着孩子知识面的宽广和明辨是非能力的逐步提高，他们也逐步学会选择的。

2. 充分尊重孩子对课外书的兴趣

选课外书要尊重孩子的兴趣并不等于由着孩子的性子来。因为孩子的分辨力和自我约束力实际上并不成熟。比如：暴力、淫秽、恐怖的读物，一定要严禁孩子看。父母可以以孩子的兴趣为切入点，培养孩子正确的阅读习惯。有时候，好的阅读习惯比多读书更重要。通常情况下，孩子会从天性出发选择自己喜欢的书，父母应予以尊重。

3. 为孩子留出专门看课外书的时间

引导孩子合理安排课内学习和课外阅读的时间，与孩子一起制定读书计划和时间表。当孩子很好地完成功课任务后，引导和鼓励孩子以自己的意愿读些课外书。例如，与孩子约定好，放学回家后的这段休息时间可以看课外书，不过到了做功课的时间就不能再看了;还可以根据孩子当天功课量的多少弹性地增减孩子阅读课外读物的时间。若孩子能自觉将时间调配得当,阅读课外书不但不会妨碍孩子的功课,相反还是拓展孩子知识领域的好方法。

4. 父母也要更新观念

有些父母虽然鼓励孩子读书,可是除了购买一些教学辅导之类的书以外,再没有其他内容的书了。其实,父母应以孩子全面发展为出发点,走出“教辅书”的狭窄圈子,把阅读当作孩子学习生活的一部分,而不是打着教育的旗号阻挠孩子。父母应该引导孩子博览群书,这样才能给孩子全面的营养。

孩子喜欢读课外书,只要父母加以引导,孩子的这种兴趣就能持久而稳定,最后养成习惯,使孩子受益终生。

现实中,有些父母鼓励自己的孩子读课外书,但功利性较强,一切围绕考试转,以学习成绩为唯一目的。他们鼓励孩子多读书,可是买的都是教学辅导一类的书籍,其他书一律禁止。事实上,这种对读“课外书”的理解就是不正确的。父母们应该站在关心孩子全面发展的高度,打破“教辅书”的狭窄圈子,带领孩子走进广阔的书的海洋,博览群书,这样孩子才能够得到更加丰富有益的精神营养。

6. 孩子是脚,教育是鞋

现如今,很多父母对于怎样培养孩子成才都有一定的硬性“指向”,比如:要求孩子参加各种辅导班、夏令营,必须精通琴棋书画等等。孩子们除了面对繁忙的功课外,还要应付各种学习班,身心疲惫，完全没有休息时间。父母们这种把内容丰富的家庭教育错误地等同于文化知识学习的做法，只会增加孩子的心理压力，造成孩子心理的畸形发展，严重的则会扼杀孩子的想象力和创造力，从而泯灭了孩子原有的创造性火花。

根据自己孩子的特点因材施教

身为父母，如果不能正视孩子自身的特点，对孩子要求过于苛刻，一味地拿孩子的不足与其他孩子的长处进行比较，这种做法不但会伤害孩子的自尊，而且容易使孩子自暴自弃。父母如果不因材施教，只会使事情越来越糟。

江江是个非常聪明的孩子，成绩很好，特别是数学，从来都是一听就懂，在班里数学成绩一直是第一名，还曾经获得市里数学单科竞赛冠军。不过，江江的学习也有差强人意的地方，就是不管他怎么努力，作文总是写不好。江江的父母总拿江江的作文和他班里作文最好的同学相比，经常批评江江没有想象力，缺少语言组织能力等等。江江原本还计划多看一些课外读物，弥补自己作文的不足，提高写作水平，可是听到爸妈多次批评自己之后，江江便开始破罐破摔，他也开始承认自己没有写作能力了，并越来越厌恶作文。

“夫子教人，各因其材”，这句话是宋代理学家朱熹总结的孔子教育学生的方法。由此可见，因材施教自古有之。但现代的很多父母却不懂得因材施教，他们望子成龙，希望孩子在今后的激烈竞争中取胜，可是他们就像上文中的江江父母那样，结果事与愿违。究其原因，就是家长没有注重孩子的自然天性，缺乏对孩子个性特点的了解，更没有因材施教的结果。

所谓因材施教，就是不去照搬别人教育孩子的成功模式。父母要根据自己孩子的特点给孩子定下合适的目标，提出合理的要求。

下面来看一下名人因材施教的故事。

原中国外交部长李肇星的夫人秦小梅女士讲过这样的一件事：她的儿子李禾禾在上学前班前，曾经学过一年的绘画，没想到禾禾在学前班画的毛笔画《小蝌蚪找妈妈》竟得了少年儿童绘画比赛二等奖，这件事使夫妻俩在高兴的同时也肯定地认为儿子将来一定能在绘画上有所成就。可是过了一段时间，他们通过观察发现，禾禾的心思并不在绘画上，于是夫妻俩也就没有勉强他继续画画。

让人没有想到的是，禾禾上小学三年级时突然喜欢上了数学，自己主动去报了奥林匹克数学班，每到星期天不用父母督促，禾禾自己就会从东城骑着自行车去西城的奥校上课，寒冬酷暑、风雨无阻。于是，李禾禾的数学成绩越来越好，最后他凭借自己的努力以优异的成绩考上了北京四中。

这个成功的例子充分说明因材施教的重要性，李肇星夫妇看似对孩子“放任自流”的做法是对的。原因就在于父母设定的“指标”不一定是孩子想要努力的方向，随着孩子自我个性的逐步发展与完善，他往往会主动寻找自己的兴趣、意愿。对于孩子的意愿父母应该审时度势，给以充分的尊重、理解和支持，给他们提供相应的条件，帮助其成才。

在实际生活中，父母对孩子的期望变成“有意栽花花不成，无心插柳柳成荫”的现象屡见不鲜。若是父母不顾孩子意愿来强迫压制孩子，就有可能使孩子产生逆反心理，严重的还会影响父母和孩子间的关系。

总的来讲，在日常生活中父母应该做个有心人，时刻关注孩子各方面的表现及特点，抓住有利时机，适时引导教育。只有这样，孩子的潜能才得以充分挖掘，父母美好的希望才有可能得以实现。

家长必须因材施教

家长是孩子最亲近的人，也是最了解孩子的人。美国的发明大王爱迪生，在学校接受教育时，经常遭受老师的责备。这个时候，最了解爱迪生的人是他的母亲，母亲把孩子领回家，亲自对爱迪生因材施教，爱迪生迅速成长，最后成为举世瞩目的大发明家。只有对孩子使用适合孩子的教育方法，才能让孩子正常成长；反之，不适合孩子的教育方法，孩子就成不了材。就好比酷热的夏天，强壮的孩子用冷水降温，孩子就舒服；反之，你让他去晒太阳，孩子就活受罪。因此，家长一定要懂得因材施教。

在择学这个问题上，爱迪生的母亲有非常高的文化水平，能够对自己的孩子因材施教。但现实中，其他家长的文化水平高低不同，又该怎样做到因材施教呢？

首先，家长一定要对孩子有充分地了解，经常和孩子讨论和学习。诺贝尔奖获得者、美籍犹太人赫伯特·布朗说："我的祖父常问我，为什么今天与其他日子不同呢？他总是让我自己提出问题，自己找出理由，然后让我自己知道为什么。我的整个童年时代，父母都鼓励我提出疑问，从不教育我依靠信仰去接受一件事物，而是一切都求之于理。我以为，这一点是犹太人的教育比其他人略胜一筹的地方。"因此，父母切忌以时间和精力问题为借口，冷落自己的孩子。

其次，家长一定要正确引导和帮助孩子。古代的大圣人孟子也有逃学的记录，孟母断织劝学已成典故；但是，随着现代社会的快速发展，知识量的高速增加，家长要正确选择孩子的受教育方法和受教育环境。这就是我们所说的现代家长的因材施教。

在现代社会，可选择的学校很多，有条件的家长，可以根据孩子的情况，合理选择学校和老师。家长平时要经常关注孩子的情绪，及时正确引导和帮助孩子，做到善于发挥孩子不同的个性特点和差异性，从孩子的实际情况出发、因材施教；若是找不到孩子学习不太理想的原因，就必须要找相关的老师沟通，取得老师的帮助，千万不可送孩子上学后，对孩子的情况不管不问，认为给孩子

“报了班”、“送到学校”就一切都万事大吉了。

父母作为教育者，作为造鞋者，其实真的应该好好了解穿鞋的“脚”——作为父母，除了对儿童心理学、儿童的成长机制等要有一定的了解，因为“不但人的生理生长机制是预先设置好的，心理机制同样是预先设置好的。它就好像是一棵树，什么时候发芽、什么时候出土、什么时候抽叶、什么时候开花都是由其内在预先设置好了的机制所决定的”，父母还必须深入了解自己的孩子，因为他们是一个鲜活的个体。这样一来，你才能给“脚”提供最适合它成长发展的舒适“鞋子”。

7. 不要迷信“神童教育”

在现实社会中，“神童”的确有，但那仅仅是个别现象，甚至可以说是“凤毛麟角”，不能把“神童”这个概念任意“泛化”，随意夸大。但是有些家长望子成龙之心过切，在某些“神童教育”广告介绍下，不惜重金，盲目加入到“制造神童”的行列，对孩子进行超强度的、“掠夺性”的所谓的“早智力开发”。事实上，这样做只会适得其反，若是把普通的孩子当成“神童”来“强行开发”，那只能使孩子陷入“水深火热”之中，也不会有理想的结果。

“神童教育”要把握好分寸

如今，有些孩子由于从小受到父母的早期教育，在两三岁，四五岁或六七岁时，就表现得智力超出一般儿童一大截。这些能认识很多字，读过很多书，有的还会算数或初步掌握了其他方面的才艺（如琴棋书画、体育特长……）于是引起人们的广泛关注。与此同时，报社、电视也竞相报道，进而获得"神童"的美誉。

孩子成为"神童"以后，父母又该如何认识和对待这个问题？

很多父母能正确对待这个问题，可是也有一些家长竟然以为自己的孩子真的是天生的"神童"。虽然没做"哗众取宠"的事，但是也不免有意显摆自己的孩子，认为自己的孩子真的是"天才"，因此忽略了对孩子的后期教育。于是几年之后，应了"江郎才尽"的典故，"神童"最终蜕变为普通的孩子，甚至远远落在他人之后。这样的事例在现实生活中屡见不鲜，应该引起家长们的重视。

一位曾笼罩在"神童"光环下的女中学生因为"一直承受着巨大压力，不看课外书籍不可能"而自杀。她的名字叫覃瑶，是湖北人，两岁上学，十二岁被保送进重点高中，在当地被誉为"神童"。十四岁的花季，她在校内池塘自杀。而自杀的原因竟然是她认为不看课外书不可能，但她在上英语课时看《格林》杂志受到老师批评，为此感受到难以承受的压力。她的遗书上写着这样一句话："我在学校里其实一直承受着巨大的压力"。

家长希望孩子成才的愿望可以理解，但人才成长自有规律，拔苗助长往往适得其反，上面的案例就给予我们一个很好的警示。

事实上，对于"神童"的痴迷一直是中国教育界一个挥之不去的梦魇。很多人不但自己对"神童"教育笃信不疑，而且只要可能就会使之成为强行推广的人才工程，直到现在，依然能看到有人在不断复制着所谓的"天才班"、"神童中心"之类的机构。再看每年高考后，众多媒体对高考状元不可遏止的猎奇冲动，骨子里正是这种"神童情结"在作怪。

其实，人在成长发育过程中，不可否认的确有个别儿童智力超常，中外教育史上也有无数研究"神童"教育的著作。可是，并不能以此证明“神童”能够超越人类智力发展的基本规律，更不能据此奢望在其他儿童身上克隆“神童”的历程。

无数事实告诉我们，父母若是对孩子“神童教育”的做法失去分寸，就极可能会出现较大的负面效果。

其实所谓的神童，首先必须具备潜在的超常智能。而具有潜在的超常智能还只是为培养“神童”提供了较好的自然素质，决不意味着他们都能成为“神童”，更何况是常态儿童呢？话说回来了，常态儿童通过适度的早期教育，其学习潜力也是可以得到相应开发的。比如正式入学前，就认识若干个汉字，懂得简易的加、减法，能用英语进行日常简单的对话，等等，通常都是能够做到的。若是父母非要将自己的孩子和超常儿童进行盲目攀比，势必会拔苗助长，给孩子造成无限的压力。现实生活中，很多父母把“双休日”变成孩子的“双学日”就是这种攀比心理的具体体现。这种做法不但打造不出“神童”，而且还会使孩子对学习产生厌恶、畏惧的情绪，反而会严重危害孩子的身心健康。

有一位智者说过，世界上没有两片完全相同的树叶。世界五彩斑斓，人生道路千变万化，人的志向情趣更是各有不同，幻想用一个模式来克隆出无数“神童”或“天才”，不但不现实，更没有必要，这不但违反教育规律，更是在扼杀孩子天性。所以，家长们不妨看一看著名教育家陶行知的这段话：解放孩子们的手，让他们尽情去玩；解放孩子们的脚，让他们到处去跑；解放孩子们的脑，让他们自由去想；解放孩子们的嘴，让他们随意去唱去说。还孩子一个愉快幸福的童年，发展他们自由自在的天性，比什么都重要。

“神童教育”要慎行

报纸上刊登过这样一个故事：美国内华达州的一个三岁女孩告诉妈妈，她认识礼品盒上的字母O，这是幼儿园老师教的。于是，这位母亲一纸诉状把幼儿园告上法庭，理由是幼儿园剥夺了孩子的想象力。原因就是，在此前，孩子能把O说成是苹果、太阳、足球、鸟蛋之类的圆形东西，但是，自从认识了26个字母，她的这种能力就丧失了。结果，法庭判决幼儿园赔偿孩子精神伤残费1 000万美元！可以想象，假如这件事情发生在中国，这位家长一定会在官司中输掉，而且大多数中国父母都会站在幼儿园这边，幼儿园老师辛辛苦苦教你的小孩认字，你还要告她，这家长是不是神经有问题？

在今天，我们的家长越来越重视神童、热衷于制造神童，“神童教育”几十年来一直方兴未艾。尽管现在“神童教育”还没有形成规模，而且也缺乏一定的“教育标准”，可是简而言之就是加大学习量、加快学习速度，让少数有天赋较高的孩子早成才、早成功。这从表面看好像没有错。但是问题在于：16岁的博士与26岁的博士除了有年龄的差别之外，还有其他本质的区别吗？

通常8年内学完的教育课程，在4年时间里读完，就算教育者宣称的教育方法再“灵活”和“科学”，对于学生本人而言，显然要付出比同龄人更多的努力、更多的时间，就算他们是所谓的“神童”。每个人的童年都只有一次，作为“神童”，他们却失去了孩子本该有的天真烂漫，只能说，超常和超长的教育是在扼杀孩子们的天性。以压榨儿童的长远潜力作为代价，束缚了孩子的想象力和创造力，这仅仅是取得了一时的荣耀。纵观这么多年来，我们培养出的“16岁博士”也很多，可是真正能“成器”的又有多少？

现实生活中，没有多少孩子会对“神童”的桂冠感兴趣，趋之若鹜的不过是家长和教育者——“神童教育”的本质，说到底就是家长意志和教育者意志双重推动的产物。家长希望孩子早成才、成名，教育者需要以“神童”来证明教育成绩，结果双方一拍即合、一哄而上。这种功利的心态助长了短视的教育，“神童教育”其实只是一种“载体”和“工具”，而不是“教育”。

常言道：“小时神童，大时庸才”、“小时聪明，大必了了”，虽然这并不是规律，但是，假如大人对孩子的教育有所马虎和放松，孩子不能始终如一地坚持全过程的刻苦学习，那么，这种可能性就是随时存在的。望子成才的家长们，请你们当心。

8. 不在孩子面前唠叨个不停

其实，和孩子进行沟通是一门艺术，父母不能只顾自己说，也要学会放下家长的权威，给孩子说话的机会，多倾听一下他们的想法，当孩子愿意和家长交流的时候，你才能知道什么样的说教方式才是孩子最愿意接受的。所以，要做孩子喜欢的家长，首先要成为他们的朋友，当父母放下架子的时候，自己会轻松许多，孩子也更容易接受。

孩子不喜欢父母的唠叨

对于孩子来说，父母的百般关心、万千叮咛他们其实也是能够理解的，可是做父母的也要明白，对孩子的教育，当然需要适时的点拨和提醒，可绝对不是总是唠叨。给孩子讲道理同样需要讲究技巧和火候，最好就事论事，别把问题扩大化，有时候点到为止才是最好的办法，孩子同样需要时间自己去体悟，才能把你的大道理消化成自己的感受，假如父母从来都是一味说教，就会让孩子觉得絮叨，孩子的耳根子都磨出茧了，也就什么都听不进去了。

董嘉家的早晨永远是这样的景象。

妈妈早上起来，一边收拾房间，一边为她准备早餐。6:30，牛奶、鸡蛋、面包准时端上桌，妈妈就开始一遍一遍地叫董嘉起床。不知妈妈叫了多少遍，一直到7:00了，董嘉才懒洋洋地起来。胡乱刷刷牙，抹两把脸，董嘉坐到饭桌前用最快的速度对付着这顿早餐。这时，妈妈在为他叠被子，收拾凌乱的衣服、物品，嘴里还不停地唠叨着："看看你，老是把这儿那儿都弄得乱七八糟，让人跟在你屁股后面收拾。每天叫你起床都得喊破嗓子才动，早饭都凉了吧？总吃凉饭，还这么狼吞虎咽的，胃要坏的，天天跟你说也没用。要是妈一叫你就早点起来，不是就不用这么紧张，也不会迟到挨批评了……"

董嘉对妈妈的话充耳不闻，只顾把吃的、喝的填进肚子，用手背抹抹嘴，抓起妈妈早已经为他放到客厅沙发上的书包，转身就往外走。妈妈追在董嘉的身后喊着："着什么急呀，就吃这么几口呀，一上午的课呢，会饿的。哎，上学的东西都带齐了吗？别又落点儿什么，每天得让人提醒也不行……"

等妈妈追到门口，董嘉已经没影儿了。妈妈站在门边，无可奈何地摇着头："你为他忙活来忙活去，他连理都不理你就走了……"

这就是孩子的父母，这种情况在中国最常见、最可怕的错误——唠叨。做父母的事无巨细、无微不至地"关怀"着自己的孩子，每天把叮咛嘱咐时时刻刻挂在嘴边。当孩子没有做到位时，更是不停地说，没完没了地抱怨，直到招至孩子的反感。

父母总是全心全意地为孩子着想，大小事情都为孩子安排得妥妥当当，唯恐由于自己的疏忽、不周和提醒不到而影响了孩子。父母做这些事情的时候也很累、很辛苦，可是孩子却往往不怎么领情。产生这种情况的原因主要有以下几点。

1. 有些被父母安排好的事情，是孩子不愿意做的。因此，孩子当然没有积极性、自觉性。父母越是频繁地提醒、唠叨，孩子就越是反感。久而久之，孩子就会对父母的话充耳不闻，不管是对是错，全部当作耳旁风。而一旦出现问题时，孩子就往往会把责任推给父母，认为是父母没有为他想周全，或者是没有提醒他。

2. 有的时候，父母的要求比较笼统、含糊，例如：“你要好好学习”、“你要乖”之类的话，让孩子不知道要领，当然也就无所适从了。而当父母看到孩子没有达到自己的要求时，往往会增加唠叨的次数，甚至不断地抱怨。因此，就会慢慢形成不良的循环，使得父母和孩子的矛盾越来越激烈。

3. 随着年龄的增加，孩子的独立意识也在增强，他们希望摆脱父母的安排，按照自己的想法去做决定，找到自己长大成人的感觉。假如父母还是把他们当作小孩，无微不至地“关怀”着、“嘱咐”着，孩子肯定会感到厌烦，认为自己的自尊心受到了伤害，还会因此而产生逆反、对立情绪。特别是父母在外人、同伴面前数落他时，他的逆反会反应得更加强烈。

父母应该避免对孩子的唠叨

在家庭教育中，经常会看到这样一种现象：父母对孩子不断地叮嘱、提醒、督促。这种爱唠叨的现象，在家庭生活里特别普遍。事实上，虽然孩子需要父母的指导，可是却不怎么喜欢父母的唠叨。那么，指导和唠叨又有那些不同之处呢？

1. 指导是言简意赅而亲切的；唠叨中则通常会有责怪、警告的成分。

2. 指导可以说是一种促进，是引而不发，鼓励孩子独立处理问题；但唠叨时常对孩子表现出不尊重和不信任。

3. 指导可使孩子情绪稳定，心情愉悦；但唠叨对孩子则是一种反复的单调的刺激，使孩子厌倦、反感、苦闷。唠叨还会造成儿童的行为惰性，你不重复说，孩子就不会去做。这样的恶性循环，有可能导致子女独立自主的积极个性被破坏。

一个人之所以唠叨，首先表现的是自己的不自信，对自己说出去的话，做了的事，因为不放心才会多次进行重复。就好像是一封信投进邮筒，有的人还要重复看几遍一样，这种人在语言信息传达上也一样不相信自己。软弱和紧张型的人就非常容易唠叨。很多事实都证明，唠叨和培养孩子良好个性是完全相悖的。

那么，父母该如何避免对孩子的唠叨呢？

第一，不可信口开河。例如，规定孩子做好作业再开饭，可是有的父母话虽然说出去了，但心里又怕孩子肚子饿，就不停地说："你饿不饿？""快做作业，快做，饭都凉了！""你还想不想吃饭？"诸如上述的自相矛盾的话，其实也反映了父母自己感情的软弱，说话不算数，没有威望。父母要克服唠叨，就要在对孩子讲话前经过一番理智过滤，切记不能信口开河。

第二，不可强行命令。父母要多和孩子讲悄悄话，家庭语言的低声调是亲子关系和谐的一个极其重要的因素，对避免气氛恶化也有利。比如想让孩子做什么事，不妨用亲切的语言在他的耳边轻轻地告诉他，特别是对年龄小的孩子，这不但是命令，而且也是感情的信任，很多时候，悄悄一句话比你大声训斥的作用要管用得多。

第三，不可事事叮嘱。事实上，父母对孩子的话尽管多，但很多都没说到点子上。事无巨细，都一定要反复强调叮嘱多次，搞得家里上上下下都不得安宁，大人会为孩子不听话而气愤，孩子在繁杂的语言环境里也不能安下心来做功课，结果肯定会适得其反。

一个可靠的方法是：对子女提出具体要求，让他们去独立活动，但是要坚持定期检查，记得及时表扬成绩，纠正不足。至于那些鸡毛蒜皮的小事，不妨忽略不计，因为孩子毕竟还小，太多的指责会使他们无所适从。

家长一定要明白，其实你的唠叨和训斥大多数是没有必要的，因为至少有百分之五十以上的唠叨和训斥属于习惯性批评。家长批评孩子的话，说来说去总是那么几句话，没什么新鲜的，家长每多说一遍，孩子就多一分反感。事实上，在家长平时批评孩子的一百句话里，有九十九句都是可以免开尊口的。因此，假如真能不说，家长还是让自己的唠叨少些吧，那样，你的孩子也会更快乐的。

家长的唠叨其实会伤害到青少年的独立性与自尊心。家长之所以不停唠叨，就是由于对孩子缺乏理解、信任与尊重。经常看到一些家长在餐桌边、睡觉前、上学时、外出前对已日益成熟的孩子不变腔调地千叮咛、万嘱咐，就像背台词一样乏味。言教之道的精髓就在于少而精，简洁的语言才是智慧，但唠叨则是低能的表现。所以，在言教时在提高语言质量的同时，减少数量，使得每一句话都能起到它的作用，都能在孩子心中引起一定的反响，每句话都有重重的地分量。

9. 叛逆的孩子并不等于就是坏孩子

随着孩子一天天成长，有的家长会发现，突然有一天，原来的乖孩子变得叛逆了，不但不再听父母的话，父母让他向东他偏向西，而且还时不时地顶撞父母，这让家长很不理解。总觉得孩子学坏了，其实这是家长在很主观地看问题，叛逆的孩子并不等于坏孩子。

家长要反思自己的教育方式

不能打骂，不能放任，青春期的孩子真难管，在很多家长无奈于青春期孩子叛逆的同时，孩子们也吐露心声："叛逆是被逼出来的。事实上，自己在生活中也很矛盾。"孩子们说：最渴望父母也能认个错，"在父母眼里，他们永远都是正确的，我从来就没有对过。"

那些所谓"叛逆"孩子把父母也能勇于承认错误看成是梦寐以求的事："我们中，没有几个是真正的坏孩子，关键在于父母理解不理解我们。有时候，我们也挺矛盾的，我们知道父母肯定是要孝顺的，但如果'听话'就是孝顺，即便是父母说错了，我们也要按照他们的意思去做，那活着就真没意思了。为什么做父母的就不能承认自己的错呢？"听了孩子们的话，父母们是不是也该思考一下自己的教育方式呢？

孙涛刚上高一不久，成绩就明显退步，对学习提不起兴趣，上课不听讲，性格倔强，个性刚强，自尊心强，逆反心理严重，经常和老师顶撞，有强烈的抵触情绪，在学校常因为头发不符合学校要求，不按时完成作业及考试成绩不理想受到老师的批评，他一副不服气的样子，不但和老师顶嘴，还拒绝认错。哪个老师如果批评了他，这门课他就干脆上课睡觉，不听讲，作业不写。

孙涛的爸爸长期在外地工作，他和妈妈一起生活，妈妈工作很忙，对他要求苛刻，说一不二，缺乏关心和理解，他小时候是不敢和妈妈顶嘴的，现在一听妈妈唠叨就发脾气，甚至现在一回家就把自己关进房间，打个招呼都很难。你要是问他什么事，回答不是"是"就是"不是"，你要想多问一句他的学习情况，他就会生气地叫喊："问那么多干嘛！真烦！"。叛逆的孙涛听不进任何人的话。他现在就是不折不扣的逆反心态。

家长不要只是一味地强调叛逆的孩子就是坏孩子，其实孩子为何会叛逆呢？面对孩子的叛逆，家长更应该反思自己的教育方式。

首先是父母和孩子缺少沟通，孩子认为父母不理解自己，而父母则认为孩子变得越来越不听话，两代人之间的代沟越拉越大，于是孩子变得逆反起来。

其次，有些父母从小溺爱孩子，满足孩子的一切要求，所有事父母都由着孩子的性子来，从而导致孩子养成以自我为中心的思想，心中形成了大人听自己的是理所应当，只要父母稍稍不顺孩子的意思，就会引来孩子的抵触情绪。

还有的父母以专制的方法管教孩子，以命令的语气说话，只要孩子服，个性较温和孩子会顺服父母的权威，但对于那些个性较强的孩子就会对父母的做法产生逆反心理，最后便形成叛逆行为。

面对孩子的青春叛逆期，家长应理性辩证地去看待。因为这个阶段正是孩子世界观形成的关键时期，其个性和创造性都恣意升腾、刻意张扬。与此同时，因为孩子身心发展及所受教育的局限，他们形成的很多想法并不成熟甚至偏激，在这时就需要靠家长正确教育引导孩子。不过在现实的教育中，有些家长却往往陷入教育方式两极分化的误区。

误区一：强硬打击。对待孩子的叛逆，如顶嘴、不听话等，大为恼火。家长们认为，不把孩子的这股“邪劲”压下去，孩子很快就会变坏。在这种思维方式下，家长采取了强硬的措施，非打即骂。于是，孩子在家长的威逼下表面上恢复到以前那个言听计从的“乖孩子”，其实已关上内心那扇与父母沟通的大门。

误区二：放任自流。在实际生活中，有些家长面对屡教不改的孩子慢慢地失去了信心，开始对孩子放任自流。于是，不管孩子的言行、想法如何，家长都不再过问、指导。天长日久，孩子不受管束，极易受到不良影响，行为发生偏差。等到家长后悔时，才发现已耽误了孩子的一生。

面对青春叛逆期的孩子，父母可以参照以下几条比较实用的亲子沟通技巧。

1. 尊重孩子。父母不要总把眼光放在孩子的缺点上,更不要拿孩子的缺点同别的孩子的优点比较。在和孩子相处时,父母要多去发现孩子的优点,并多鼓励引导,从而减少孩子对家长的抗拒心理。

2. 换位思考。父母也经历过青春叛逆期,不过可能没有现在的孩子表现明显。面对孩子的行为,父母不妨换位思考,多想想原因出在哪里。双方产生了共鸣,父母就理解了孩子,从而找出问题的症结。

3. 切忌从学习入题同孩子交流。在与孩子交流时,父母不要总是以学习成绩为话题,这样只会徒增孩子的压力,怀疑父母交流的动机。想要达到好的沟通效果,父母不妨从家事入手,等孩子的情绪稳定下来后,再谈正事。

4. 稳定情绪。父母如果在情绪激动的时候去教育孩子,是很不理智的,这样会导致孩子的抗拒心理。因此,父母千万不可在急躁、心烦、不冷静的时候教育孩子。待平静之后,再和孩子去沟通。

5. 允许孩子犯错。叛逆期是孩子形成主见的重要时期,小错不可避免。因此,家长可以适当宽松一些,允许孩子犯一点错、吃一点亏,不要过分束缚孩子的手脚。而且,父母与孩子朝夕相处,是孩子最好的榜样。身处叛逆期的孩子模仿能力强,家长的良好言行能给孩子潜移默化的影响。

不打不骂的八大管教妙法

在孩子的成长过程中,父母对孩子应该充满温情与关爱,而不应让孩子感到陌生和恐惧。一个在战战兢兢中成长的孩子,负面行为会越来越突出,比如,不敢表达自己真实的感觉就说谎,有需求不敢说就偷窃等。但父母们又时常感到迷茫,因为除了打骂之外,他们好像难以找到有效的教养方法。

第三章　宽容之"爱"，给孩子改错的机会

要想做一个合格的父母，首先要能做到不打不骂的八大管教妙法。

1. 多关心了解孩子的情况

在忙于工作的同时，父母一定要留出关心孩子的时间，多和孩子、孩子的老师多多沟通，尽量对孩子在学校中的表现有一个全面把握。只有这样，才能少一分误解，也能使父母更加明白应该怎样去引导孩子。

2. 吸收教育新知

父母的教育方式应该随着社会变化而不断进步，为了孩子的身心健康，父母就要责无旁贷地主动吸收教育新知。在中国传统的教子观念中，多数时候是父母用权威来压制孩子，而打骂更是父母执行权威教育的重要方法。在新时代，父母只有吸收新知识才能跳出自己的成长经验，及时调整自己的教育观念。

3. 和孩子讲道理

父母除了在日常小事中教育孩子之外，也要在更多突发事件的情境中教育孩子一定的道理。使孩子拥有同情心，遇事能从对方的角度去体会，真正明白自己的行为会怎样影响他人。父母可以根据孩子的年龄来选择讲道理的方式。

4. 让孩子亲身去体验

若是孩子不听管教，那么在保证安全和没有危险的前提下，家长也可以让孩子自己体会"自食恶果"的滋味。孩子有了亲身体验，就会从内心深刻领悟到家长的教导有多么正确和重要。

5. 遇事和孩子商量

别以为孩子会心甘情愿按照大人的心意去生活，那样只会使孩子痛苦，就连大人也不开心。孩子也是一个独立的人，当然有他自己想做的事，所以遇事和孩子商量，各退一步也许是很好的方法。

6. 愤怒时不管教孩子

当家长情绪失控时，是肯定无法以理性的方式来管教孩子的。

所以，当父母面对孩子的失当而不能平静不来的时候，可以暂时离开现场，或是转移自己的注意力去做别的事，如打电话和朋友聊天、听音乐等。等到怒气平息之后，再和孩子好好沟通。

7. 修正对孩子的期望

有些父母望子成龙过于心切，总拿自己都做不到的标准来要求孩子。其实，父母设身处地站在孩子的角度想一想，孩子年龄还小，有好动、固执、健忘等表现都很正常。父母对孩子高标准严要求时，也一定要考虑孩子的成长状况，不能总是拿放大镜去看待孩子的表现。

8. 真诚对待孩子

在中国传统的观念中，父母是高高在上的。在现实中，有些父母在和孩子沟通之时，一味喜欢用指责或命令式的语气，这其实是很难让孩子接受的。其实，亲子之间的沟通原本应该是没有距离的，当父母将自己的担心或情绪真诚地解释给孩子听，孩子就能了解到自己的行为会令父母难过、担心、惧怕。只要父母和孩子站在一条水平线上，用平和的语气和真诚的态度去和孩子交流，你就会发现，事实上孩子是很乐意体贴爸爸妈妈的！

在现实中，很多处于青春期的孩子脾气由温顺乖巧变得暴躁倔强，甚至会说一些过火的话，做一些过火的事，对此，有的家长总是由恼火变得发火。其实，这种做法不但于事无补，反而还会使你的孩子变得更加叛逆。正确的做法是，当你的孩子说出过火的话，做出过火的事时，父母必须想办法“熄火灭火”，晓之以理，动之以情，千万不能以“火”压“火”，更不能“火上浇油”，这样的做法才更有利于帮助孩子顺利地度过青春期。

第四章

用“爱”倾听，关注孩子的内心世界

真诚的关怀来自于倾听，每一个孩子的内心世界都是丰富多彩的，既有阳光和雨露，也有风霜和雪雨；既有鸟语花香的真善美，也有颠倒是非的假恶丑。作为孩子的父母，必须用心倾听，从而触摸孩子的心灵；用爱交流，调动孩子的积极性，给孩子灌输爱的美丽，努力去挖掘孩子身上的闪光点，使孩子健康而又快乐地成长。

1. 善于倾听，了解孩子希望怎样的爱

当你用正确的方式去爱孩子的时候，水滴般大小的爱也会折射出美丽的彩虹；当你用错误的方式去爱孩子的时候，即使你的爱像大海一样绵延不绝，也会让孩子的未来在你的海洋里溺水。天下没有不爱孩子的父母，但是也不排除一些父母对孩子的爱是盲目的，是让家长自我感觉良好，但不被孩子认可和接受的。正确的爱，哪怕是一丝就足够孩子受用一生，不正确的爱，再多也只会让孩子痛不欲生。因此，学会做一个善于倾听的父母，去用心了解孩子需要怎样的爱，希望怎样的爱，然后朝着孩子希望的方向去正确地爱孩子，让你孩子的成长之路因为被倾听而一路花开……

让爱成为孩子的风帆，而不是锁链

在《谁拿走了孩子的幸福》一书中有这样一句话：懂教育和有责任心的家长能教育出优秀的孩子，不懂教育也没有责任心的家长也有可能培养出优秀的孩子，不懂教育但有责任心的家长往往会培养出糟糕的孩子。看到这句话，相信很多家长都深有感触。

细看来，懂教育与有责任心兼具的家长能培养出优秀的孩子，这比较符合常理，也很容易理解。而那些不懂教育并且没有责任心的家长能培养出优秀的孩子，这多少有些误打误撞的意味。也正是不懂便无从干涉，没有责任心便无心干涉，于是歪打正着地给予了孩子最自由的发展空间，因此，也有可能培养出一代英才。最“冤屈”的要数最后一类家长了。虽然不懂教育，但是却是富有责任心，对于孩子的教育是一刻也不敢放松，从来不放过任何一个让孩子学习的机会。照理说，没有功劳也有苦劳，心也操碎了，话也

说尽了，可是似乎总不见成效。这是为什么呢？

答案其实也不难找到，那就是最后一类家长不善于与孩子沟通，不善于给孩子他们想要的爱。每个人都希望自己的亲人用自己希望的方式来爱自己，而这种爱对于自己来说是一种美的享受，更是自己远航的风帆。但是有些家长根本不知道自己的孩子希望得到什么样的关爱，还一直一厢情愿地为孩子付出一切，牺牲所有。可以说这样的父母，为了孩子，甘愿做燃烧的蜡烛，即使烧光自己，只要能为孩子带来些许光明，他们就义无反顾。但是，这样真的管用吗？

莉亚的孩子已经上初中了，她还是像孩子小时候那样，“无微不至”地照顾他。孩子叹声气，她都不知所措地询问好半天，孩子发烧生病了，她坐在孩子身边彻夜不眠。孩子晚上写作业，她更是寸步不离，一会儿牛奶，一会儿饼干，一会儿火腿肠，总是忙得不亦乐乎，甚至显得比孩子还忙。

有一次，学校组织活动，可以让家长一起免费参加，每个学生可以带一名家长到场。她的儿子回到家里，匆匆告诉母亲这个活动的内容，然后让母亲为他准备一些衣服、生活用品和食物。莉亚收拾完儿子的衣服和所需用品之后，就回到自己的卧室，也收拾好自己的衣服。儿子走进来，看到莉亚收拾衣服，就问：“你也要出远门吗？”莉亚笑着说：“你不是说学校可以让你带一名家长吗？你爸爸没空，只有我是最合适的人选了，我跟你一起去啊。”谁知，儿子脸色大变，说：“谁告诉你我邀请的人是你啊！我都说好了，让我姑姑陪我一起去，她已经请好假了，马上就到。”莉亚很不理解，就问：“为什么让姑姑去，不让妈妈去啊？难道妈妈还不如姑姑亲吗？”儿子不耐烦地说：“没说你没姑姑亲，在家里，你已经让我压抑得要死了，趁着这次机会好好出去散散心。如果带着你，我的好心情就全毁了。我知道你爱我，可是，对不起，你给我的爱让我丝毫感觉不到温暖，只有憋屈难受。换句话说，你给我的爱让我无所适从，那不是我想要的爱。"说完,儿子拿起包,转身离去。只留下莉亚愣在那里,满脸的无奈。

父母爱孩子,无怨无悔,无私无畏,本来无可厚非,也是一种让人感动的事情。可是,一旦父母给予孩子的爱成为了孩子成长的锁链,处处牵绊着孩子前行的脚步,就会毫无悬念地惹来孩子的不满,严重的还会做出一些偏激的事情,说出一些偏激的言语让父母伤心。这种以自我牺牲的方式来"保护"孩子的行为非但没有得到孩子感恩的回应,还受到了孩子的反抗和否定。于是这些家长几乎会无一例外地埋怨:"看看你都对我做了些什么!想想我是怎么对待你的,你这个没良心的!"

这能全部怪孩子吗?就好比是你不喜欢吃苹果,别人非要给你一整箱的苹果,说苹果多么有营养,富含维生素,对身体好得不得了,可是你还是不愿意吃。那么对于这个给你苹果的人,你会心存感激吗?多半不会。即使你接受了,还对送苹果的人好心言谢,回过头来想必也不会欢欢喜喜地享受你的"苹果美餐"。所以,同样道理,你给孩子的爱是他不希望的样子,那么你要想指望孩子对你感激涕零,乖巧顺从,按照你的意愿指哪去哪,几乎是不可能的。

俗话说:知子莫若父,知女莫若母。原因就在于父母与孩子是身心相连,朝夕相处的,他们更有机会也更有条件了解孩子的内心,知道孩子想要什么样的关心和疼爱。既然有这样天时地利人和的条件,作为孩子的父母,就更应该履行好父母的指责,给孩子他们最需要的爱,最希望的情,而不是把自己想当然的爱强制性地灌输给孩子。因为那样只会让孩子的成长"营养不良"或是"节外生枝"。

2. 在孩子面前多听少说

很多做父母的习惯于发号施令，习惯于居高临下地教育孩子。他们总觉得孩子的观点和想法都太幼稚，不登大雅。因此，他们不自觉地剥夺了孩子和自己之间平等沟通的权利。他们喜欢在孩子面前不停地叮咛嘱咐，不停地唠唠叨叨，完全不给孩子表达自己看法的时间和机会。甚至有些人还会强硬地打断孩子的话语，把自己的思想强行塞给孩子，整天一副唯我独尊的样子。殊不知，教育孩子时最重要的一点，就是多听少说，多给孩子发言的机会。只有这样，才能牢牢地抓住孩子的心，让他愉快地成长，自由地沟通。

做孩子忠实的倾听者

细想来，现在的家庭里，孩子越来越“稀缺”，也因此身价倍增，几乎一个人同时享有家庭中所有人的疼爱。而父母更是挖空心思地对孩子好，只要是对孩子成长有利的事情，哪怕再难办到，父母也会竭尽全力去争取。照此看来，孩子与父母之间应该越来越贴心，越来越亲密。可是，事实却恰好相反。

现在的孩子提起父母，就是一副苦大仇深的样子，似乎父母对他们的爱在他们看来都是桎梏，甚至还有些孩子对父母给予的爱视若无睹。究其原因，父母不给孩子发泄情绪的机会，不给孩子倾诉内心的时间可谓是首当其冲，是孩子和父母产生隔阂的始作俑者。

菲菲的儿子是个人见人爱的小人精，不但亲友喜欢，更是父母的掌上明珠。说是“捧在手里怕摔了，含在口里怕化了”一点都不夸张。但是最近，菲菲发现，9 岁的儿子总是有意无意地躲着自己，连以前喜欢和自己一起去吃的麦当劳，现在也没有兴趣去吃了。菲菲心里自然很着急，可是急也没有办法，菲菲决定听取老公的意见，先探明虚实，再“集中行动”。

这一天正好是周日，菲菲一早起来，收拾打扮好，叫儿子一起去公园，并且准备中午带儿子一起去吃麦当劳。可是叫了好几遍，儿子都懒懒地回答说不想去。这样的情况以前还没有出现过，菲菲提高了警惕。菲菲来到儿子的房间，看到儿子一个人在玩玩具枪，只是，他已经把玩具枪折得支离破碎，零件也散落一地，像被砸了一样。菲菲本来的好心情一下子消失得无影无踪，顿时变得火冒三丈。

她心想，叫你出去玩你不去，你竟然在家里搞破坏。想到这里，她就控制不住自己的情绪了，对着儿子就是一顿劈头盖脸的责骂。儿子闪着泪花，腮帮子气得鼓鼓的，顶嘴说：“你就知道吵我，骂我。你从来没有问过我的想法，我都是一个男子汉了，你还像小孩子一样地对待我。你知道吗，我有自己的计划，自己的想法，你从来都没有好好地听我说过，就知道没完没了地骂我。每次我有很多话想对你说，闭上眼一想到你凶巴巴的样子，我都咽回去了。我拆玩具枪不是搞破坏，我只是想知道它的构造，想在美工课上作为代表发言，这些你问过我吗？”

听完儿子的话，菲菲大吃一惊。她突然意识到自己是有点专制，从来都是自己说，让儿子原样执行，也不曾听过儿子的诉说。于是，她来到儿子的身边坐下，向儿子道歉，并说道：“儿子，以前妈妈是没有顾及你的想法，有点独断专行了。妈妈保证，以后一定会好好地听你的想法。从今天起，你给妈妈打分，如果发现妈妈独断一次，就扣 10 分。低于 60 分，妈妈就作检讨，还要满足你一个合理的心愿。怎么样？”儿子听完菲菲的话，顿时眉开眼笑，还说菲菲是一个好妈妈。

是啊，我们不得不承认，我们总是按照自己的意愿去教育孩子，而很少征询一下他们的想法，我们在孩子面前说得头头是道，却没有留给他们诉说的机会，所以我们也总是在抱怨孩子的不听话，却很少自省一下自己的做法是否正确。

也许不懂得倾听孩子正是很多家长做得最不到位的地方。当孩子尚在学语时，父母总是急不可耐地打断她；当孩子学会表达时，父母又常常心不在焉、似听非听，或者干脆自顾自地忙自己的事情；当孩子渐渐长大，与父母的交流越来越少时，他们才开始感到失落或不安。

要知道，当孩子咿呀学语时，他们就向世界开启了一扇窗，作为他们的父母，我们不仅不能轻易地把这扇窗给关上，还要将这扇窗好好地为孩子保留着，而家长的倾听就从这时开始。有些父母认为没有必要让孩子说得太多，只要好好听就行了，甚至认为孩子的倾诉是一种“叛逆”。这种想法是错误的。想和孩子进行有效的沟通，就必须做一个优秀的倾听者，让孩子的倾诉变得轻松而自由。

多听少说，让你的孩子和你更亲近

有这样一个关于倾听的比喻：家长和孩子的内心就像是两个装满彩色珠子的玻璃瓶，因为爱孩子，家长特别想把自己瓶子里的珠子分给孩子一些。然而，两个玻璃瓶都已经装得满满的，孩子的那个也无法装下更多的珠子了。即使强行塞给他，必然会导致珠子散出来，弄得一团糟。因此，若想让孩子的瓶子能盛下一些家长的珠子，家长就必须拿出倾听的空瓶子，让孩子把逆反的珠子拿出来放在里面。这样，他的瓶子有了空当，才能装进家长给予他的珠子。

这个比喻可谓是恰如其分、恰到好处。孩子和家长一样，也有自己的思想。无论孩子多么年幼，都不要否定他自己的思想。家长应该给予孩子的，不是时时刻刻像个监工似的死盯式教育，而是像个称职的侦探一样的追踪式教育。上天给了人们两个耳朵一张嘴，本来就是要求我们多听少说的。既然对于别人都能做到多听少说，尊重别人的意见和思想。那么对于和自己骨肉相连、血浓于水的孩子来说，就更要懂得给他适当的倾诉空间。

孩子向你倾诉的时候，你只需要用真诚而信任的眼神看着他，用微笑而轻扬的唇角肯定他，用平静而睿智的建议引导他，用宽容而大度的胸襟接纳他。先让孩子把心里的话说出来，你就做一个合格的倾听者。爱孩子，教育孩子，必须从倾听开始。如果孩子心目中的困扰能向爱自己的人说出来，通常问题就解决了一半。对孩子来说，有人倾听自己、关注自己，这是一种最大的心理上的支持；把自己心中的烦恼表达出来并且确知不会受到嘲笑，这更是对问题的一种再认识。所以，要保持孩子的心理健康，父母必须从倾听开始！

要知道，倾听这两个字本身就意味着少说话。要记得，不要急于劝说孩子，不要急于发表意见，让孩子先抒发自己的情绪、表达自己的看法。等到他讲述完自己的看法，需要支持的就一定要支持，需要改善的也平和地给出建议，需要否定的也理智地给出理由。这样，不但孩子敢于充分地展示自己的内心，敢于向父母说出肺腑之言，他多半也会充分地信任自己的父母。那么，父母就可以很轻松地从孩子的倾诉中找到孩子内心的需要和困惑，也就可以及时地给予指导、指明方向、补救遗憾、拦截错误。这比和孩子争个面红耳赤、谁也不服谁，难道不是更好吗？

因此，学会把孩子当大人，学会把自己当孩子，尊重他们的想法，用爱联通自己和孩子的内心，才能让你和孩子有更好更稳固的关系。多听少说，该听则听，当说才说。毕竟有些时候，话语是宁缺毋滥，而不是多多益善。

和孩子沟通，父母应少说多听，孩子说话时，要尽可能地表现出好奇、兴趣和热情，同时，也可以采用眼神、手势、抚摸等方式，营造宽松气氛，鼓励孩子多说话。应明确地告诉他，自己很重视他所讲的每一句话，也很关注他的一颦一笑。在孩子讲话的过程中，不要随便打断孩子，也不要轻易改变孩子的话题。除此之外，要学会利用一切可能的机会与孩子交谈。比如吃饭、散步、临睡前、旅途中等都是很好的交谈机会，这时候孩子的情绪比较放松，常常会表达自己最想说的东西。只要你细心捕捉孩子的每一个倾诉瞬间，就不会和孩子的成长脱节。

3. 多与孩子沟通，排除孩子心中的"芥蒂"

孩子在成长过程中，会遇到很多困惑和不解，如果能够跟父母老师及时地沟通，消除心中的困惑和不解，倒也没有什么可担心的。毕竟，成长就是一个不断探索的过程，既然称为探索，就会遇到康庄大道，同时也躲不掉崎岖坎坷。而这些崎岖坎坷就是指各种不利于孩子成长的因素，例如早恋、仇恨、抑郁、嫉妒等等。所以，家长要时刻关注孩子情绪的变化，在孩子成长的道路上随时做好准备为他们保驾护航。

正确对待孩子的早恋，不要谈"早恋"色变

爱情，可以说是人的一生中最美妙、最愉快的情感。古今中外，无数的文人墨客、诗词大家都对它青睐有加，不惜用大幅笔墨

来颂扬它。那么,人人眼中都是那么美好的东西,自然就会引起孩子们极大的兴趣,他们不但会有强烈的好奇心,还会有强烈的体验欲望,于是,也便引发了一场早恋。

早恋,顾名思义,指的是青少年期或青少年期以前的少年出现过早恋情的现象,也称牛犊恋。它多与环境等外界因素引起的早熟和性萌发有关,少数也与孤独、空虚、心理上缺乏关爱和支持有关。

陷入早恋中的少男少女,因相互吸引而彼此爱慕,这种情绪往往是愉悦的。但是,早恋并不可耻,也不该被唾弃或是鄙夷。因为这种情感是纯真的,是懵懂的。不过,由于情感处于主导地位,处理问题通常缺乏理性,因此早恋也是有害的。再加上早恋者鲜有终成眷属的,因此也会给双方的心理造成一定的落差感,甚至会很长久地影响早恋的个体,因此整体来说,早恋对于身心发育还不成熟的孩子来说,可以说是弊大于利。那么如果你的孩子也陷入早恋中,该何去何从呢?先看一个故事。

简凝是个懂事文静的女孩,已经上了初三,从小到现在,从来没有让父母操过心。她不但学习成绩好,是班里的学习委员,还有一手好书法。在班里,简凝是很多男同学倾慕的对象。但是,简凝"一心只读圣贤书",对这些懵懂的情感从不招惹,为此,父母对她也很放心。

新学期开始,班里转来了一位男同学赫冉,是从国外回来的,举止谈吐都很文雅绅士。因此,惹得很多女孩子都喜欢往他这里瞄上几眼。因为这位男同学的汉语不是很好,班主任怕他跟不上课程进度,就让他和简凝坐同桌,想让成绩优秀的简凝能多帮帮他,起到促进的作用。就这样,两个人坐在了一起。

一段日子以后,简凝的父母慢慢地发现,女儿变得比以前沉默了。以往她总愿意跟父母说一些学校里发生的事情,和父母一直保持着良好的沟通,可是现在却什么都不愿意告诉父母了。除了吃饭上厕所,她几乎不出房门。而且,一跟她说话,她就羞涩得脸红起来，说话也开始支支吾吾、语无伦次。父母很担心她，因为他们知道孩子此刻正处在青春期的过渡阶段，生怕她出现什么问题，思前想后一番之后，就敲开了她的房门，决定问个清楚。

父母委婉地问她为什么会出现这些反常情况，她扭扭捏捏、吞吞吐吐地道出了原委。原来，她的同桌赫冉由于接受的是国外比较开放的教育，所以思想很前卫。他看到温婉优秀的简凝，又看到她为板报写的书法横幅，顿时对她产生了爱慕之情，并且大胆地向她表白了。而从未和男孩子交往过的简凝，看到赫冉明朗的外表、优雅的风度、丰富的见闻也产生了一种莫名的情愫。就这样，简凝的心里有了一丝心动，一丝羞涩，一丝好奇，更有一丝害怕。所以，她变得战战兢兢，生怕父母发现后会责罚打骂她。

听完女儿的讲述，父母没有吵她或是骂她，而是细心地告诉她：爱情确实很美好，但是，真正的爱情是付出、是责任，不是他们这个年龄的孩子可以承担的。男女同学之间互相倾慕很正常，但是这并不是爱情，这只是一种朦朦胧胧的好感。如果沉迷其中，不但会影响学业，还会让自己苦不堪言。若是能够理智地和对方交往，互相鼓励，就可以互相促进，从这个角度来看，这还是一段值得珍惜的友谊。

看到父母不但没有责骂自己，还对自己说了这么多有意义的话，简凝的心里变得豁然开朗。以后在与赫冉的交往中，懂得了把握分寸，也将自己父母的忠告委婉地告诉了对方。就这样，两个人的交往变得很自然，赫冉教简凝外语，简凝教赫冉中文，两人的学习都取得了很大的进步。

故事中简凝的家长就是巧妙地运用沟通的智慧，将孩子心中的"芥蒂"排除的。然而，现实中，很多家长提起"早恋"这个词汇，都像是见到了毒蛇猛兽，几乎是人人自危，避犹不及。听说别人的孩子早恋了之后，心里唏嘘不已，感叹现在的孩子"不听话""乱来"，紧接着，就开始地毯式地搜索和扫描自己孩子的一举一动、一颦一笑，唯恐自己的孩子也和“早恋”有了一个“约会”。更有甚者，已然到了风声鹤唳、草木皆兵的地步，看到孩子和异性同学多说了几句话，就拉到屋里语重心长地教导一番，看到孩子和异性同学一起上学或回家，就更是如坐针毡，彻夜辗转。

但是，做家长的一定要有一个清醒的头脑，即使孩子真的陷入了早恋，也不要过度反应，给孩子过大的压力和苛责。有时候，孩子只是好奇心的驱使让他有了探求爱情的欲望，如果你能对他晓以道理，讲明利害，辨明是非，也许他就没有了探求的欲望，也就风平浪静了。但是，如果你不能理智正确地对待孩子的早恋现象，实施了“高压政策”，那么很可能事与愿违，让这种尝试的欲望越压抑越强烈，甚至酿成不能挽回的大错。所以，面对孩子的早恋问题，正确的做法就是多与孩子沟通，用平和的心态和孩子交流，排除孩子内心的“芥蒂”。让孩子在安全明朗的环境下成长，才是作为父母最应该做的。

教会孩子消除嫉妒，让孩子健康成长

看着别的孩子比自己的衣服漂亮，总想弄点脏东西抹上去；看着别的孩子分到的糖果比自己多，心里就愤愤不已；看到别的孩子成绩比自己好，总盼望着对方生病，不能参加考试……看着这些可笑的想法，有些家长可能只是觉得孩子天真、幼稚和好笑，也不采取什么行动，只是一笑而过。

事实上，情况要比他们想象得严重得多。因为这不仅仅是一个好笑的问题，而是已经表现出了孩子嫉妒怨恨心理的苗头。如果不加干涉而听之任之的话，会让孩子的心理进一步扭曲，最终不但自己痛苦，还会因此做出一些损人不利己，甚至危害社会的事情。

琪琪和夏夏是邻居，也是同一个班的学生。别看两个人才上小学四年级，两个人已经都是市电视台的小主持人，还年年被评为“三好学生”。与此同时，两人还是最好的朋友，有好吃的总会给对方留一份，有好玩的也会叫来对方一起玩。见过两个人的人都说两人真像是双胞胎姐妹。可是，最近两个人之间却爆发了危机，不仅不一起上学了，还发誓谁也不跟谁玩，一副老死不相往来的样子。

事情的经过是这样的：市电视台要举行一场改革，原来的小主人主持的节目被删减了，只能留下一位小主持人和另外一个成年主持人搭档，主持另一档节目。所以，琪琪和夏夏两个人只能二选一，那么落选的一个就要告别这个舞台了。自然，两个人谁也不愿意被淘汰，可是，没有办法，最终台里选择了夏夏，而琪琪落选了。因为夏夏比琪琪长得高一些，更适合跟另一个主持人搭档。于是，琪琪因为落选而心生嫉妒，从心里恨透了夏夏。她觉得是夏夏抢走了自己的位置，她认为自己比夏夏反应快，比夏夏漂亮。于是她开始每天都跟同学们说夏夏的坏话，让同学们不和夏夏玩，两人从好朋友变成了仇敌。

这件事过去了很久，琪琪的妈妈也没有放在心上。可是她发现，女儿最近变得易怒还不爱说话了，也不知道是为什么。为了改变现状，妈妈和琪琪好好地聊了起来。妈妈问琪琪为什么不爱说话，也总是发脾气。琪琪撅着嘴说：“谁让夏夏抢了我的位置，我条件比她好，她不就是比我长得高了一些吗？”妈妈这才知道，原来是嫉妒心作怪，女儿还没有放下那件事。琪琪的妈妈开导她说：“人与人是不同的，每个人都有每个人的最好的位置。比如看戏的时候，有人是演员，有人是观众，有人负责表演，有人负责鼓掌，这两种人缺一不可。而夏夏就是那个负责主持好节目的人，琪琪就是那个负责鼓掌，并且给她提意见的人。两者都很重要，谁都无法代替谁的地位。”

听完妈妈的话，琪琪变得不那么生气了，还小心翼翼地问妈妈：“如果我好好地鼓掌，会有人看到吗？会有人喜欢我吗？”妈妈点点头，说：“那是当然，至少妈妈知道自己的女儿很棒，夏夏也会看到琪琪的努力，会觉得琪琪是自己最好的朋友。”琪琪的情绪似乎有所平复。妈妈紧接着又说：“看到别人比自己优秀或者比自己成功时，不能心怀嫉妒或者怨恨。要想想自己怎样才能和他一样优秀，或者自己怎样也能在自己的领域里取得成功。只有这样，才能成为一个有出息的人。”琪琪脸上开始露出笑脸，并且拿着妈妈给她买的新玩具找夏夏道歉去了。

当你的孩子出现莫名其妙的坏脾气，或是出现反常的行为时，也不一定是孩子不听话了，很有可能就是孩子内心受到了什么冲击，让他无法自行处理。这时候，他需要的是一个充满关爱的眼神或是一个心与心的沟通。做家长的不要立即对孩子进行质问或是打骂，不妨试着跟孩子好好地沟通。人心都是柔软的，孩子自然也不例外，当你能够平心静气地和他进行沟通的时候，相信他不会蛮不讲理或得寸进尺。那么，找到孩子行为反常的原因，继而帮助孩子解决问题，化解矛盾，消除负面情绪也就不在话下了。

很多家长不懂得利用沟通的智慧，往往是冲动在先，理智靠后。殊不知，“冲动是魔鬼”，这样不但无法解开孩子心里的症结，还有可能把事情搞得更加糟糕。因此，遇事多忍耐，多与孩子沟通，用沟通的魅力让孩子的内心敞亮起来。

4. 父母应认真听子女说完最后一句话

现实中，很多家长都会犯同一个错误：不等孩子把话说完，就凭自己的臆测把孩子的话打断，继而对孩子一顿狂风暴雨般的训斥。其实，不论是对谁，认真倾听完对方的最后一句话都是一种最基本的道德和礼仪。更何况是对于身心发育都还未健全的孩子来说，认真倾听完他们的最后一句话是对他们幼小心灵的一种尊重，也是塑造孩子尊重家长，与别人和睦友好相处的一种方式，更是用心爱孩子的一种表现。

请听完孩子的最后一句话

很多做父母的都不明白认真倾听孩子的重要性。虽然口头上对孩子说："爸爸妈妈一定认真听你的想法，一定做一个通情达理的好家长。"但是，一旦孩子的话语和自己猜测的不一样，或是不等孩子把话说完就开始猜测孩子的想法，稍有不对的苗头，就开始批评教育，甚至是恶语相加。

殊不知，这样一来，不但孩子的想法不能得到很好地表达，严重的话，还会让孩子感到内心十分委屈，而凭空而来的一顿责骂更是很容易给孩子造成父母不讲理的印象，以后有什么事情也不愿意再向父母述说，甚至犯错误了也更愿意藏着掖着。久而久之，孩子的心理成长就会偏离正常的轨道，轻则心理孤僻悲观、自卑内向，重则一意孤行、是非不分。

在一座海滨城市，一场台风吹断了电线……

一栋房子内，有一位母亲和她年幼的女儿。

正在写东西的母亲皱起眉头，埋怨着台风让自己无法在灯光下工作。

"我喜欢台风。"旁边的小女孩不同意母亲的说法。

母亲感到很诧异，因为在她看来，台风破坏力极强，毁坏庄稼、吹倒房屋、阻塞交通，给人们生活带来巨大的不便并造成损失，可眼前这个小不点儿居然说她喜欢台风。因此，她感到女儿心理不正常，正欲责骂她，但转念一想，她决定听听小家伙的想法。

“孩子,告诉妈妈,你为什么喜欢台风?”母亲小心翼翼地问。

“因为上次台风来了,就停了电,屋里一片黑暗。”小女孩不假思索地回答。

“停了电,妈妈就无法正常工作,停电有什么好玩的呢?”

“停电,妈妈就会点上蜡烛。”

“你喜欢点蜡烛,对吗?”母亲终于松了一口气。

“是的,那回(指上次台风吹过的晚上)我穿着白色的公主裙,点着蜡烛走来走去,你说我真像个小天使。”看得出来,小家伙一脸陶醉的样子。

母亲顿时无言,旋即放下手中的工作,抱起小女孩,亲吻着她的小脸蛋,凑近她的小耳朵并说了一句话:“孩子,你永远都是妈妈的天使!”

看了上面的故事,我们不免为这位母亲鼓掌喝彩,因为她能够静下心来认真听完孩子的最后一句话,才让这个故事有了一个如此美丽的结局。其实,很多时候,孩子不是真的不懂事、不听话、不可理喻,只是你没有一个耐心倾听的心态。如果每一位家长都能做孩子最好的倾听者,那么就不会发生那么多家长怒不可遏、孩子有口难言的事情了。

有人说:“天下没有不合格的孩子,只有不合格的父母。”话虽浅,理却不浅。可以说,孩子生下来的时候,几乎是没有独立的思想的。孩子最终形成的思想和性格大部分是在成长期塑造和完成的。父母给他们一片云彩,他们才能描绘出一个蓝天;父母给他们一捧清水,他们才能绵延出一池涟漪;父母给他们一个认真完整的倾听,他们才能锻造出一个理性完美的人生。因此,请不要吝啬那一分半钟的倾听时间,认真听完你的孩子的每一句话,不到最后,请不要打断他们。

第四章 用“爱”倾听，关注孩子的内心世界

倾听孩子的心声，需要耐心

认真回想或设想一下，每个人都会体味到：当自己的一个想法被别人无端打断而不能完整地表达的时候，心中不免都要感到压抑、恼火甚至是愤懑。作为成年人，我们都会产生这样的感觉，那么，试想一下，当我们肆意地打断孩子的话，让他们泪汪汪地忍着委屈、憋红脸颊时，他们又如何不会难过呢？

认真倾听孩子的话，让他们把话说完，不仅仅能避免对孩子心灵的误解，更是一种对孩子的尊重，而这种尊重源自真正的爱，爱他们，就请让他们说完最后一句话。

一个综艺节目请了一对年轻的夫妻和他们的孩子。孩子只有6岁，却弹得一手好钢琴。这次节目的目的就是想请这对年轻的父母介绍一下自己的育儿经。

节目的前半部分一直都是父母在讲教育孩子的经验，孩子一直坐在那里很乖巧地听着主持人和爸爸妈妈说话，自己乖乖地不乱插嘴。节目快结束的时候，主持人笑着问孩子：“你的愿望是什么？是做一个著名的钢琴演奏家吗？”谁知道孩子想了一下，摇摇头。主持人又问：“那你能告诉阿姨，你的愿望是什么吗？”小家伙这次毫不犹豫地说：“我的愿望是做我妈妈的妈妈。”

主持人、孩子的父母包括场下的观众都笑了，显然是对这个回答的惊讶和新奇。孩子的父母这时候有些尴尬地解释说：“可能是她觉得我们平时让她练琴很苦，以为做妈妈的妈妈就可以不用练琴了。”主持人和观众也都基本认同这种解释。正当主持人准备结束这次节目的录制时，小家伙突然满脸通红地说：“不是的，我小时候看别人家的小朋友弹琴很羡慕，可是我知道我的爸爸妈妈没有那么多钱，但是他们还是省钱让我学钢琴了。每个周末妈妈上完班还要送我去学琴，还要赶回来给我做饭，给我辅导功课，而且她

从来没有逼过我练琴。所以，我的愿望是做我妈妈的妈妈，也给她钱让她学钢琴，给她做饭。反正，就是对她好，让她开心。”

听完孩子的回答，主持人，观众中有人开始擦眼泪，而孩子的妈妈早已低下头，泪流满面了。

试想，如果不等孩子说完心里话，就直接制止他的话语，那么也不会有这么感人的一幕。爱孩子不仅仅是给他们最好的生活条件，给他们漂亮的衣裳，好玩的玩具和好吃的食物，也不仅仅是给他们最好的教育条件，选择最好的学校，而是由衷地尊重他们的内心，用心去爱他们和倾听他们最真实的心声。而实现这一目标的方式之一就是听完孩子的最后一句话，让孩子能完整地表达自己的想法。

为人父母是一件很神圣的事情，教育孩子更应该是一件愉快的事情。作为一个有完全行为能力、有成熟思维的成年人，尚且需要别人认真聆听自己的每一句话、每一个字眼，渴望别人对自己的尊重和肯定。作为一个身心都还处在发育期的孩子来说，就更希望自己能被别人，特别是被跟自己最亲近的父母肯定和尊重，这样，他们才能在以后的成长中更有自信，更积极向上。因此，认真听完孩子的最后一句话，不要给孩子的内心留下专制武断的阴影。

5. 善听孩子的弦外之音

作为孩子的父母，在家庭教育中要善于听孩子的弦外之音，这样才能明白孩子的真实意图。如果能清楚地知道孩子内心的真实意图，那么走进孩子的心灵，贴近孩子的内心也就不是困难的事情了。这个时候，才算得上是真正意义上的了解孩子。至此，有针对性地教育孩子，用最适合孩子的方式教育他也就是水到渠成的事情了。

教育孩子，要探明虚实

很多父母也能够做到认真听取孩子的话，也能有所回应，但是似乎总是把握不到孩子的真实意图：孩子其实想告诉父母自己不喜欢被冷落，而父母却买回来很多好吃的、好玩的陪伴他；孩子想告诉父母自己渴望被重视，而父母却认为孩子无理取闹，不可理喻。诸如此类的例子还很多，所以，不仅要听取孩子的话语，还要听懂孩子的话语。这样，才能给孩子他最需要的东西，而不是弄巧成拙、答非所问，甚至事与愿违、适得其反。

7岁的苏芮长得可爱漂亮，特别是一双大眼睛，眨巴眨巴很是招人喜欢。可是，这几天，苏芮的妈妈却满腹心事地来到儿童心理咨询机构，诉说最近越来越让她感到头疼的一件事：只要跟小朋友一起分享食品，苏芮就一定要占上风。比如，蛋糕上唯一的樱桃要归她所有；分糖果一定要她主持，为自己留下最大的那份。一旦没有如她所愿，她就哭闹不止，誓不罢休。苏芮的这种行为经常让妈妈感到尴尬为难，也往往让幼儿园的老师不知所措。

儿童节后的一个周末，苏芮妈妈邀请了咨询机构里的专家和几名小朋友来家里参加苏芮的生日派对。为了避免尴尬的境况，妈妈特地定做了一个漂亮的大蛋糕，上面一共有七朵玫瑰形奶油花。刚刚摆上桌子，苏芮就迫不及待地大叫："我要一朵完整的奶油花！"可是来做客的恰巧有七位小朋友。妈妈本着礼貌待客的传统，先给客人切蛋糕，还一边给苏芮解释："我们要懂礼貌，要按照顺序分蛋糕，分到你那里可能有完整的奶油花，也可能就没有了。"她希望通过这种方式来纠正孩子的"霸道"行为。

随着一朵朵奶油花的消失，苏芮越来越紧张。眼看着最后一朵奶油花将要落到其他小朋友手中时，她突然变得怒不可遏，愤然离开客厅，冲到卧室里大哭失声。妈妈闻声而至，看到她的样子，蹲下来解释道："刚才只有七朵花，妈妈不能先给你，要先分给其他小朋友，到了你这里正好没有完整的了。不过，我们给你留了半朵，你快去吃吧。"

苏芮哪里肯依，她愤怒地大喊："我明明跟你说好了要一朵完整的，你为什么不给我！我不要半朵的，我就要整朵的！你从来都是这样，只知道顾自己，从来不顾我的感受！"妈妈越解释，苏芮哭得越伤心。这时候专家开始介入，建议苏芮妈妈先不要说话，而是耐心地倾听孩子的话。

接着专家又建议她将孩子搂在怀里，轻柔地安抚她，让她哭个痛快。看得出来，苏芮依然对没有得到完整的奶油花而耿耿于怀，妈妈一个劲儿地说："待会儿给你再买一只带花的蛋糕吧。"苏芮却不答应，哭着要原来那只蛋糕上的花。专家建议苏芮妈妈跟孩子道歉，妈妈照做了。让妈妈吃惊的是，道歉完，苏芮反而提高了哭声，大喊："道歉也没用！我再也不原谅你了！你以前老生气！还打我！从来都是说话不算话，我今天算是明白了，你根本不爱我对不对？"

苏芮妈妈尴尬地对专家笑笑，低声说："这下给我揭老底了。"专家建议她继续道歉："妈妈错了，妈妈不应该对你发脾气，更不应该打你，妈妈以后再也不打你了！妈妈以后一定说话算话，说得出就做得到。"听到妈妈的道歉，苏芮哭了一会儿，随后慢慢平息下来。依在妈妈怀里，她轻声地说："我想用鲜花代替奶油花插在蛋糕上。"妈妈问她用什么鲜花，她指了指客厅花瓶里插的百合花。至此，专家才彻底明白，苏芮并不是真的只想要一朵完整的奶油花，而是心里压抑着对妈妈的不满，故意耍性子。

从这个故事中可以看出，读懂孩子的弦外之音才能懂得孩子的意图，才能弄明白孩子那些莫名其妙的行为的原因。倾听孩子的弦外之音的最主要的目的在于建立亲密关系，了解孩子真正的需要，以便可以有的放矢，有目的性地开展教育。

同时，弄懂孩子的弦外之音，也可以帮助孩子了解和认可父母的良苦用心。可以说，整个亲子关系都是一个问题的发现和解决的历程。亲子关系品质的加强要依赖倾听，要透过现象挖掘出本质，触碰到孩子内心的叩问，避免孩子因为父母的不入正题而误解父母的用心，偏离父母的教育轨道。

听懂孩子的言外之意

教育本来就是一种艺术性的行为，家庭教育的艺术性更是值得深究。如果父母希望用正确的、适合自己孩子的方式去教育孩子，首先就要学会理解孩子。从这个角度来说，真正完美的教育必然是从心与心的对话开始的，而心与心的对话又是从真诚的倾听开始的，不会做一个真诚的倾听者，就很难成为一个合格的父母。

要知道，孩子虽然年幼，但并不无知，他们懂得表达自己的意愿和思想。只是，有时候因为种种原因，他们不愿意直接说出自己的想法，而是用其他的言语引导自己的父母去读懂自己的意愿，这时候，父母不但要听懂孩子的话，还要读懂孩子的弦外之音。

“我是你的孩子，所以你要理解我所说的话。请不要笑，这不是让你笑的，而是让你听懂的，否则我不原谅你。”这是一个法国小姑娘对她的父母说的话，说这话时，她还在上幼儿园。可见，孩子很小的时候就有了自己独立思考的能力，也有了渴望父母理解自己的想法。如果不学会倾听孩子的弦外之音，恐怕就要进入很多教育的误区了。

耐心倾听孩子的诉说，了解孩子的真实意愿，让孩子体会到关爱和温馨，从而对父母更加亲近与尊敬，这有利于孩子把自己的想法告诉父母，有利于父母对他们的不听话行为进行明确的教育和指导。许多父母虽与孩子朝夕相处，却对他们并不了解。不了解孩子的想法，就很难有效地应对孩子的不听话行为。父母要想在纠正孩子的不听话行为上取得有效的成果，首先得取得孩子的信任，走进孩子的心灵。

作为一个称职的父母应学会倾听、乐于倾听，善于倾听孩子的弦外之音，才能真正学会从孩子的倾诉中真切地感受和把握孩子的喜怒哀乐，真正了解孩子在想些什么，要求什么，希望什么。才能真正领会孩子的思想意图，分享孩子的快乐，真诚地为孩子的进步而高兴，为孩子的成功而喝彩；才能有效地用父母的体贴去化解孩子的烦恼，营造出充满爱意的温馨家庭环境；也才能赢得与孩子的真诚友谊。

因此，父母千万不能忽视倾听孩子的弦外之音的作用。唯有如此，父母们做孩子的思想工作才能心中有数、有的放矢，才能不断提高家庭教育的质量和水平。也唯有如此，才能在和孩子的心灵沟通、行为互动中成功地帮助孩子解决困惑，消除误会，并最终塑造出有利于他成长的性情。

当家长的一定要知道孩子的话语中包含的意思，不能只是单纯地理解它们的字面意思。有可能孩子对你说他想让你给他讲故事，而事实上，他只是想让你能多陪陪他，并不是想听那个讲了无数遍的故事；有可能孩子对你说他今晚想和你一起睡觉，并不是他不愿意自己睡，只是他觉得你已经好久没有抱过他，亲过他了……因此，学会读懂孩子的真实内心，无论对做父母的，还是对孩子，都是一种很有意义的事情。

6. 随时和孩子保持沟通

人与人的沟通是随时随地的，而父母和孩子之间的沟通更是时时刻刻都不能放松。就好比是卫星和雷达的关系，即使不能亲自触摸，亲自操控，但是仍然需要实时的跟踪观测，远程协助。如果父母对孩子一时掉以轻心，可能就会错过孩子心灵的过渡，就会察觉不到孩子身心的很多变化，也就谈不上及时的监护和关爱了。严重的还会疏忽孩子的不好的发展趋势，让孩子一生都为这个疏忽买单。因此，和孩子保持心灵沟通，是做父母的需要时刻去做的事情。

关注孩子，要争朝夕

关注孩子是每一个家长需要时刻去做的事情，而关注的方式就是和孩子时刻保持心灵的沟通，让孩子的一举一动都在家长的掌控中，做到对孩子的心理状况了如指掌。和孩子随时保持心理沟通不是说要像警察一样监视孩子，而是细心地发现孩子的心理异常、行为异常，侧面地关注，然后正面地沟通。以此把事情的前因后果搞清楚，耐心地指导孩子，为孩子的问题找到答案，解开孩子的困惑。

教育孩子不是一时一刻的事情，是一项长久、持续、艰巨、费心的事情。如果家长对孩子的教育和关注只是“三天打鱼两天晒网”，那么这样的教育就不会很有成效，可谓是“杯水车薪”，于事无补。

舟舟是一个初中生，平时一个人跟着奶奶生活。爸爸妈妈因为工作忙，就把他放在奶奶家，很少来看他，更不用提与他沟通了。因为从家里到奶奶家还有百十公里的路程，爸爸妈妈来的时候行色匆忙，往往在他身边待不到两个小时。父母只是问问他的学习，问问他缺什么不缺，问问奶奶的身体和他的身体状况，然后留下一笔钱，叮嘱他好好学习，照顾好自己和奶奶，就又急匆匆地赶回去了。

这样的生活从舟舟上学至今一直如此。奶奶是一个很慈祥的老人，对舟舟百般慈爱，但是因为没有文化，也无法辅导周周学习或是跟舟舟谈心，只是每天早早地为舟舟做饭，为他洗衣服，嘘寒问暖，别的就什么都帮不了了。因为长期无法与父母沟通，无法向父母倾诉自己成长的烦恼，也无法享受到父母的关爱和教导，舟舟性格特别内向，学习也一直处于中等水平，止步不前。

一天在学校的时候，一个同学碰了舟舟一下，就这样碰翻了同桌新买的陶瓷笔筒，笔筒掉在地上摔得粉碎。同桌得理不饶人，骂舟舟是“没有教养的孩子”，还说了很多难听的话。舟舟委屈极了，但是还是忍住了。回到家里，看到奶奶一如既往慈祥的笑脸，舟舟把心里的委屈又咽了下去。可是，心里的孤寂和委屈怎么压也压不下去，晚上，舟舟怎么也睡不着。他想自己的爸爸妈妈，他回味着同桌的那一句话，心里有说不出的滋味。

终于，在天没亮的时候，舟舟小心翼翼地爬起来，给奶奶留了一封“插图版”的信，背着自己的书包，里面装上馒头咸菜和几件衣服，踏上了回家的路。奶奶早上醒来发现舟舟出走，又看看了看那封信，就赶紧报了警。经过警察的努力，终于在一个高速路的护栏外找到了累得睡着了的舟舟。看着自己的儿子成了这个样子，舟舟的爸爸妈妈泪流满面。

看完这个故事，相信很多做父母的心里都很不是个滋味。也许当初舟舟的父母没有把孩子一个人放在奶奶家生活，而是抽空自己教育他，和他促膝谈心，和他时时保持沟通，不给他的内心留下阴影，他也不会选择这种极端的寻找父母的方式，也不会如此地痛苦不堪。

做父母的不要总是借口没时间、工作忙而拒绝孩子那颗渴望向父母倾诉和沟通的心。教育孩子是一个“百年大计”，容不得一丝的马虎和偷懒行为。这个故事也算是向天下的父母敲响了警钟，爱你的孩子就和他心心相通，爱你的孩子就和他息息相关。关爱孩子，要争朝夕。

不要疏忽孩子身心的任何异常

走进未成年人心理咨询机构或医院的儿童科室，我们不难发现这样的情况：很多家长带着自己的孩子来就诊，往往都是神色紧张，惊魂不定地问医生：“我才出差几周，孩子就出现心理问题了。平时我也忙，没发现孩子有什么心理异常，谁知道孩子的心理问题已经到了这么严重的地步了。”要么就是“我以为尽我们的努力给孩子提供最好的生活和学习条件就行了，偏偏就忽略了孩子的心理发育，导致了孩子现在这样的情况，我真是后悔死了”，还有就是“孩子什么也不跟我说，我也没太在意，根本没往坏处想，谁知道竟酿成了现在的这种苦果”。这样的例子还很多，不需要一一列举，也不胜枚举。

事实也正是如此，甚至比这还要更糟糕一些。绝大多数的家长都是忙于自己的工作，最多会不停地督促孩子学习，问问孩子最近的学习情况，是进步了还是落后了，但是很少有家长能做到随时与孩子沟通，随时与孩子的心灵对话，并及时地旁敲侧击、柔声相劝，消除孩子身心上的弊病和年少轻狂。那些出现问题的孩子的家长往往都是由于孩子成绩落后、言语减少、行为乖张、身心异样，才发觉自己的孩子有心理问题，这时才提高警惕，慌里慌张地带着孩子来就诊的。

“忽略甚至回避与孩子交流的家长比比皆是。”上海市精神卫生中心儿童行为研究室的杜亚松主任说：“他们（父母）不知道孩子有什么心理问题，也不知道怎样去沟通；而实际上，在孩子成长的各个年龄段，父母都应该起着举足轻重的作用。”

中国有句老话叫“防患于未然”，也有类似的成语“未雨绸缪”“曲突徙薪”。等到隐患暴发才去治理，等到暴雨降下才去撑伞，等到房屋失火才将柴草转移，这都是没有远见者的愚蠢做法。而真正好的教育是发现孩子有异常的神情或行为时，就要赶紧与孩子进行交流和沟通，挖出孩子心中隐藏的“定时炸弹”，要在炸弹炸响之前将其排除。

如果总以为孩子出现一些异常行为和言语不足为怪而对此掉以轻心、听之任之，那么等到这颗炸弹爆炸了，后果将不堪设想。如果等到引起了严重的后果再想办法补救，不但费时费力，还不一定能恢复到原来良好时的状态。说一句毫不客气的话，孩子生来是让父母教养和疼爱的，不是用来做父母粗心、疏忽的试验品的，更不应该让孩子为父母的麻痹大意买单。

有些家长全身心地投入到自己的生意中或者一心扑向工作，希望给孩子创造一个好的生活条件。他们的一个共同点就是对自己的孩子的教育问题不管不顾或者是疏于关注，从来没想过要与孩子好好地沟通，让孩子在自我摸索中一天天长大。有些干脆让孩子寄居在自己的父母家里，让老人帮自己带孩子。

殊不知，孩子的成长不仅需要一个良好的生活环境，更需要一个温暖的臂弯和一双倾听的耳朵。父母总是以为给了孩子好的生活条件就万事大吉了，可是往往事与愿违，他们的孩子不但不会因为他们提供给自己的优越生活条件而快乐，反而会因为生活的枯燥和寂寞而变得内心失落，继而出现这样那样的心理问题，这就是典型的“丢了西瓜去捡芝麻”。

7. 永远别说伤害孩子的话

很多家长都明白，尊重和爱是孩子的基本心理需要。而这个需要会体现在父母平时对孩子的表扬与鼓励之中。毋庸置疑，孩子想听表扬，想要上进，想成为一个优秀的人。有关专家研究表明，家长在教育孩子的时候，需要由衷地欣赏、赞美孩子，需要学会从多个角度挖掘孩子的闪光点，用发自内心的喜悦感染、打动孩子，使其保持健康积极的心理状态，并最终把自己的闪光点发挥到极致。但是如果因为孩子没有取得让你满意的成绩，没有达到你心目中的目标就遭到了你的谩骂，那么，不但不能起到好的作用，还极有可能适得其反。

对孩子，永远不要出口伤人

“己所不欲，勿施于人。”对待孩子也是如此。要知道，自尊心和年龄无关，每个人都有。和成年人不同的是，孩子的自尊心更加脆弱，就像一只透明的玻璃杯，虽然美，但一碰即碎。因此，父母教育自己的孩子时充分地尊重孩子就显得至关重要。

诚然，生活中有各种各样的琐事和不愉快，有各式各样的烦恼和不如意。但这不能成为父母对孩子说负气话的理由。也许，你们情急之下的言辞事后还可以弥补道歉，但对孩子的伤害却有可能是永久性的。因此，永远不要对孩子说负气话，更不能对他们出口伤人。父母在和孩子交流的时候，要时刻注意自己的言谈措辞，也许在不经意间，父母的一句话就伤害了孩子的自尊心，这绝不是危言耸听。

孩子的心灵比父母想象的要更加脆弱。父母的一句鼓励，会使他们信心百倍；而父母的一句呵斥，就可能让他们萎靡不振。要知道，孩子还小，调皮捣蛋、惹是生非可以说是他们的天性。在很多时候，父母难免会为孩子做出的某件事情而生气，气头上口不择言，可能会说出一些使自己后悔的话，这些话可能使孩子的尊严受到极大的伤害。比如“你真是个笨蛋”或者“我从没见过像你这么坏的孩子”如此等等。如果在父母的口中说出来，会让孩子觉得连父母都这么评价自己而导致自我否定，不仅影响父母与孩子之间的亲子之情，还会打击孩子的自信心，甚至影响他们的人生观，后果不堪设想。

慈慈的父母来自农村，后来通过自己的努力进了城市，但生活还是不富裕，都是工薪阶层，每月的收入也只够该月开支，还要还不菲的房贷，所以给女儿的零花钱十分有限。慈慈在学校里看着同学们背着新书包，穿得像个小公主，吃着各种各样的糖果和零食，而自己的衣服和书包已经用了很多年了，显得很土，课间休息时想吃根冰棒也没有钱买，越发感到自卑。她开始讨厌爸爸妈妈，讨厌这个家庭。

有一天吃晚饭，她看着桌上已经很久没有变过的饭菜，再也忍受不住，突然向父母大发雷霆：“既然你们没有钱，为什么还要生我，让我跟你们一起受苦？”想到自己和丈夫辛辛苦苦地维持这个家，却被女儿这样指责，慈慈的妈妈越想越气，把碗筷一放，指着慈慈说：“不愿意吃就走，我辛辛苦苦地养你，你这么没良心，哪儿远给我走哪儿，看谁会要你这个白眼狼！”听完妈妈的责骂，慈慈吓坏了，心里也越来越讨厌这个家。

为了避免伤害孩子的自尊心，父母要认真考虑将要说出口的话。如果可能给孩子的心灵带来伤害，就要压抑住自己的怒火，提醒自己不要脱口而出，在心里多想一下应该如何对孩子说，孩子听了后会有什么反应，等等。如果父母每次想对孩子发火时都能这样审视自己，久而久之，父母对情绪的控制能力就会越来越强，面对孩子时也就能心平气和地去倾听、理解，而孩子在这样的环境中成长，对他们健康的身心塑造有着极其有利的影响。

因此作为孩子的父母，一定要懂得嘴下留情，不要用语言伤孩子的心。在孩子犯错的时候，不是张口就骂或伸手就打，而是应该用心考虑该以怎样的话语提醒教育，让他们认识到自己的错误。除此之外，父母还应该尽量从正面的、积极的、健康的、亮丽的角度审视孩子、肯定孩子、表扬孩子、激励孩子，让孩子有一个美好的成长历程。

别让你的话语吓跑了你家的“小天才”

很多家长都有一种“望子成龙，望女成凤”的心理，他们习惯性地用近乎苛刻的眼光来鞭策自己的孩子，希望他们出类拔萃，一路优秀到底。也正是因为有了这样的心理，他们便使出浑身解数，只为让自己的孩子能很“争气”地成为“小天才”，为以后的成长开一个完美的头。

平心而论，做家长的应该教育孩子从小树立远大的志向，也应该告知他们想要实现自己的理想需要不断的努力。这其中会有成功，也免不了失败，要给他们动力，也要给他们压力。但这种压力如何给，给多少却是一种艺术。给他们压力，让他们不至于懈怠，但又要适当，不要让他自卑不要让他精神紧张。这期间，值得注意的是，一定不能在孩子遭遇挫折和失败的时候雪上加霜，对他们横加指责，或者是出口伤人。

可以毫不夸张地说，教育才是天下最值得深究的艺术。在孩子的成长期间，父母充当的应该是一个引导者、喝彩者、鞭策者的角色，而不是一个批评家、评论家、否定者的角色。很多时候，你的孩子就是因为你无休止的谩骂和否定，而与“小天才”失之交臂，也与日后的发展和成功擦肩而过。

所以，无论你有多么怒火中烧，都不要图一时之快，用言语伤害了自己的孩子。下面，举出几句对孩子伤害最大的话，作为孩子的家长，一定谨防自己也说出这些话语，伤害了自己的孩子。

第一句：笨蛋，没用的东西。

没有天生就是笨蛋的孩子，是谁无情地给孩子贴上了“笨蛋”的标签？如果你不想让孩子真的成为“笨蛋”，就要学会赏识你的孩子。

第二句：住嘴！你怎么就是不听话。

没有人说得清“听话”的孩子到底好不好。不要一味要求孩子服从自己，要给孩子争辩的权力，培养有主见的孩子，学会与孩子沟通。有时候，比起以暴制暴，沉默和倾听会更行之有效。

第三句：没有原因，我说不行就不行。

谁也不是神仙，是凡人就会犯错。一意孤行与唯我独尊不能教育出懂事的孩子。惧怕不等于信服，尊重孩子的选择，你才能获得孩子的尊重。

第四句：我再也不管你了，是好是坏，随你的便！

尊重孩子的意愿，他不喜欢不感兴趣的东西，不要强迫他执行。如果是必要的事情，就要试着换种方式让他接受，“破罐儿破摔”摔坏的不仅是你自己的期望，同时也有孩子的自信。

第五句：你可真行，这种事也只有你能做得出来。

在孩子的世界里，孩子要学会当一个运筹帷幄之中、决胜千里之外的“参谋”，而不是当一个只会发号施令的“司令”。要知道“早恋”不是洪水猛兽，要善意疏导，“小偷”的帽子更是扣不得。接纳孩子犯的错误，和孩子一起解决问题。

第六句：一看你就没多大出息，将来就捡破烂吧！

家长希望孩子出人头地，这本无可厚非，但是也要摆正期望的天平。永远不要对孩子说：你做不到。和成年人一样，孩子也需要赏识，渴望被肯定，给孩子一个机会，成就他们的同时，也成就了你自己。

第七句:都是一样的孩子,你怎么就不如别人!

教育之所以称为艺术,就在于它不能统一模式,不能原样照搬,要懂得因材施教。不要让你的数落和打击使孩子患上“习得性无助”的疾病。告诉孩子:成功不在于角色的大小。只要他们自己在每个明天都比今天更进一步,那就值得肯定。人与人的先天资质是不同的,人与人的成熟期也是不同的。所以,不要说你的孩子不如别人,来日方长,孩子的前程又怎么能被你的一句话判定?

父母最头疼的就是孩子不听话,不爱学习,不懂事。可是,这也正是孩子的本性。也正是因为孩子有这样那样的毛病,才会需要父母的指点和教育,家庭教育才显得倍加重要。孩子犯些错误并不可怕,做家长的要细心观察,巧妙地引导,让孩子脱离歧途,为孩子塑造一个健康积极的身心。那些因气愤而脱口而出的话语,非但不能让孩子幡然醒悟,还会给孩子的心灵加上更重的枷锁,严重的还会使孩子产生逆反心理,与父母的期望渐行渐远……

8. 用爱倾听,改变孩子的不良习惯

孩子在成长的过程中,因为这样那样的原因可能会出现一些不良习惯,比如撒谎,霸道,不懂礼貌等等。出现这些情况的原因有很多,并不一定就是孩子“学坏了”,也不一定就是孩子的本质表现。因此,当你的孩子出现这些情况的时候,该怎样面对,怎样处理呢。

用爱为你的孩子驱走不良习惯

早期教育对孩子人生的影响很重要。如果早期的教育不合理，或者不完善，孩子出现了很多不良的行为或心理习惯，那在以后就很可能因为先入为主而很难再扭转。而如果孩子已经出现了一些不良的习惯，家长又没有采取合理的补救措施，那么事情只会越变越糟，陷入恶性循环。因此，家长不但要在教育孩子的早期投入充分的关注，避免孩子出现不良习惯，还要随时做好准备，万一孩子出现不良习惯，也一定要正确地对待，理智地处理。

叶子5岁了，刚上幼儿园大班。平时小叶子很爱学习，不用爸爸妈妈催促，就能自觉地完成自己的作业和手工任务，还能帮妈妈做一些家务，可以说是一家人的“开心果”。有一天，叶子妈妈在单位中听同事说，孩子的老师让孩子把测验的试卷拿回家让家长签名。奇怪的是，叶子和同事的儿子同在一个班级，自己却从来没有听说过这回事。下班后，叶子妈妈匆匆地赶到幼儿园，偷偷地和老师交流了一下，果然发现叶子没有交上那份试卷，还说是弄丢了。

回到家，妈妈问叶子：“宝贝，你信任妈妈、爱妈妈吗？”叶子不明所以地点点头。妈妈蹲下身子，抱着叶子说：“那叶子宝贝会让妈妈不开心吗？”叶子摇摇头。妈妈接着说：“那么妈妈给叶子讲个故事吧。美国有一位总统叫华盛顿，他小时候很聪明，爸爸妈妈也很爱他。可是，有一天，别人送了他一把崭新的斧头，他因为好奇想试试斧头锋利不锋利，就把花园里那棵爸爸最喜欢的樱桃树给砍了。事后，他害怕极了，怕爸爸生气打他，也怕爸爸以后不爱他了，小华盛顿躺在床上一晚上都没有睡着觉。第二天，天刚亮，他就主动找爸爸承认错误。爸爸笑着说，他早就知道了这是小华盛顿干的事。小华盛顿问爸爸为什么没有揭穿他，没有惩罚他。爸爸说，他更希望自己的孩子主动承认错误。相比一颗樱桃树，他更愿意拥有一个诚实的孩子。”听完故事，叶子低下头，眼里噙满了泪水。

过了一会儿，叶子趴在妈妈的耳朵边说：“妈妈，我对你撒谎了，我考试只考了98分，没得到满分，我怕妈妈不爱我了，所以我就把我的测试试卷藏起来了。妈妈，你不知道，我也一晚上都没有睡着觉。妈妈，你是不是很生我的气，不爱我了？”妈妈抱起来叶子，笑着说：“妈妈刚才有点生气，以为叶子不再信任妈妈了。不过，现在妈妈知道叶子长大了，懂事了，妈妈更加爱叶子了。而且叶子要相信，妈妈无论什么时候都爱叶子，所以叶子以后都不需要隐瞒妈妈，好不好？”看着叶子擦着眼泪，笑着的样子，妈妈心里终于松了一口气。

不得不承认，说谎作为孩子可能会出现的不良习惯之一，确实是一种令人讨厌的虚假行为。如果发现孩子说谎，父母肯定又气又急。有些父母更是不问青红皂白，认为孩子犯下了不可饶恕的错误，往往将其痛打一顿。老师有时候也会不留颜面地批评学生，想起到以儆效尤的作用。

可是，不难发现，这样的方式并不管用，反而会让孩子产生惧怕心理，以后有什么苦衷更会向家长隐瞒。因此，作为家长，应该先仔细分析孩子撒谎的原因，以做到对症下药。只有解决了孩子撒谎的根源问题，才能从根本上改掉孩子撒谎的不良习惯。而解决问题的方式就是用爱去感化和引导，给孩子更多的关爱和了解，给孩子更多的尊重和肯定，让孩子由衷地认为父母是最好的倾诉对象，可以把心中的苦衷告诉他们，可以把内心的隐忧告诉他们。这样一来，也就阻绝了孩子不良习惯延伸的途径，自然也就“和平”、完美地消除了家长心中孩子的担忧和孩子成长的隐患。

倾听孩子的苦恼，改变孩子的不良习惯

观望现今的社会，大多数家庭都是只有一个孩子，所以“小皇

帝”“小公主”的现象特别普遍。与此同时，家长也往往因为只有一个孩子，从而把全部的期望都压在了孩子的身上。从孩子出生到上幼儿园，再到小学、中学，可以说是无所不用其极地为孩子的成才做铺垫。父母含辛茹苦地养育孩子，如果孩子出落得聪明伶俐、品行端正倒还好，一旦孩子出现了一些不良的习惯或是出现了一些问题，家长就如临大敌，如履薄冰。

从小时候的撒谎，使性子，横行霸道，做事没有恒心、三分钟热度，到大一些时的好逸恶劳，滋事生非，欺凌弱小，违法乱纪，不讲信用，不爱学习，甚至逃学，早恋，沉迷网络，抽烟喝酒，夜不归宿等等，都足以让家长无所适从，手足无措。可是，从孩子的不懂事，到叛逆的现象中，也多少反映了家长教育的不够完善或是缺失。毕竟“人之初，性本善”，一个孩子出了问题，不代表他本来就是一个有问题的孩子。

如果父母一开始就给孩子下达了“问题儿童”“问题少年”的判决书，非但不能让孩子认识到自己的无知和叛逆的严重性和消极性，还会因为家长的强硬有加、理解不够而心生怨烦，问题也就越来越棘手，错误也有可能更加严重，一发而不可收拾。所以，孩子出现问题的时候，要耐心开导，找到孩子的苦恼和苦衷，先让自己做出好的改变，再用爱去感染和化解孩子心中的阴暗面，让他走出阴霾，迈向晴朗。

孩子出现那些不好的习惯固然让人生气、让人恼怒，但是生气归生气，理智的处理还是必不可少的解决方案。此时，切忌因气急败坏，怒火攻心而对孩子拳脚相加或是唇枪舌剑地质问孩子。爱孩子不仅体现在孩子听话时的呵护、爱怜和疼爱有加，更体现在孩子出现坏习惯出现问题时的谅解、疏导和冷静对待。因此，用爱倾听孩子的内心，用爱化解孩子的苦闷，用爱照亮孩子的盲点，才是改变孩子不良习惯，提升孩子自身素质和潜能的一剂良方。

专家研究表明，孩子说谎常常只是为了逃避惩罚，或者保全爸爸妈妈对自己的爱。所以，如果父母以减少“爱”或打骂等方式处罚孩子，只会让孩子为了逃避自己不想要的惩罚，而采取更加高级的说谎和欺骗行为。孩子出现不良行为是个征兆，表明他有了不被重视、惧怕惩罚或缺少爱的感觉。因此，此时父母唯有用爱才能改变孩子的不良行为。

9. 倾听孩子的自卑，提升孩子的自信

有关人士调查发现，很多有自卑心理的人，当问及自己的自卑心理怎么形成的时候，都会说它与自己小时候的经历有关。要么是幼儿园阿姨说自己是个笨孩子，要么是小时候，父母总是指着别人家的小朋友说自己不如他们可爱、漂亮或聪明……就这样，久而久之，就真的觉得自己什么都做不好，自己是一个不优秀的人。因此，在教育孩子的时候，一定要避免进入这个“雷区”。要知道，父母对孩子的评价直接影响着孩子的成长和心理形成。如果不想让孩子成为一个自卑的人，就不要总是说“不可以”“你不行”“你真笨”之类的话，而是试着用心去发现孩子的优点，放大优点，让孩子从小就成为一个有自信的人。

及时发现孩子的自卑源，驱走孩子的自卑

孩子在小时候，只要没有什么生理原因，智商和情商都相差不大。有些孩子会在沟通中越来越聪明，越来越优秀，而有的孩子却

在冷落中越来越羞涩，越来越自卑。可见，如果处理不好孩子的心理问题，不能认真倾听孩子的内心的话，对孩子的以后有着多么负面的影响。

中国有句古语叫做“日思一获，日思一过”。这句话的意思是说，每天在睡觉前思考一下“今天我收获了点什么，今天我做错了点什么？”其实，每个人的问题并不多，即便是暂时还不够优秀的孩子，如果每天都有一点收获，每天都能发现自己的一个问题，并能不断地改正，那么，很快你就会发现孩子的问题正在快速减少，信心也会大大提升。值得注意的是，只有他自己主动地认为自己不比别人差，自己不需要自卑，才能从根本上消除自卑心理的困扰。而父母应该用倾听的方式，了解到孩子自卑心理的产生原因，并把这种“日历式”的鼓励教给孩子，让他的自卑随着自己每一天的自我审视、自我肯定而慢慢消失，最终建立起自信。

航航是个不爱说话的孩子，在学校里总是一个人独来独往，不喜欢和别的同学玩，也不喜欢回答老师的问题。在一次家长会上，班主任把航航的情况告诉了他的家长。

航航的爸爸带他回到家里，他吓坏了，他以为爸爸会教训他。但是，爸爸没有教训他，而是和他来到书房，爷俩一起坐在沙发上。爸爸笑着对航航说：“我让妈妈在外面给咱们做好吃的，咱们两个男子汉在书房里开个小会，你愿意跟爸爸聊聊吗？”航航有些吃惊，但还是点点头。这时，爸爸小声问道：“老师说我们航航不爱说话，也不跟别人玩，也不爱回答老师的问题，跟爸爸小时候很像。不过，现在爸爸早就不是这样了，那么，航航能告诉爸爸为什么这样吗？”航航低下头玩弄自己的衣角，爸爸摸摸他的脑袋，说：“你告诉爸爸，爸爸可以为你保密，在你愿意让爸爸告诉妈妈之前，就让它作为我们两个的秘密，好吗？”

这时，航航抬起头，慢慢地说：“邻居家的小哥哥和我比赛背唐诗，他背得很熟练，我背得很慢，他笑我笨，所以我就不爱和别人说话，我害怕别人说我笨。”爸爸听了航航的话，认真地说：“怎么会呢？航航已经做得很不错了，你没有哥哥背得熟练是因为你还小啊。不过你已经比爸爸强很多了，爸爸像你这么大的时候，只会背三首唐诗，还总是要让别人开个头，我才能背下去。”听了爸爸的话，航航显得很高兴。

第二天来到教室，航航就主动和同学打招呼，慢慢地，他的爸爸妈妈和老师同学都发现，航航变得不那么沉默了，变得开朗了，而且学习成绩也有了很大提高。

及时倾听孩子的自卑，找到他自卑的源头，解开他的自卑心结，并适时地用鼓励和赞赏的言语点拨他，让他自己觉得自己不比任何人差，别人能做到的他也同样可以做到。只有孩子由衷地消除了自卑的心理，才是真正意义上的建立了自信。而之后的成长过程中依然需要学会挖掘孩子的闪光，细心观察孩子的内心波动和情绪变化，一旦发现其自卑的端倪，就要立刻采取措施把这种负面心理消除，让孩子不被自卑压垮。只有及时发现孩子自卑的原因，帮助孩子消除自卑的心理，才能帮助孩子增强信心，释放不良情绪，更加轻松、积极地面对成长中的点点滴滴。

倾听孩子的自卑，帮助孩子建立自信

孩子出现自卑的心理，有很多时候是因为遭遇到了别人的否定，有可能是因为学校的老师同学对他的疏远，也有可能是父母对他说了一些不理智的话。总之，外界对他的否定，极有可能让他对自己的能力产生怀疑，如果否定他的那个人又是跟自己很亲密很熟悉的人，那么这种自卑心理就会更加严重。

如果发现自己的孩子出现了自卑的心理，首先要反思一下，自己是否对孩子有过不理智的话语刺激，或是行为暗示。如果不是，就要及时地和孩子进行沟通，用倾听的方式，挖掘出孩子自卑的原因，找到孩子自卑的症结。不能“病急乱投医”，而要“对症下药”。

豆豆是一个不喜欢画画的孩子。一次春游后，老师留了一个作业，就是画出春游中自己认为最美的东西。第二天，小朋友们都按时交上了作业，有的画草地上鲜艳的花朵，有的画蓝天上飞翔的小鸟，有的画自己穿着漂亮的裙子，甚至有的画了一块大石头压着一截树枝。

可是当老师翻到豆豆的作业本的时候发现，她的作业本上画的全是绿色，除此之外，一无所有。于是，老师轻轻地问她：“豆豆，你画的是什么呀？”她回答说是：“大海。”老师惊讶地问：“大海为什么是绿色的呀？”“小朋友们在海边吃黄瓜时，把黄瓜扔进了大海，把大海染绿了。”多么富有想象力啊。

其实，老师心理很清楚她不喜欢画画，甚至还有些自卑。老师想了想，笑着摸摸她的头说：“老师认为你画的大海很漂亮，你说是吗？”豆豆抬起头，说：“可是别的同学都说我的画很糟糕，糟糕透了，我讨厌画画。”老师低下身子，温柔地说：“怎么会呢？同学们都是跟你闹着玩的，他们是怕你骄傲，所以才提醒你，画得好了也不可以骄傲哦。”豆豆终于露出微笑，眨眨眼睛说：“真的吗？我就说我的画很漂亮，别的同学都笑我。现在我更相信我不笨，我以后一定会赶上别的小朋友的。”老师笑着点点头，因为她知道，不管豆豆的画是不是真的会赶上别人，至少她的心已经赶上别人了。

孩子有了自卑心理，一定要理性地对待。找到其自卑的原因，然后在以后的教育过程中，要学会采用赏识性教育，尤其是对孩子的自卑心理影响最为严重的环节和因素要着重过滤。这样才能帮助孩子走出自己的心理阴影和心理误区，让他看到自己积极的一面，而在这种不断的积极暗示中，他会越来越肯定自己，于是，自信心也就随之慢慢地建立起来了。因此，消除孩子自卑心理的方法就是：认真倾听，挖掘源头，着重击破，重建自信。

很多家长对于孩子的不爱说话，羞涩，内向，做事不积极，学习不优秀都很头疼，不知道问题出在哪里，有的家长还会怀疑自己的孩子是不是做了错事，不敢声张。其实，很多时候，孩子并没有犯什么错误，也不是故意沉默，很有可能就是遭遇了自卑心理的侵蚀。这个时候，一定要静下心来，和孩子好好沟通，找到让孩子产生自卑心理的原因，然后通过积极的暗示和鼓励措施，让孩子重新建立起自信，更好地融入到学习和生活中去。

第五章

用“爱”赞美，给孩子放飞梦想的翅膀

赞美是天才腾飞的基石，爱的赞美，可以让孩子在风雨兼程后收获雨后阳光，在山穷水尽时柳暗花明；爱的赞美，可以激励他们搏击长空，勇敢追逐自己的梦想；爱的赞美，可以给孩子插上飞上蓝天的翅膀，完美他们自己的成长，让孩子在有限的时间里向天空飞翔，给自己以梦的希望，从而带孩子走向成熟！

1. 用赞美点击孩子的缺点

赏识教育要求父母在孩子做一件事情的过程中，善于发现孩子的努力和进步。通过对孩子努力的赏识，进一步激发孩子的积极性，再正确地加以引导，让孩子逐步改进。用赞美来点击孩子的缺点，以达到督促孩子认识不足，改正缺点的目的，不失为教育孩子的好方法，身为父母不可不知。在赏识孩子的过程中激励孩子，让孩子获得继续前进的勇气和动力，这才是父母应该做的。

赞美是世界上最美妙的话

日常生活中，我们经常会听到一些家长对自己的孩子说这样的话，“你这孩子可真笨，看人家小朋友多聪明”、“你为什么就是不听父母的话呢，见到人一点礼貌都没有，你看人家小朋友多有礼貌”、“你在学校干什么呢，怎么就考这么一点分，你看人家怎么就考那么好”，“看人家小朋友多干净，你怎么就不讲卫生”等等。有些家长总不分场合地给孩子这种结论性的评价。家长的这种攀比心理对孩子有害无益。

拿自己的孩子和别人家的孩子去比较也没什么大不了的，属于正常之事，但不正常的是有些家长不能对比较的结果进行一分为二的分析，他们只看到了别人家孩子的长处，看不到自己家孩子的优点，动辄批评、指责孩子，恨不得自己的孩子每一方面都比别人的孩子强。这种心理往往使孩子产生自卑感、嫉妒心理，并会渐渐地丧失自信心。

这样的家长不知道这种只考虑自己感受的做法，既不能弥补自己孩子的不足，也不可能使自己的孩子拥有别人孩子的长处，而且还极大地伤害了自己孩子的自尊心。这样做的次数多了，时间久了，就会让孩子从心理上感觉到自己不如别人，从而逐渐失去自信心，也很容易让孩子产生逆反心理，对孩子性格的形成非常不利。

美国通用电气公司董事长杰克·韦尔奇小时候口吃，深感自卑，无论什么场合，他总是尽量紧闭双唇，甚至害怕与人交往。

一天，韦尔奇和同学去餐厅吃饭。他点了一份金枪鱼三明治，没想到服务员却给他端来两份。他有些奇怪地问："我只点了一份，你怎么给我上两份？"服务员解释说："我明明听到你点了两份金枪鱼三明治。"原来，韦尔奇在说金枪鱼三明治的时候因为紧张而说成了两份。韦尔奇尴尬万分，委屈的泪水在眼眶里打转。

回到家后，他向母亲哭诉了自己的遭遇，母亲拍拍他的小脑袋，爱抚地说："孩子，那是因为你太聪明，所以你的嘴巴无法跟上你聪明的脑袋。"韦尔奇破涕为笑，他不再自卑。后来他发奋学习，45岁那年成为美国通用电气公司历史上最年轻的董事长和首席执行官。他在自传中说："那是我听到过的最美妙的一句话。"

无独有偶，卡耐基小时候是一个公认的坏孩子，到处搞破坏，惹是生非。在他9岁的时候，父亲把继母娶进家门。父亲向继母介绍卡耐基时说："亲爱的，希望你注意这个全郡最坏的男孩，他可让我头疼死了。"

继母亲切地托起卡耐基的下巴，微笑着对丈夫说："你错了，他不是最坏的孩子，而是最聪明、但还没有找到发泄热忱地方的孩子。"继母的话让卡耐基心里热乎乎的，眼泪几乎滚落下来。就是凭着这一句话，他和继母开始建立友谊。也就是这一句话，成为激励他的动力，使他成为20世纪最有影响力的人物之一。

一句鼓励的话可以托起一个人的自信、尊严和灵魂。

"如果一个孩子生活在批评中，他就学会了谴责；如果一个孩子生活在讽刺中，他就学会了害羞；如果一个孩子生活在鼓励中，他就学会了自信；如果一个孩子生活在表扬中，他就学会了感激……”因此，作为家长，请不要吝啬对孩子的赞美，因为赞美是春风，它给孩子温馨；因为赞美是火种，它可以点燃孩子心中的憧憬与希望。

一项医学试验证明：人在得到别人赞美的时候，脑内会分泌出一种叫做脑内吗啡的物质，这种物质能让人心情愉快，使脑细胞变得年轻，人体免疫能力增强。当孩子对自己的表现也很满意时，他才会更努力地去改正出现的错误。每天给孩子一个鼓励，或赞美、微笑、拥抱等，会使你们亲子间的关系更加融洽。

以正确的方式对待孩子的缺点

“金无足赤，人无完人。”每个孩子都会有这样那样的不足，但是孩子的可塑性又很强，究竟怎样对待孩子的缺点呢？

1. 父母要和孩子多进行心灵的交流

父母在指出孩子的缺点时，大多数孩子都会有逆反心理。当父母和孩子没有人格意识上的平等时，双方的交流就会很困难，更不会有实质上的沟通。

此时，作为父母，要想让彼此的交流真正起到积极的作用，就要站在孩子的立场上去思考一些问题并付诸实际行动。对于孩子来说，这样的沟通会使他们对父母产生信任感，会更加理解父母的良苦用心。通过彼此真诚的沟通，孩子就会明白父母真正想让他们做什么，并懂得为什么要做的道理，这样的方式往往可以起到事半功倍的效果。

2. 不要随随随便便否定孩子的思想行为

孩子如果遇到了困难，作为家长千万记着不要指责孩子，要采取具体的措施去帮助他们克服困难，逾越障碍。千万不能对孩子说，你这不行，你那不行，这个危险，那个太难，要鼓励他们去大胆地探索。给孩子留一点适当的空间，那更加有利于他们自身的发展。要懂得赏识你的孩子，不要单一化或者僵化地看待自己的孩子。要懂得赞扬孩子的优点，但是又要指出他们的缺点，要实事求是地评价自己的孩子，同时还要注意表达方式。

3. 对于自尊心较强的孩子，用暗示点化的方法

暗示，就是通过行为、思想的代码言语、手势、情境来释放主体能量的过程。自尊心、自信心很强的孩子，受暗示性比较强。在暗示下，孩子能够根据自己的价值标准对道德问题进行判断。倘若我们能以一颗诚心、爱心去关注孩子的缺点，就一定能收到较好的效果。

只有正确对待孩子的缺点，有意识地潜移默化，耐心细致地引导，孩子的缺点才会转化为优点。

家长要客观分析孩子的不足，努力寻找有针对性的解决办法，帮助孩子一步步地改正缺点。此外，家长更应该看到自己孩子的优点、长处，并适时地表扬、鼓励孩子，帮助孩子树立自信心，指导孩子扬长避短。

2. 在他人面前多赞扬孩子

在他人面前，孩子的自尊心会更加强一些，所以，父母如果当着别人的面批评和训斥孩子，将会大大地伤害孩子的自尊心。赏识教育的理论告诉父母，对孩子一定要多赞扬、多鼓励，少批评、少责骂。经常对孩子赞扬、鼓励，尤其是当着别人的面赞扬孩子，有助于孩子产生成功感和荣誉感，从而增强他们学习和做事的信心。因此，我们应该把对孩子的赏识扩展到别人的面前，要善于当着别人的面赏识和尊重自己的孩子，让孩子充分感觉到父母对他的重视和欣赏，从而激励孩子产生无穷的力量和信心。

不要吝啬在别人面前表扬自己的孩子

在别人面前表扬自己的孩子？有些家长一听到这句话，就会表现出一种怀疑的态度：“那可使不得！这不是我的作风啊！我的孩子那么差！批评他还来不及，难道还要在他人面前表扬他？再说，现在的孩子往往心高气傲的，取得一点小小的成绩就自以为了不得了，再表扬表扬就不知道成什么样子了！要是在别人面前表扬，他还不知道变成啥样呢，岂不是要飞到天上去了！”

其实，在我们周围，内心这样想的家长有很多。他们总是认为，在人前表扬孩子很容易造成孩子爱虚荣、骄傲自满的倾向；一些被当众夸惯了的孩子，有一点好的表现，没被注意到就会感到委屈，甚至有的孩子为了夸奖而弄虚作假，这样对孩子的成长非常不利。所以他们不喜欢在别人面前表扬孩子，但却喜欢在别人面前批评孩子，常常数落自己孩子的“缺点”。

中国有很多家长对孩子总是批评多于表扬，总认为表扬孩子过多会让孩子产生自满心理，其实，这种顾虑并非没有道理，但好孩子往往是“夸”出来的，只要把握好尺寸，家长就不要吝啬在别人面前表扬自己的孩子。

一次，康康的爸爸请几位朋友来家里吃饭，餐桌上，几个人开始谈论起各家的孩子，可是他们都是在夸奖别人的孩子，却没有一个夸奖自己的孩子。这时，康康的爸爸非常兴奋地说道：“你们都别互相吹捧了，我还就觉得我们家康康好，我这儿子既聪明又听话，还特别关心别人。就前几天，我干活累了，他还帮我捶肩揉背呢。儿子的小手捶在我的肩膀上，别提有多舒服了！”

说到这些话时，康康爸爸的几个朋友都用羡慕的眼神看着他，其中一个朋友说："康康真是个好孩子，我们真羡慕你！"

"其实你们的孩子也都很好，只是你们光挑他们的毛病，却忽略了孩子的优点。"康康的爸爸对朋友们说。

康康在自己的房间里听到了外面爸爸和朋友们的谈话，心里甭提有多开心了，他决心以后更加努力学习，绝对不辜负爸爸对自己的赞赏和期望！

俗话说："数子十过，不如奖子一功"，"赞扬如阳光，批评如利剑"。作为家长，千万不要吝啬自己对孩子的溢美之词，哪怕是在别人面前，只要有助于培养孩子的良好习惯，增强自信心，父母就要慷慨地给予表扬，不要考虑是不是当着众人面。在很多情况下，表扬和鼓励是改善家长与孩子之间关系的最重要技巧之一。这一技巧的运用可以帮助孩子建立自信和自尊，使之成为能正视现实、克服困难，而不是追求完美主义的人。尤其是在他人面前表扬孩子，不仅能增强孩子的自信心，更能增加孩子对家长的信赖感。

孩子也有独立的人格和自尊心

一位著名的教育家多次讲"孩子需要表扬，就如植物需要浇水一样"。可见，表扬的作用对教育孩子有多么重要。但遗憾的是在生活中，家长往往不重视表扬，他们更关心的是怎样"应对"孩子的不"规范"行为，根本不考虑孩子的行为究竟是表现了怎样的心态，应如何"对付"这些导致不"规范"行为的原因。

很多父母都是发自内心、真心实意地爱着孩子的，孩子也有着让他们感到自豪和骄傲的地方，但是他们却很少当着别人的面夸奖自己的孩子。与之相反，当自己的孩子做了错事或者是不能让父母满意时，父母会用手指戳着孩子的额头数落道：你看人家谁谁的孩子怎么怎么样好，怎么怎么样有出息。殊不知，不管真是出于恨铁不成钢的心理，还是出于对自己孩子的谦虚，这种"壮别人志气灭自己威风”的行为都会对自己孩子的心理产生很大的挫败感，时间久了，就会让孩子觉得自己确实不如别人，甚至连自己的父母都不喜欢自己了。

有一些父母本来可能是出于无心或者是好意，没有想到却对自己的孩子带来了伤害，有时候还会让孩子产生一种“破罐子破摔”的心理，做出让父母更加不满的事情来，最后情况越来越差，甚至在父母和孩子之间形成一种恶性循环。

在对待自己的孩子问题上，作为父母一定要改变这种褒人贬己的做法，不要总拿自己孩子的不足去比别人孩子的长处，而应当反过来，多发现自己孩子身上的优点，并且把它们大声说出来。当你当着别人的面表扬孩子时，对孩子产生的激励作用是非常大的。

经常对孩子进行表扬、鼓励，尤其是当着别人的面表扬孩子。无论是男孩、女孩，都与父母一样有一种不可凌辱的独立人格和自尊心。教育孩子的基本原则，是在维护孩子的自尊心、尊重孩子人格的前提下，以十分关切的心情和非常冷静的态度，适时适地运用适当的方法给孩子指出“过失”的危害性及改正的办法，并允许其有一个过程，使孩子认识到父母是自己值得信赖的。这样，教育的效果会更好一些。

在别人面前赏识自己的孩子时，有以下几点需要注意：一是赏识孩子的态度必须是认真和真诚的。不能因为炫耀自己或者敷衍别人而故意吹嘘，夸大孩子的优点。二是必须有根有据。要根据孩子的平时表现来赏识孩子，不能因为赏识而赏识，凭空捏造事实，让孩子感觉你在作假。三是要适可而止。不要说起一件事来就没完没了，让孩子感觉到非常的不自在。要知道，赏识的话并不是说得越多越好，有时候说得多了反而没有好处。

3. 发现和放大孩子的闪光点

每个孩子都有许多优点，而父母总是盯着孩子的缺点，认为管好孩子的缺点，才能让孩子更好地成长。其实，这样做就像蹩脚的工匠，是不可能找出完美瓷器的。每个父母都应该善于发现孩子的优点，让孩子在自信中成长。孩子渴望赏识就像人需要阳光和氧气一样。小孩子认不清自己，需要靠成年人的表扬来认识自我，增强自信。所以，父母要善于发现自己孩子的优点，让孩子在自信中成长。充分发挥赏识正面、有效的教育作用。

让孩子在自信中成长

成功父母与失败父母的区别之处在于，前者将孩子对的东西挑出来，把他的优点挑出来，而失败父母总是一眼就看到了孩子的缺点。“人有八种智能，而学习好的人，只是语言智能和数学智能较好，而不同人的优势是不一样的。只要父母用心观察，就一定能够发现孩子的优点。”作为父母，放大孩子的优点，适度地表扬孩子，让孩子获得自信，对于孩子的健康成长是非常重要的。

生活中，很多父母总是惯于寻找、放大孩子的缺点，总是习惯于拿孩子的缺点同其他孩子的优点相比较，常常说别人家的孩子这方面不错，那方面不错，如何如何好。而自己的孩子，总是“千疮百孔”，好像总是一无是处的样子。

小东是个聪明且调皮的男孩，经常会出现许多“小问题”，制造诸多“麻烦”。

这一天，妈妈刚刚回家，听到爸爸正在生气地指责小东：“没收拾好自己的物品，就跑出去玩！说你多少次了，你怎么老是爱摆个烂摊子啊？”

说到气头上，爸爸又开始批评小东的其他诸多错误，如粗心、脾气不好、贪吃等。

妈妈瞧瞧小东，正满不在乎地嘟着嘴，满脸的不服气和不情愿。为了缓和僵局，妈妈若有所思地说道：“小东身上是存在缺点，我想他自己知道那样做不对。每个人都有缺点的，可每个人身上也是有优点的啊！”

爸爸领会了妈妈的意思，定神后说：“是啊，有缺点不要紧，只要能改正。其实小东身上有许多优点，比如很爱劳动，喜欢主动帮助孩子。”

妈妈接着说：“还有呢，做事情很认真，学本领很聪明呢。”

小东本来以为妈妈也会批评自己，谁知竟然夸奖自己。他被爸爸妈妈夸得都有些不好意思了。

最后妈妈说：“小东有这么多优点，我们也很为你骄傲，如果能将自己的缺点改掉变成优点，那么小东会是个了不起的人，大家会对你另眼相看的。”

听了妈妈的一席话，小东轻轻点点头，仿佛若有所思。

从此之后，小东的很多“毛病”果然都改掉了。

面对孩子，要想彻底根除他们的坏毛病，最好的方法便是竭力发现和放大他们的优点、闪光点，并进行真心地赞扬，引导其成为改掉不良行为的动力，使孩子建立自信，健康成长，从而迈向成功。

每一个成长中的孩子，如果父母爱他，他就会认为自己是可爱的。他会感觉到自己是家庭中的宝贝，他的生命的存在就是一个大优点。假若父母总是打他，批评他，奚落他，他就会从此萎靡不振，这样对孩子的健康成长只能起到负面作用。

找到孩子的优点并不断地表扬

很多父母也非常想表扬自己的孩子，但往往觉得找不到值得表扬的优点,这该如何办呢?其实,想发现和放大孩子的优点并不难。

对待孩子,不要总是盯着其学习成绩一个方面,孩子的性格,孩子的文明礼貌,孩子的劳动表现,孩子的交往情况,孩子的文体才能,孩子的兴趣爱好,孩子的动手能力,孩子的卫生习惯等,当然还有孩子的学习,都是评价孩子的因素。父母考虑的方面多了,自然就容易找到表扬的内容。即使对学习本身也应该全面分析,不能只看分数。学习的认真程度,预习复习的情况,各门功课情况,写字是否工整,卷面是否干净,会不会使用工具书,愿不愿意虚心请教他人,有没有自己检查作业的习惯等,都应当思考一下,也会找出一些优点。

父母只要细心观察孩子,就会发现孩子有进步的地方。可能对问题的认识提高,分析问题能力增强,可能某方面科学文化知识增加,可能有一次作业进步或者一次考试进步,可能在劳动或公益活动方面表现较好,可能在文艺、体育方面取得了好成绩等等。

父母关键是要拿孩子的今天跟昨天,而不是跟别的孩子比,哪怕发现孩子一点微小的进步,也应给予及时的肯定。不应该由于横着比高标准要求,认为孩子的进步不大就不值得一提,就漠视孩子的点滴进步,进而忽略掉。

对于孩子来说,父母表扬越多优点就越多,训斥越多毛病就越多。赞美是父母送给孩子最好的礼物。每天都要挑出孩子一天里做对的事情进行赞美。父母要先告诉孩子,当然有什么好的表现,父母会赞美他,并告诉孩子父母对他做的事情有多么高兴。关于表扬,父母应该注意要中肯、适度。不过分夸大,也不无端缩小;要有分析地表扬,不能过于笼统,要让孩子知道表扬的是他的哪一点,为什么表扬;要注意场合、时间,根据孩子的个性特点和年龄特点,宜采用暗示的就采用暗示,该向老师汇报的就汇报;对有骄傲情绪的孩子应适当减少表扬的频度,提高要求;对缺乏自信,有自卑感的孩子要通过肯定点滴进步培养孩子的自信。

教育孩子，父母要用"放大镜"去观察孩子，当父母为孩子的缺点烦恼时，不妨静下心来，从头到尾，认真回味一下孩子身上至少不会令你烦恼的地方。如果你这样做，你总会发现孩子身上的可爱之处，或许，孩子的一个小动作，或许一个微笑，都可能打动你的心。

4. 教孩子虚心，避免自负

骄傲是谦虚的对立面，是前进的大敌，是失败的阴影。一个人的成绩都是在他谦虚好学，扑下身子实干的时候取得的，当他什么时候骄傲了，自满自足了，他就必然会停止前进的脚步。而骄傲自满，固步自封不但是个人成长进步的障碍，而且还会造成伙伴关系的紧张。父母在对孩子进行教育时，一定要让孩子警惕骄傲情绪，做到谦虚、谨慎、不骄、不躁。

让孩子明白谦虚的重要性

"谦虚使人进步，骄傲使人落后。"这句话一点也不错。越是成功的人越是谦虚，他不会因为别人的称赞而沾沾自喜，也不会因为别人的批评而心存怨恨。

在现在的家庭环境中，很多独生子女往往不能正确对待荣誉与成绩。他们会因为骄傲自大看不起朋友和同学，偶有一点进步就沾沾自喜，甚至有的会把集体的成绩看成个人的。这些表现将会使他们不再进步甚至会脱离朋友和同学，脱离集体，进而失去目标。著名学者、教育家谢觉哉曾说:“一知半解的人,多不谦虚;见多识广有本领的人,一定谦虚。”父母要让孩子明白这个道理,并将这个道理慢慢渗透给孩子。

20世纪世界上最伟大的科学家之一——爱因斯坦,他活到老,学到老。当别人问他:“您可以算是物理学界空前绝后的前辈了,以您现在的年龄,何不舒舒服服地休息,而要选择继续学习、研究呢?”

爱因斯坦听了,在纸上画了一个大圆、一个小圆,说:“在目前的状况下,在物理学领域,我所知道的是这个大圆,你知道的是小圆,我比你略多一些。但是在这个大圆之外,物理学知识是无边无际的,我要学的知识还很多。”

9岁的儿子问:“爸爸,你为什么那样有名呢?”爱因斯坦笑了笑,说:“你看,瞎甲虫在球面上爬行的时候,并不知道它走的路是弯曲的。我呢?正相反,有幸察觉到了这一点。”

像爱因斯坦这样一个伟大的科学家都能有这样一种谦虚的态度,何况普通人呢?事实上,也正像爱因斯坦所说的,任何一个人哪怕在某一个领域有很高的造诣,但也不能说彻底精通了,因为任何一门学问都是无穷无尽的,如果不努力,很容易就会被后来人超过。

事实上,使一个人产生骄傲的真正原因并非是饱学,而是无知。同样,一个人的谦虚也不是因为他比别人差,恰恰相反,他甚至会超越那些自以为是的人。谦虚与骄傲的原因在于一个人的总体修养怎么样,而不在于多读了几本书或是多做了一些事情。

哲学家苏格拉底被公认为最聪明的人,好像没有什么事情是他所不知道的,但是苏格拉底却一点也不这样认为。他说:“不可能!我唯一知道的事情是,我一无所知。”

像苏格拉底这样博学多才的大哲学家,却认为自己什么都不知道,可见他是多么谦虚。也正是这种谦虚让他不断进步,但是很多人却认为自己是天下第一,这样的人,迟早会跌跟头的。

如何引导孩子学会谦虚

在生活中，父母应该如何引导孩子克服骄傲的习气，在立身处世中学会谦虚呢？

1. 告诉孩子骄傲自负的坏处

骄傲是一种不良心态，聪明的孩子很容易产生骄傲自满的情绪。父母要让孩子明白“满招损，谦受益”的道理，告诉孩子骄傲的危害。父母可以通过给孩子讲一些名人小故事，让孩子明白谦虚的好处、骄傲的危害，让他自觉地做一个真正谦虚的人。

2. 掌握表扬孩子的艺术

在教育孩子的过程中，表扬和鼓励是非常有必要甚至是必不可少的。但是任何一种语言只有使用得适度，才能取得预期的效果，过度则会产生“副作用”。因此，父母表扬孩子时一定要慎重，遵循实事求是的原则，切不可盲目夸大，而是表扬他具体的行为，比如说：“你帮助同学打扫卫生，很热心。”而不是“你做得不错”、“你真是一个好孩子”。同时，当众表扬孩子时，父母也一定要谨慎，不拿孩子的优势与其他孩子的弱势相比。

3. 适时提醒孩子，不要让其有傲慢心理

孩子之所以会产生骄傲心理，往往是由于自己有某一方面的特长或优势。父母应该先弄明白孩子产生骄傲的原因，比如，学习成绩比较好，在某方面有艺术潜质、运动天赋，或是被老师或者其他人表扬了，等等。找到原因之后，父母才能对孩子进行针对性的教育。

4. 不让孩子在他人面前炫耀才能

当孩子学习诸如英语、钢琴此类的知识或技能后，父母不要鼓励孩子在别人面前显示这些才能，这样做是避免孩子产生一种骄傲心理，导致“伤仲永”式的结局。在孩子长本领阶段，主要还是要让他踏踏实实、认真地学习，一定要注重知识的积累。同时，父母要理智地多鼓励他的每一个小小的进步。

5. 让孩子正确对待别人的批评建议

引导孩子虚心接受别人的批评。批评建议往往是孩子有了错误时别人的指正，或某一件事情做得不够好的时候，别人的好心提醒。对于孩子来说，如果能够虚心倾听别人的建议，他就能比较清楚地认识到不足，并不断充实和完善自己。但处于成长中的孩子可能不会理解这一点，被批评时，往往带有很大的负面情绪，比如是被老师当着全班同学的面批评时，更难以接受。这个时候，父母可以通过聊天、留字条、写信等方式让孩子明白老师的良苦用心，缓解孩子的负面情绪。

自信是一种积极的人生态度，它能使一个人乐观上进；而骄傲则是对自己的一种片面认识，是盲目乐观，通常会让人不思进取，产生一些负面作用。对于父母来说，应该努力培养孩子的自信心，但不能让他们滋长骄傲自满的情绪。两者从表面上看有着很大的相似性，常会使人迷惑，孩子们常会把自己一点点的小得意看做是自信的表现，这时候，父母应该让孩子分辨出自信与骄傲的区别。

5. 保护好孩子的好奇心

小孩子有更强的好奇心。他们常常会指着那些新奇的东西，问这是什么，那又是什么，为什么会这样……家长们可千万别小看孩子们这些奇怪的思想，这中间往往蕴藏着不可预测的潜能。某些专家在研究北大、清华学生的学习动力时，发现所有的动力原型都是对知识的新鲜感，即好奇心，好奇心是人获得智慧的关键。保护孩子的好奇心就是保护孩子的未来幸福，这方面家长是不能忽视的。

不能扑灭孩子好奇的火花

随着年龄的增长，人的好奇心也会慢慢消退，人们开始对周围的事物变得漠不关心起来；失去了探索和求知的兴趣。所以对于孩子的"淘气"，成人是不能够理解的，他们一般都会认为孩子是在同大人作对或者是不懂事的表现，于是对孩子或严厉斥责，或置之不理。殊不知，孩子正是通过他的淘气行为在探索、检验自己的一些异想天开的想法呢！这些想法和行为就是孩子好奇心的表现。而大人的粗暴、忽视、干涉和误解会在很大程度上伤害了孩子，长此以往，有可能使孩子失去探索周围事物的兴趣，变得麻木不仁，扑灭了孩子好奇的火花。从某种意义上说，作为家长其实是极不称职的。

父母一定要保护孩子的好奇心。作为父母，一定要理解孩子。如果孩子告诉父母看到了新鲜好奇的东西，父母表现出一副漠然的样子，就会冷了孩子的心。当孩子向你提出问题的时候，或许你当时非常非常地忙，抽不出空来听听孩子说些什么，或许你的知识实在有限，无法立即回答孩子的问题，或许你自己的思想层次还不够高，一时还听不懂孩子的问题症结之所在；但不管是什么原因，当你无法马上回答孩子问题的时候，千万不要直接脱口就说出"不知道"，把问题敷衍了事，因为这样做会造成孩子慢慢失去对事物的求知欲与好奇心，并且容易影响你自己在孩子心目中的地位，越来越显得无足轻重。

其实，"不知道"还有相当多可以替换的说法，例如"等会爸爸陪你一起去找百科全书看看，好吗？”“你先上网去搜寻一下有没有相关资料，妈妈等一会儿再陪你一起学喔！”“不要急，凡事都会有答案，先给爸爸一些时间处理完手边的工作，马上好！”……以上这些替代性的回答，都可以为你换来宝贵的时间，当你处理完手边的工作，或是搞清楚了孩子所问的问题，你应该马上就陪你的孩子一起去找答案，与孩子一起来发现学习知识的喜悦。

有个孩子的母亲，因为孩子把她刚刚买回家的一块新手表当成新鲜玩具拆卸摆弄坏了，她非常生气，于是就狠狠地揍了孩子一顿，并把这件事告诉了孩子的老师。老师幽默地说：“恐怕一个中国的‘爱迪生’被枪毙了。”接着，这位老师进一步分析说，“孩子的这种行为是创造力的表现，您不该打孩子，要解放孩子的双手，让他从小有动手的机会。”

“那我现在该怎么办呢？”听了老师的话后，这位母亲觉得非常有道理，仔细想想自己的行为，她感到有点后悔。

“补救的办法还是有的，”老师接着说道：“你可以和孩子一起把这块金表送到钟表铺，让孩子站在一旁看钟表匠怎样修理，这样，钟表铺就成了课堂，钟表匠成了先生，你的孩子成了学生，修表费成了学费，孩子的好奇心就可以得到满足了。”

这个故事发生在半个世纪以前。故事中的那个老师就是我国著名教育家陶行知先生。陶行知先生是一个非常崇尚创新精神的人，在他一生的教育生涯中，特别重视对孩子创造性的培养。

孩子之所以会提出一些问题，完全是由于好奇心。可是有些父母则会对孩子说：“问这么多干嘛，你烦不烦啊？”也许，孩子的好奇心就在父母的不断喝声中被毁灭了。其实，父母也可以注意倾听孩子的问题、想法，尊重孩子的观点，积极地引导孩子的好奇心，培养孩子独立思考、探索新知的能力。这样，孩子就能在不断的发现和思考中增强创新能力。

第五章 用"爱"赞美，给孩子放飞梦想的翅膀

保护孩子的好奇心，激发求知欲

著名教育家陈鹤琴曾说过："好奇动作是小孩子得着知识一个最紧要的门径。"好奇心能够激发孩子的学习欲望和热情。孩子只有对学习产生了兴趣，才能从学习中体验到快乐，才会热爱学习，并主动学习。

好奇心是孩子们的天性，也是孩子们敢于探索新知，敢于创新的动力。创造精神就像是一双巨大的翅膀，能带着孩子在知识的天空里展翅高飞。父母可以从保护孩子的好奇心开始做起，培养孩子的创造精神。

那么，怎样做才能保护孩子的好奇心，激发他们的求知欲呢？

1. 正视孩子的"破坏行为"

小孩子天性好奇，他们的头脑中总是充满了许多新奇的念头，于是他会毫不犹豫地付诸行动。因此成人不能轻率地将孩子的某些违规行为定性为"破坏"，而应该真诚地相信每个孩子都有良好的愿望。同时设法了解孩子行为背后的真正原因，看到孩子内心真实的需求和动机。在肯定和鼓励孩子探索行为的基础上，对孩子讲清道理，提供问题的答案，满足孩子的好奇心。如果条件允许，也可以多提供一些廉价、安全的玩具，让孩子尽情地进行"探究"。

2. 耐心地倾听孩子的提问

喜欢提问题是孩子思维活跃的表现。例如，他们会问："天空为什么是蓝色的？""冬天的时候玻璃上为什么会出汗？""鱼都有鱼鳞吗？""飞碟是怎么一回事？"对于孩子的提问，家长应该耐心地倾听、尽量回答孩子的问题，有些不太明确的问题可以翻阅书籍寻找答案。对一些稀奇古怪实在难以回答的问题，也千万不要不耐烦，要耐心地告诉孩子："世界上有很多事情，对于所有的人来说都还是一个谜，希望你长大以后去寻找答案，做个有学问的人。"这样就

可以使孩子明白自然现象非常复杂，需要好好学习知识，努力探索，引导孩子主动学习科学知识，把他们的好奇心转化为求知的动力。千万不要不耐烦地打断他们的提问。成人重视孩子所提的问题，对保护儿童的好奇心是非常重要的。

3. 满足孩子的收集欲

孩子眼中的"宝"，可能在一些大人眼里平淡无奇甚至是"破烂"的东西。在孩子的眼里，普通的一颗小石子就是一粒闪光的宝石，一片干枯的树叶也是美丽无比的神奇树叶，如果成人轻率地将这些看来毫无价值的东西扔掉，就有可能扼杀了孩子的好奇心。所以，家长应尽可能地满足孩子的收集欲。

4. 积极回应孩子的问题

随着年龄的增长，孩子的语言表达能力也逐渐增强，他和家长的对话中就增加了许多的问号，"是什么"、"为什么"、"会怎样"等类似的问题五花八门，大有打破沙锅问到底的趋势，搞得大人很头疼。其实这种追根究底的精神，正是智力教育的精髓。家长应给予支持和引导。一些研究表明，正是由于家长的态度使孩子感到沮丧，从而放弃了对问题的提问，使孩子的好奇心随着年龄的增长而渐渐泯灭了。孩子提问题的时候，作为家长，应该放下手头的事情，做出注意倾听孩子说话的姿态：弯下腰，目光注视孩子，用点头和微笑鼓励他，并且用语言表达出对孩子所提问题的兴趣。

5. 掌握语言技巧

和小孩子讨论问题时，大人千万不要急于表态。不要轻易表扬孩子："这很对。""这很好。"这种语气往往使孩子觉得讨论即将结束。大人应改用另一种语气："呀！这么有趣"或者"我怎么没有想到"；当讨论遇到困难时，不要老是说："快想想"，那样会让孩子感到茫然，而应说："这样做行不行呢？"然后提出启发式建议，引导孩子自己想出解决的办法。成人懂得语言艺术，可以更好地启发孩子们去思考一些问题。

要成为一名合格的家长，就应当多抽一些时间去陪陪孩子，听听孩子们的内心在想些什么，并适当地加以引导。其实，培养孩子爱好自然科学、爱动脑筋，并不需要多么高深的理论、多么昂贵的设备，只需家长珍视孩子们可贵的好奇心，并加以循循诱导，相信一定会有意外的收获。

6. 给孩子的批评包“糖衣”

在孩子成长的过程中，难免有犯错误的时候，这时父母的批评责备是很有必要的。但是，一些父母不注意策略，常常大声训斥，甚至拳打脚踢，结果收效甚微，甚至适得其反。心理学家指出，父母责备孩子时要能讲究艺术性，要爱护孩子的自尊心，维护他们的人格尊严。只有父母教育得当，才能使孩子真正改正缺点和错误，快乐健康地成长。

批评话儿轻轻说

批评孩子一定要客观，就孩子所犯错误本身讲道理，提要求，不要加入过多的感情色彩，张口闭口用侮辱贬低性的语言：“你真没出息”、“你真蠢”。如此责骂，不仅不能把孩子往好的方面引，还会让孩子失去信心，破罐子破摔，甚至走上歪路。批评应当恰如其分，在客观公正地指出孩子所犯的错误后，用积极正面的语气对孩子进行引导。批评应当对事情不对人，孩子和大人，被批评者和批评者，人格上应该是平等的，正是基于这一点，家长才能严肃认真又心平气顺地对待孩子。

李单和王磊上同一所幼儿园，两个孩子都很聪明。一次，幼儿园老师给她们布置了10道简单的算术题，让他们回家做，并且要求他们做完之后要让父母检查。

晚上，李单把做完的作业给妈妈看，妈妈看完了，对李单说："李单真聪明，一共10道题，我们李单做对了9道，还有一道题也只是和正确答案差了一点点。6＋7等于13，你的答案是12，只差一个。现在你来算算，6＋7等于几啊？"

"是13。"

"不错，以后继续努力啊！"

李单听完妈妈的话，心里美滋滋的，同时认认真真地把做错的题改正了过来。

王磊也把做完的作业给爸爸看。爸爸看了一遍，非常生气地对他说："6＋7怎么会等于14？你怎么算的，这么简单的题目都算错了，以后怎么办？"王磊低着头听完爸爸的训斥，一晚上他都没有再说一句话。

后来，他们都上了小学。虽然他们俩的天资和努力程度都差不多，但是他们从父母那里得到的却完全不同。李单的成绩一直在全班排前三名，而王磊却从来没有进过前20名。

在父母过高期望值的追逼下，王磊不敢有一丝一毫的懈怠，久而久之，在他的潜意识里也认为自己怎么做都达不到父母的要求，因此没有一点点的自信与快乐。进入高中以后，他的学习成绩在班上只排到中等，面对父母时时流露出的责备和失望的目光，王磊感到非常的痛苦，同时，他还有一种焦灼不安的感觉。在这种痛苦而又焦灼不安的情绪中，他无法进入正常的学习状态，到了高三，他的学习成绩越来越差，在班上已经变成了差等生，以至于连大学都没能考上。

父母的宽容与苛刻，造就了两个完全不同的孩子。

“金无足赤，人无完人”，每个孩子都会有这样那样的不足之外，面对这些问题，父母正确的做法应该是用宽容和鼓励帮助孩子建立自尊、自信和自我价值，并在宽容和鼓励的过程中赏识孩子，与孩子建立良好的亲子关系，使孩子对新事物、对学习保持一种高度的兴趣。

孩子的可塑性非常强，每个孩子的缺点都有可能转化成优点，关键在于教育者是否采用科学的教育方法。如果每位老师、父母都能积极引导孩子，把他们的缺点转化成优点，那么，我们就没有必要为孩子学业成绩不佳而愁眉不展，也没必要为孩子调皮捣乱而犯愁。

让孩子“接受”你的批评和教育

家长在批评孩子时应注重“度”，把握好“分寸”，避免“物极必反”的超限效应。“不及”固然达不到既定目标，但“过度”又会产生超限效应，非但起不到应有的效果，甚至会出现一些反作用。

在批评孩子时，一定要弄清楚是什么样的情况，要让孩子知道自己为什么挨了批评，错在什么地方，切忌乱批评，不弄清情况瞎批评。有些孩子之所以把父母、老师的批评当耳旁风，就是没有批到点子上，或者没弄清情况，使孩子不服。开了这样的先例，以后父母、老师的批评就没有了权威性，批评的效果自然也就没有了。

对于孩子的缺点和错误应适时适度地指正。小孩子时间观念比较差，加上喜欢玩儿，刚犯的错误转眼就忘了。因此，家长指正孩子要趁热打铁，千万不可拖拖拉拉。及时的责备和指正能使孩子把对过错的愧疚联系起来，对过错的记忆和认识就会进一步加深。

作为父母，不可以当着外人的面，也不要在人多的公共场所批评自己的孩子，更不要在亲戚朋友面前说孩子的不是。如果这样，不但不能使孩子改正所犯错误，还会使其丧失自尊心。时间久了，次数多了，孩子会对批评产生一种无所谓的态度，变成“厚脸皮”孩子，严重的还会产生消极情绪，甚至在心灵上留下不可磨灭的创伤。当然，不应该抓住孩子的缺点和错误不放，整天挂在嘴上，甚至无端地、经常地训斥孩子，这样会把孩子弄得不知所措。同时，也不能采用有害孩子身心健康的做法来惩罚孩子，如打骂、恐吓、讽刺、挖苦、不准吃饭、睡觉等。

孩子犯了错误，如果父母直接责备孩子，往往会遭到孩子的抵制。因此家长不妨讲点策略，比如说沉默，用暗示的方法间接地批评孩子。沉默往往能达到责备孩子的效果。孩子到了一定年龄阶段，就能够分辨简单的是非、善恶、真假、美丑。一旦做错了事，心里便会担心父母责骂他们。如果正应了孩子心里所想的，他反而会有一种“如释重负”的感觉，对过错也就不以为然了。相反，如果父母以沉默对待，严肃地凝视孩子一会儿，孩子反而会“不自在”起来，进而反省自己的错误，达到改正的目的。

用责备他人的相同过错来暗示孩子，这也是批评孩子的一种方式。这个“他人”最好是孩子所熟悉的故事、电视中的角色。这样一来，在自尊心或者信心没有受到打击的情况下，孩子已经“接受”了家长的批评和教育。

“数子十过，不如赞子一长”，孩子多喜欢听表扬话，不愿听批评话，甚至一听批评就心理逆反。因此，父母在批评其不足之前，应真诚地赞扬他的进步，或者巧妙地用赞扬其进步代替批评其不足。孩子犯了错误之后，在简明扼要抓住要害、严肃认真地指出错误后，要更多地给予肯定的语言。如“你是有出息的”、“我相信你肯定会争气的”等，给予孩子正确的引导。

7. 让赏识伴随孩子成长

赏识是一种发自内心的对孩子的赞扬和欣赏，欣赏孩子的优点，也接纳孩子的缺点，倡导成长的快乐与喜悦。比如孩子考了倒数第一名，父母的责骂势必会让他产生抵触情绪，甚至厌学。但如果告诉孩子："你是班上潜力最大的学生"，用这种鼓励的方式，则会增强孩子的自信。

不可忽视赏识的力量

心理学家威廉·杰姆斯曾经说过：人性最深层的需要就是渴望别人的赞赏。获得家长的赞美和肯定是孩子心理的需要。孩子的这种需要一旦得到满足，他们身上的潜能就会奇迹般地被激发出来，所以，明智的家长从来都不吝惜对孩子的赞美。赏识越多，无论是孩子或成人，老人，他们的自信心就越强，心理作用是不可忽视的，它存在着很大的潜力。

有个幼儿班的孩子，他非常调皮好动。班主任老师告诉这个孩子的母亲：您孩子一节课连5分钟也坚持不住。母亲回到家里，笑着对孩子说："宝宝，今天老师表扬你了，说你有进步，一节课有5分钟可以坐得稳稳的、乖乖的。"宝宝听了很高兴，第二天上课果然有5分钟能坐稳。

读小学时，一次开家长会，老师告状：你的孩子的成绩是班级倒数十名之内，很难教！母亲回来后，孩子问："妈妈，今天家长会老师跟你说了什么？"母亲说："老师在提起你时，说你的成绩有进步，不在班级倒数十名之内了！"孩子听了很高兴。

中学到初三时，班主任老师把孩子的母亲叫到办公室，诚恳地对她说："您的孩子按目前的成绩考高中有点困难。"母亲回家后，对儿子说："儿子，班主任老师对你抱有希望，说你只要能努力，会考进高中的。"孩子听后很自信。

高考前夕，母亲有预感，儿子可能会进重点大学。

后来，当孩子学业有成出国留学后，他写信给母亲的第一句话："妈妈，没有您的赏识和鼓励，就没有我的今天，您是世界上最伟大的母亲！"

这一切的改变都来源于赏识的力量！赏识，它符合孩子那种希望得到他人肯定和欣赏的心理。赏识教育是让父母、孩子都学会翘起大拇指的教育。赏识教育的特点是注重孩子的优点和长处，逐步形成燎原之势，让孩子在"我是好孩子"的心态中觉醒。

"人类本性中最深刻的渴求就是受到赞美。"赞美就是赏识，是信任、尊重、了解、激励、宽容、提醒；是相信孩子的长处、优势；是保持平等的人格关系；是尊重孩子、了解孩子的天性和爱好，了解他们的心理需求。孩子在成长中，身上有一些不良习惯和弱点是难免的。望子成龙，盼女成凤，人之常情，无可非议。然而，不管你对子女成才的愿望有多么强烈，都应循序渐进，切忌"慌不择路"。教育有其内在的特点与规律，必须在遵循教育规律和树立正确理念、掌握科学方法的前提下有序进行。宋人"揠苗助长"的故事，想必大家都知道。在教育孩子方面，便表现为"双语教子，子变口吃"之类的憾事。

赏识就是多肯定，少否定，多鼓励，少泄气，多赞扬，少斥责。赏识是关注孩子的优点和长处，让孩子觉得"我能行。"赏识是关注孩子心灵深处的需求，为孩子营造一个愉快、舒展的成长空间。

"良言一句三春暖，恶语伤人三春寒"、"相信自己，你是最棒的！"这些都是赏识教育的一个缩影。赏识促进成功，抱怨导致失败。赏识使孩子变得越来越好，抱怨使孩子变得越来越坏。赏识是承认差异，允许失败。对孩子进行赏识教育，尊重孩子、相信孩子、鼓励孩子，可以帮助孩子扬长避短，克服自卑、懦弱心理，树立自信心。

父母应当这样赏识孩子

赏识教育是生命的教育，是爱的教育，是充满人情味、富有生命力的教育。人性中最本质的需求就是渴望得到赏识、尊重、理解和爱，每个人、每个孩子都是为得到赏识而来到人间的。我国教育家陶行知先生曾经说过：“教育孩子的全部秘密在于相信孩子和解放孩子。相信孩子、解放孩子，首先要赏识孩子。”

赏识固然重要，但赏识也不是廉价的，要注重方法和角度去赏识，这样才能达到事半功倍的效果。在孩子成长的道路上，父母应当如何赏识孩子呢？

1. 学会宽容孩子

孩子在成长过程中，免不了会有缺点和错误。对孩子，父母一定要学会宽容，因为宽容氛围有益于孩子改正错误，健康成长。当孩子意识到所犯的错误，下决心改正时，父母一定要表示赞赏，给予鼓励。不要用怀疑的态度来对待孩子的承诺，更不要讽刺挖苦孩子；同时家长一定要对孩子改正错误充满信心。因为，孩子一旦对自己的问题有所认识时，最需要家长的理解和帮助，他们需要家长对自己的赞赏和支持。如果没有家长的赞赏和支持，孩子会感到非常痛苦，很可能就不想再去改正错误了。

2. 努力发现孩子的优点

由于各种因素的差异，孩子与孩子之间各不相同，不仅身高、胖瘦和长相有区别，而且智商有高有低，能力有强有弱。家长千万不能因自己的孩子某些方面比别的孩子差就轻视自己的孩子。父母要努力发现孩子的优点，特别是发现他们与众不同的优点，要多想想自己孩子的优点并且学会欣赏孩子的优点。当然，这种做法并不是说要忽视孩子的缺点，对自己的孩子护短；也不是夸大孩子的优点，盲目骄傲自大；而是为了让家长树立起一种理念，即："我的孩子是最棒的！"也是让孩子树立起一种信心："我是最好的孩子，我是值得父母骄傲的！"

3. 孩子做了好事要及时给予赞赏

孩子如果做了好事，父母若能给予赞赏，会造就孩子好的品格。孩子做好事的积极性是很高的，他做好事，除了道德观的教育很重要外，主要是通过父母和老师的引导后，产生的一种兴趣。因此，孩子做了好事后，想得到赞扬的期望值是比较高的。如果孩子做了好事得不到父母的赞扬，那么慢慢地，孩子就会降低做好事的兴趣，甚至会影响到他们对是非的判断。

4. 孩子进步了，要给予表扬

孩子有了进步，哪怕是一点点的进步，都说明孩子已经付出了努力，取得了成绩。无论孩子付出了多少努力，取得了多大的成绩，家长都要及时地对孩子所取得的成绩给予肯定，让孩子感受到来自父母的赞赏。因为父母的激励最能调动孩子的积极性，孩子会加倍努力的，所取得的进步一定会越来越多，由少到多，从量的变化到质的飞跃。

5. 在孩子失败的时候加以赏识

孩子失败的时候，父母也要给予赏识。对于这个观点有些父母可能不太理解。其实，孩子失败的时候可能更需要这赏识鼓励。如果这时不"赏识"孩子，孩子可能得到的不仅是失败，而且还有失败留给他的沮丧心情，这可比失败本身可怕多了。而有了父母的鼓励，孩子就能从失败中得到一些可贵的东西。

尊重和爱是孩子的基本心理需要，这个需要会体现在父母平时对孩子的表扬与鼓励之中。每个孩子都想听表扬的话，都想要上进，家长要肯定这一点。因此，专家指出，家长要想由衷地欣赏、赞美孩子，需要学会从多个角度发现孩子的闪光点，用发自内心的喜悦感染并打动孩子，使其保持健康积极的心理状态。

8. 赏识孩子的努力和勤奋

赏识孩子的勤奋和努力是非常重要的，父母应当明白这一点，并且对孩子的努力给予最热情的支持和鼓励。不要因为自己孩子的不聪明而气馁，而应该为孩子的不努力而担心。很多情况下，父母应该故意淡忘孩子的聪明，而重视孩子的努力，并把这种理念传递给孩子，让他们感觉到只有努力才能获得父母的认可和夸奖，进而逐步明白一个道理：聪明往往只能决定一时的成败，而努力则决定了一世的命运。

从另一面去"发现"孩子

有时候，也许孩子因为马虎，算错了一个数字，最后导致整个题目的结果错了。这时，父母首先该怎么做？是训斥孩子算错了，还是表扬孩子找到了解题的方法。许多父母可能会首先想到前者，他们孩子所得的结果是错误的，但是过程中他们所付出的努力和收获却是宝贵的。例如一道比较难的数学题，孩子通过冥思苦想，终于想出了计算方法。当他运算的时候，只看到孩子的结果做错了，而没有看到做事过程中孩子的努力与收获。所以，建议父母们，每当你觉得孩子错了，想骂他、打他的时候，一定要从另一面去"发现"孩子。

萌萌小的时候学东西比别的孩子慢半拍，他的父母曾为此非常担心，孩子以后会学习好吗？能跟上其他孩子的学习进度吗？萌萌上小学了，就当父母都认为萌萌不会有什么好成绩的时候，萌萌却带回了一张100分的试卷。这是一张数学测验的试卷，上面被老师画满了红色的勾勾。

"这是你的卷子吗？"妈妈有些不相信，她吃惊地问萌萌。"当然是我的，不然还会是谁的啊！"萌萌自豪地对妈妈说。"萌萌真不错，告诉妈妈你是怎么考出这么好的成绩的？"妈妈问道。

"老师讲课的时候我经常听不明白，所以下课之后同学们都出去玩，我就把不懂的地方拿去问老师，老师再给我讲一遍，我就全懂了！做作业的时候如果有不会做的题，我就把老师讲的课再复习一遍，不会做的题也就会做了。所以考试的那些题目我都会做，就考了100分。"萌萌高兴地对妈妈说。听了萌萌的话，妈妈更自豪了，虽然自己的孩子算不上聪明，却如此好学和努力。

赏识孩子的努力和勤奋，告诉孩子成功与失败并不是对立的，它们不过是一种比较，有时，成功只是比失败多了一点点，只要努力与勤奋，就是在不停地前进。就像本例中，萌萌的父母看到了孩子努力与勤奋，并由此为自己的孩子感到由衷地欣慰。

赏识孩子的努力和勤奋是一种重要的激励孩子的手段，它之所以有效，一个重要的心理前提是每个孩子都希望讨父母欢喜，每个孩子都信任父母的权威。赏识孩子的努力和勤奋，孩子从父母那里得到肯定，跟父母的关系自然就会更融洽，自然就会减少许多不听话行为。

如何赏识孩子的努力和勤奋

那么，作为父母，怎样才能在赏识孩子的努力和勤奋中做得更好呢？

1. 为孩子设定“小目标”

不要认为赏识教育就是如何夸奖孩子，要针对孩子的实际情况，先为孩子设定一个“够得着”的小目标，这本身就是一种有效的赏识，而且这种情况下的赏识不会产生“副作用”。

设定一个“跳一跳，够得着”的目标。如果孩子不需要跳起来就够得着，那就失去了目标的意义。但如果跳起来也够不着，那就不能让孩子获得成功和自信，反而可能会让孩子有一种失败感，会为此而感到沮丧。

这个目标该怎样设定呢？第一，父母应该对孩子的能力和现实条件有一个正确的认识，切忌急于求成；第二，关于目标的设定，应当和孩子一起决定，这样不仅能听取孩子的意见，也能让孩子更有积极性；第三，如果父母对孩子的情况没有把握好，最好与孩子的老师商量一下；第四，可以考虑给孩子设定一个只要努力就一定能够得着的目标，这样，可以通过目标的实现增强孩子的自信心。

2. 强化孩子的目标意识

让目标在孩子心中扎根。比如父母可以把要让孩子达到的目标写在孩子经常可以看到的地方，比如墙上悬挂的黑板上，或者用彩色纸写了贴在墙上。如果目标有一定的时间限度，那么再给孩子一本“目标日历”，显著地标明目标应该完成的那一天。

3. 不可过分强调孩子的潜能

作为父母，应强调孩子“一定能行”。但是这种办法只是对一部分孩子管用，而对另一些天性比较胆怯的孩子来说，可能反而会增加其心理负担。

4. 偶尔可以用激将法激励一下孩子

比如有一种游戏是走吊桥，吊桥晃来晃去，又没有扶手，孩子害怕。这时，父母不妨先走过去，对孩子说："你要是不过来，我们就走了。"让孩子明白自己处于一种必须依靠自己力量克服困难的境地。

想要激励孩子在学习上取得好的成绩，就不要夸奖孩子如何聪明，而是应该鼓励孩子刻苦学习。作为父母，应该始终记住一句话："所谓天才，是百分之一的聪明加百分之九十九的勤奋！"

9. 及时夸奖孩子的良好行为

中国教育学家陶行知深刻指出：教育孩子的全部秘密在于相信孩子和解放孩子。而相信孩子，解放孩子，首先就要学会及时夸奖孩子。没有夸奖就没有教育。及时夸奖孩子的良好行为，有利于帮助孩子塑造正面的行为和习惯，从而避免和减少孩子任性、逆反、不听话等负面行为。

关注孩子的每一点细微的进步

每个人或多或少都会有被赞美的需要，孩子更是这样。当他乐呵呵地把刚画好的一幅画捧到你面前时，当他兴冲冲地把在学校里得到的红花放在你手心时，当他扶起了不慎摔倒在地的小伙伴时，当他讲完一个故事、叠好一件衣服时，眼睛往往会望着父母，眼神充满着期待——他在期待父母的夸奖。

当然，孩子在学习或者生活中也总会有一些让父母不满意的地方——成绩没有别人好，做事没有别人快，脑筋没有别人聪明，但是，孩子一直都在进步才是最重要的。应该珍视孩子的进步。在孩子看来，只要自己取得了一点点进步，父母就应该是很高兴的，就应当表扬自己。

作为父母，一定要时刻关注孩子的每一点细微的进步，每一个小小的闪光点，要及时给予孩子夸奖和鼓励，让孩子从内心产生一种成就感和自豪感，从而促使孩子不断取得进步。

作为父母，在孩子表现不好或者成效不太明显的时候，千万不要打击孩子的信心和积极性，而是应该善于发现孩子哪怕是一点点的进步，对孩子的表现给予最大程度的宽容，对孩子的进步给予赏识，这将会让孩子建立或者重新拥有把事情做好的勇气和信心。

健健第一次打针的时候哭了，第二次打针的时候虽然也哭了，可相对来说哭的时间短得多。因为第二次打针的时候他的妈妈一直在给那儿的大夫说：“健健今天可棒呢，吃药的时候都没有哭（确实没有哭，只是反抗过，但反抗无效后乖乖地喝了），健健现在是个大孩子了，今天早上磕倒了没有哭自己就爬起来了……”总之都是在说健健的优点（全是事实）。看似妈妈是在炫耀，其实没有，她只是想通过她说的这些话，让健健能表现得更好。果然，健健的表现比前一天好多了。

回到家后，健健的姑姑问：“今天哭了没？”健健妈妈说：“今天表现不错，虽然哭了，但和昨天比进步多了，就哭了两声（事实如此）。”健健姑姑接着说：“健健真不错，下次我们要争取一声不哭。”健健这时虽然没有忘记屁股上刚刚挨了一针，但被家人这么一说也是满心欢喜，又开始玩耍了。

所以，不要认为孩子什么也听不懂，其实孩子聪明着呢，他们什么都听得懂。

父母夸奖孩子，好处真的有很多。学会夸奖孩子并不难，关键是你有没有这种意识，能不能认识到它的重要性。对于孩子来说，夸奖是一种激励。激励比批评和强迫的效果要见效得多。但夸奖孩子并不是一件易事，夸奖孩子要注意艺术。在家庭早期教育中，夸奖对孩子的成长所起的作用非常大。

夸奖孩子要掌握以下原则

1. 夸奖孩子要夸得准确

父母夸奖孩子，所夸的事实一定要准确，不夸大、不缩小。如果夸得不准，孩子就会产生疑问，起不到激励的作用。如果夸错了，孩子就会把错的当成对的，会产生严重的副作用。孩子把错的当对的，以后你想改过来都非常困难，因为他心目中的是非标准已经被父母混淆了。所以，父母一定要正确地夸奖孩子，为此，就须要多陪陪孩子，多关注孩子，只有熟悉了解自己的孩子，才能给予孩子必要而恰到好处的夸奖。

2. 夸奖孩子要夸得具体

对年幼的孩子来说，夸奖不能太笼统、模糊，不能简单地用“你真是一个好孩子”、“你真棒”这样的赞语说说而已，而应对孩子的优点和进步的具体细节给予肯定，使孩子明白“好”在哪里、“棒”在哪里，同时充分感受到父母的关注和爱心。

3. 夸奖孩子要真心及时

只有发自内心地夸奖孩子，孩子才能做出积极的反应。如果父母心不在焉，对孩子是一种敷衍了事的态度，孩子往往感到父母是在骗他。当孩子做了好事或有了进步时，父母最好是当时就给予夸奖和鼓励，这样做，孩子的荣誉感和成就感就会及时得到满足，进而把后面的事情做得更好。

4. 要经常夸奖孩子

孩子的成长过程是漫长的，一个优点和一个好的习惯的形成需要长的时间，所以，夸奖孩子也不能浅尝辄止，偶尔为之。要时常关注孩子的行为举止，经常夸奖孩子的进步。日积月累，孩子的进步自然就会越来越大。

夸奖会让孩子养成良好的习惯，减少不听话行为，作为父母，要时刻关注孩子，哪怕是孩子取得一个小进步，也要及时夸奖和鼓励，从而使孩子产生成就感和自豪感，促使孩子主动放弃不听话行为，促使孩子不断进步。

适当的夸奖对激动孩子进步很重要。美国哈佛大学心理学教授艾瑞克逊指出：对于学龄期的孩子，勤奋进取与自卑自贬是其成长中必经的发展矛盾。因此，作为父母，一定要懂得夸奖自己的孩子，夸奖孩子每一个小小的进步。

10. 不断鼓励自己的孩子

美国一著名教育家曾经说过这样一句话："在教育孩子的事情上，除了鼓励我不知道还有什么方法。"鼓励法听起来十分吸引人，但人们常常并不明白什么是鼓励。作为家长应该扬长避短，孩子有了成绩要给予鼓励，遇到困难需要鼓励，考试失利需要鼓励。家长的鼓励是对孩子最好的奖赏。要在恰当的时候对孩子多鼓励，少埋怨少训斥。所以鼓励对孩子来说是一种帮助，一种奖赏。

鼓励是孩子获得自信的源泉

在孩子的成长过程中，家长对孩子鼓励是非常重要的。鼓励就是给孩子一个锻炼及表现自己能力的机会，让他知道自己的行为可以给自己和别人带来积极的影响。鼓励并不像赞扬那样把注意力放在孩子身上，不是将孩子的好坏与他所做的事联系起来，而是把注意力放到孩子所做的事情本身，以及孩子做这些事情的时候所能得到的满足和成就感上。但在对待孩子的问题上，很多家长宁愿使用批评也不轻易去鼓励孩子。其主要原因就是他们认为批评才能达教育的目的，觉得鼓励会让孩子骄傲，会让孩子飘飘然。于是，一些家长便盯住孩子的缺点不放松。即使是面对孩子的进步也不肯表露一点赞赏、鼓励之心。其实这些都是没有必要的，这样做的结果只会是让孩子缺乏自信。

聪聪家所住的家属楼里，有四个同龄的孩子，他们经常在一起玩。但是聪聪的爸爸却想：如果让他们在一起学习、相互鼓励该多好啊！一天晚上，他把几个孩子叫到一起说："你们谁会讲故事啊？"于是几个孩子就开始活跃起来了，"我会讲龟兔赛跑。"、"我也会讲故事，老师教过我的。"那次他们讲了好多故事，但是都是老师教的。聪聪的爸爸为这群孩子的记忆力而感到欣慰。但他还是希望孩子应该有自己的故事！于是就告诉他们："以后我有空，就在我家举办讲故事比赛。你们自己在回家路上看到的，学校看到的，自己做的事情等等，都可以讲成故事。"就在第三天，几个孩子围成一圈开始讲述各自的故事。

每个孩子讲完，聪聪的爸爸都要说："好，讲得很不错，很有表情，很生动！但讲得还不流利，继续努力哦！"这样的故事比赛，聪聪爸爸已经举办过好多次了。在聪聪爸爸的鼓励下，孩子们都越来越自信，语言表达能力也在不断提高，更重要的是，孩子们开始注意收集身边发生的事了。

从这个例子中就可以看到鼓励所起的作用。无论在获得成功或遭到失败时，鼓励是孩子获得自信的重要源泉。在孩子眼里，大人的鼓励是对他能力的肯定以及行为的认可。有了这些，孩子就可以不带任何负担，大胆做事，而不必担心失败后家长的责罚，成功的几率自然要高。特别是孩子在遭遇失败时，总希望有人去帮助他，宽慰他。这个时候如果家长对他的失败熟视无睹或责备辱骂，孩子便会自暴自弃，自甘沉沦，进而出现更大的失败。

家长只有不断地鼓励自己的孩子，孩子才能逐渐地学会独立面对及处理各种事情，其中包括家长们最关心的孩子的学习问题。孩子通过学会做一些事情的经历，累积了一些成功的经验，逐渐地建立初步的自信。在鼓励的作用下，孩子认识到自己的潜力，并不断地发展各种能力，最终孩子会成为生活中的成功者。经常得到鼓励的孩子，不仅能力出色，而且性格也会变得开朗活泼。

如何鼓励孩子

家长要通过对孩子的鼓励，传达对孩子能力、人格的信任的良性信息。这种被人信任的信息会让孩子产生一种极大的上推力，有力量来克服他每时每刻都会遇到的困难。鼓励对于孩子就像阳光对于小树，没有它，孩子就不能茁壮成长。因此，家长必须学会鼓励。

1. 帮助孩子发挥自己的优势

成功的经历可以增强人的勇气并激励其努力做得更好，对于孩子来说也是一样。家长帮助孩子体验成功的乐趣，然后指出他们赖于取得成功的强项，是鼓励他们取得更大进步的有效方法。鼓励应侧重于行为而不是孩子本人。有些父母不明白为什么不要总是用“好孩子”、“乖”来表扬孩子，对他们进行鼓励。这是因为孩子会从不同的方面来体会父母的夸奖。承认孩子的努力而不仅仅是看结果。不要等到家庭报告书来了才说鼓励的话，而是在整个学期都给予孩子适当的鼓励。比如可以对孩子说：“你在写作方面确实很用功，我能看出你的进步。”

2. 让孩子明白自己有哪些特长

当孩子感受到自己的出色才能时,会明显地提高自己的学习兴趣;让孩子知道自己的特长,也能提高孩子的自尊心。人有无限发展的潜能,每个孩子都是宇宙中的小精灵,他们身上具有无限的潜在能力。小刚原来是个很内向的男孩,各科成绩平平。在偶尔的一次美术课上,老师无意中说他画的画不错之后,他在美术上的表现就日渐增进。没过多久他的作品还在学校的报栏里得到了展览。而此时的小刚与往日比起来更有精神,做事也更有热情了。

3. 经常表达对孩子的信心

父母对孩子的期望一定要切合实际,对孩子的信心的期望值不要太高。当孩子没有达到自己要求的程度时,要学会安慰、肯定和鼓励孩子,告诉孩子可以慢慢来,每个人都会有做得不好的地方,只要努力就会成功;而不是采取讽刺挖苦甚至体罚的方式来刺激孩子,那样很容易让孩子失去自信。如果父母不相信孩子的能力,那么孩子除了要克服自身的弱点之外,还要应对来自父母方面的怀疑。所以父母一定要相信孩子是有能力做好一些事情的。

当孩子在学习、生活和人际交往中遇到挫折时,做家长的必须给孩子以鼓励。鼓励应该以精神鼓励为主,物质鼓励为辅。不要为了鼓励就轻易地对孩子许诺什么,但是一旦许诺了就必须兑现。另外,家长对孩子的鼓励应及时。孩子面对困难彷徨犹豫时,孩子取得进步踌躇满志时,孩子为人处世体现出人性的光辉时,家长应当立即对孩子进行鼓励,否则时过境迁,鼓励的效果就会大打折扣。

第六章

为爱导航，让孩子学会感恩

家长是孩子的第一位老师，应担当起自己的教育责任，为爱导航，给孩子心底播种善的种子，从而让孩子以正确的世界观、人生观和价值观用感恩之心去感受世间的亲情、友情、恩情。让他们懂得做人不是只图索取和享受，更多的是应将他人的恩惠铭记在心，从而懂得怜悯，懂得尊重，懂得负责。并且在接受他人关爱、支持和援助时，懂得给予回报。

1. 时刻培养孩子的感恩意识

有人曾说："随处散播你的爱心，就从对你的家人开始，多一份关爱给你的孩子，你的另一半，然后你的邻居……让每一个接触你的人都有如沐春风的感觉。给别人一个关怀的眼神，一个灿烂的微笑，一个温暖的拥抱，为上帝的仁慈作见证。"作为父母，只有从自己做起，才能随时随地启发孩子的感恩意识，让孩子在耳濡目染中学会感恩。

感恩是一种美德

感恩也是一种感激，在我们大家中间，是阳光，是雨露，是头顶永远晶莹闪烁的星辰，也是父母首先要教会自己孩子的一种生活习惯。父母应该让孩子知道，他人对自己的爱是需要得到精神和物质回报的。一旦孩子懂得了回报，众人的爱才有积极的意义。

电影《背起爸爸去上学》曾被称为"中国第一部亲子电影"。俗话说，穷人的孩子早当家，由于家里穷，爸爸用一把铜勺便决定了孩子的命运。石娃上学，而姐姐辍学。从此姐姐代替死去的妈妈操持着家务。石娃学习非常刻苦，还曾获得全省奥林匹克化学竞赛一等奖。姐姐再次做出牺牲，为这个家而出嫁。石娃为姐姐的"牺牲"而感到难过，之后便肩负起照顾有病的父亲的责任。当石娃接到了师范学校录取通知书后，面对无人照料、瘫痪在床的父亲，小石娃决定背起爸爸去上学……

其实这部电影讲述的是一个真实的故事，石娃的原型是甘肃宁县一个叫李勇的孩子。著名女作家王浙滨用了整整一个月的时间，深入感受了李勇的生活。在那一个月里，她每天都被李勇感动着。她说："我喜欢那一个'背'字，究竟是什么力量能使一个16岁的孩子卖掉家产，'背'起自己的父亲去上学呢？那是怎样的一种非同寻常的父子情呢？"当她第一次走进李勇和父亲租住的简陋的房子时，问他："是什么样的力量促使你做出了这样的举动？"李勇说："在我小的时候，家里很穷。但是每一次去赶集，父亲都会给我买一根麻花，不为别的，就为这。我背着我的爸爸上学，是我们俩的事情，从没想过让其他人知道，更没想过要拍成电影……"

什么是感恩？感恩就是一种发自内心的感激之情，对于世间的万事万物，对于众人，都怀着一种感谢之情，是一种回报之举。一般情况下，它超出了人们应尽的义务范围和程序，是人们选择自身美好的心理倾向；从根本上来讲，它反映了人们对善的追求，是利于社会，利人利己的行为。感恩并不是人们应当负有的义务，施恩者未必是因为想得到回报而给予他人恩惠，受恩者也不一定要回报帮助他的人。然而一旦受恩者的心里产生了感激之情，并力图回报时，就是对其应当负有的义务的一种超越。因此，感恩并不是一般的道德规范，而是一种崇高的美德。

曾经某报纸上刊登了这样一则消息，跨国机构对中美日三个国家的孩子进行了一项调查：你最尊重的人是谁？列出你心目中的前十位，不限国籍。调查的结果显示，美国和日本两个国家的孩子，他们心目中最尊重的人排序依次是：爸爸、妈妈、英雄人物或某个明星。中国孩子心目中尊重的人，爸爸被排在了第十名，而妈妈却没有排在前十名里。

对于这一结果，专家认为这是中国家长对孩子教育的失败，因为他们不但没有教育自己的孩子要懂得感恩，帮助他们拥有一颗感恩的心，反而使他们的感恩之心在逐渐淡化。

德国古典哲学家费尔巴哈说："情心，感激心，爱心，使你成为一个人。"对于父母来说，培养孩子的感恩之心是刻不容缓的事情，一定要尽早让自己的孩子懂得知恩、感恩、报恩，应该随时随地启发孩子的感恩意识，从而培养孩子的感恩之心和报恩行为。

启发孩子的感恩意识要掌握好方法

专家认为，孩子是一个需要父母引导的群体，因此，要想启发孩子的感恩意识，必须掌握一些好的方法：

首先，可以通过讲故事的方式对孩子加以引导。在平时的生活中，父母可以随机抓住生活中经常遇到的一些事情，对孩子进行教育，引导孩子进行思考。

其次，父母要懂得让孩子看到你的贡献。

对于孩子的感恩教育，需要父母有意识地去进行。如果父母只知道贡献，而不懂得把自己的劳动与付出呈现在自己孩子面前，从而教育孩子，孩子也就难以感受到社会和周围的人们对他的关爱。所以，父母在为孩子做某件事情的时候，应该让孩子看到父母为他们所做出的某种牺牲。现实生活中妈妈为孩子买了一件新衣服时，孩子如果问："妈妈，为什么你不给自己买件衣服呢？"妈妈通常会这样回答："妈妈还有衣服穿，不需要买新的。"当爸爸把好吃的鱼肉夹到孩子的碗里时，孩子如果问："爸爸，你为什么不吃呢？"从小就爱吃鱼的爸爸也一定会这样回答："爸爸不喜欢吃鱼。"其实，父母这样的回答就逐渐给孩子形成了这样的印象：父母不需要穿新衣服，也不喜欢吃好东西，自己吃好的，穿好的都是应该的。这样一来，原本懂得体贴父母的孩子，也逐渐把父母的牺牲当成理所当然的事情了。

相反，如果妈妈可以反问孩子："为什么妈妈不舍得买新衣服，而给你买呢？"爸爸反问孩子："为什么爸爸把好吃的都留给你，而自己不舍得吃呢？"就会引起孩子的一番思考，让孩子体会到父母的贡献与关爱，体会到父母对自己的拳拳之心。

第三，父母可以告诉自己的孩子，你需要他的爱。作为父母，应该抽出一些时间，多多与孩子进行交流，对自己的孩子谈谈养育他的一些酸甜苦辣，谈谈自己的工作和收入，以及想法。这样可以让孩子了解父母的生活和工作，体会父母的艰辛，感受父母对自己的爱意，从而激发他们内心的感恩之情。

第四，父母要教育自己的孩子随时随地地做好事。美国一本名为《随时随地》的书中讲述了许多做人做事的道理。比如，做好事是如何简单，但对他人的生活却有着何等深远的影响等等。

总之，父母不妨在日常生活中让孩子学会感恩，让孩子随时随地看到生活中那些令人为之动容的感恩之事，并且身体力行；对自己身边的人给予自己的点滴关心与帮助，表示自己的感谢，并尽自己全力去帮助和回报他人，使孩子在潜移默化中养成感恩之心，这对于孩子来说将是他一生都享用不尽的巨大财富。

作为父母，可以从身边的那些小事上培养孩子的感恩之心，使孩子明白，人际之间要温柔相待，一个人并不仅仅是为了自己活着，若自己有能力，要懂得多付出与服务，而当别人有恩于自己时，要懂得感激。只有让孩子拥有感恩的意识，他才会以行动感激自己成长过程中支持和帮助过他的每个人。

2. 让孩子感受他人的爱

前苏联著名教育实践家和教育理论家苏霍姆林斯基说过：“爱的教育应是整个教育的主旋律。”父母只有用爱憎满足孩子对爱的渴望，并且发挥言传身教的力量，用自身良好的品行去影响自己的孩子，才能让孩子体会到爱，学会去爱，懂得如何付出自己的爱。

感受到爱，才懂得感恩

甘地曾这样说："被爱心箭射过的人，才能领会爱的力量是多么伟大。父亲对我所采用的方式，正是用爱的箭射入我的心坎，使我体会到爱的力量是多么伟大。我下决心一定要堂堂正正地做人，光明磊落地活下去。"对于孩子来说，真爱总是隐藏在困惑与不解中，当他们能够读懂爱的真谛，他们也就懂得了如何去爱他人，如何感恩他人了。

"你们总是不相信我，我都已经长大了，自己可以照顾自己了。"晓东埋怨着。

父亲在一旁默默无语。晓东不懂父母为什么那样不信任他，他早就不再天天吃泡面了，可他们总是用怀疑的口吻问他："你真的去食堂吃饭了吗？"晓东很不耐烦地点点头。

这个问题，父母问过他N遍了，可他们仍按惯例——晓东住校一回家，他们就要先问他一遍，唠叨着吃泡面没有营养，不正常进食的话就会搞坏胃，还可能会得胃病……父亲总是拖长声音，能将晓东的灵魂拉出来晾晒一遍，仿佛他就是个爱撒谎的孩子。

下午，晓东去姥爷家。姥爷人很好，好得让晓东生气，他总是把晓东孝敬他的东西分给别人。

"姥爷，您又把我上次孝敬您的梨给分了？"晓东一见面就拉着姥爷的手问道。

"没，我自己吃完了。"

"骗人！"

"我真的是自己吃了！"姥爷委屈地说。

一进屋，晓东先检查冰箱，仅剩下两个梨了，这么快就吃了？晓东眼光乱晃，终于找出姥爷的两个10岁小朋友的溜溜球，弹弓，便说："看，你分给他们吃了吧。"

“没，我前几天咳嗽，都用来煮梨水了，很甜。”姥爷说。

“真的？”晓东仍旧不放心地问。

“不骗人！”

“骗人是小狗！”姥爷吹胡子瞪眼。

晚上，回到家。晓东仍想着姥爷，他终于明白，原来父母不信任他，正如他不信任姥爷一样，那种不信任来自不放心，也是来自父母内心对自己最深的爱。

“谁言寸草心，报得三春晖”，孩子只有在爱中成长，才能在爱中学会爱。试想一下，如果父母们对孩子只是一味地奉献、一味地关爱，而不让孩子了解父母所做的一切，不了解父母内心的真实感受，那么孩子就很难懂得感恩，很难表达自己内心对父母的爱。要想培养孩子有一双能够发现爱的眼睛，就要试着让孩子拥有一颗感受生活的灵敏的心。比如在吃鱼的问题上，父母应该在孩子小的时候就真诚地告诉他，爸爸妈妈并不是不喜欢吃鱼，而是爸爸妈妈不舍得吃，希望把最好的东西留给孩子吃，希望自己的孩子营养充足，快快长大。这样的话，孩子就会明白父母的良苦用心，从而慢慢地体会父母的这份苦心，就会因此而学会感恩。

那么，身为父母应该如何去培育孩子的这种感恩的爱的能力？让孩子的心中充满爱，重要的是让孩子学会感动。只有真正的爱，才能让孩子感动；被真爱感动的孩子，才会懂得感恩；懂得了感恩的孩子，心中自然会有爱。

如何让孩子体味他人的爱？

作为父母，都非常重视自己对孩子的爱，但往往容易忽略一点，就是怎样才能让孩子明白自己的爱。有时候，爱是一种被动的感觉，父母不能以自己感觉爱孩子为标准，而应该看孩子是否能够感受到父母的爱。

有关专家曾经对某市500多名五年级的小学生进行了一次问卷调查，调查的结果令人吃惊，其中居然有80%的孩子为“父母不喜欢我”而感到烦恼，有70%的孩子感觉不到来自家庭的温暖。

为什么有这么多的孩子感受不到父母的爱和家庭的温暖呢?这是很多父母都无法理解的事实。究其原因就在于，孩子们没有真正体会到爱，而是把父母对自己的爱当作是天经地义的，所以他们总是不满足，一边向父母不断地索取，一边毫不珍惜地抛弃。从现实社会来看，孩子往往很难体会到父母对自己无私的爱，所以，爱要让孩子知道，只有这样才能激发起他们的爱心，激起他们发自内心的感恩情怀。

父母要想让孩子体会到自己的爱，就要做出一些有爱心的行动，让孩子真正明白爱心的价值，从而培养孩子的爱心。这就需要父母严于律己，孝敬长辈，关心周围的人，对孩子坚持正面的教育。另外，最重要的是，家人之间要相互关心。比如，我们在吃饭的时候都习惯给孩子夹菜，不停地说：“多吃点儿，多吃点儿……”其实，在给孩子夹菜的同时，也应给家庭其他成员夹一下，这样，孩子才能真正感受到家人之间的爱心。长期下去，有助于培养孩子对爱的表达，从而影响孩子也关心自己的父母。要知道，一个爱父母的孩子，才有可能爱身边的人，爱整个世界。

从现代心理学的角度来讲，一个人对世界和人生的认识，决定着他有着怎样的生活方式和行为准则。如果一个人不能知恩、记恩，那么就不可能感恩。对于孩子来讲，需要培养他们对爱的感觉，从一点一滴出发，因为最感人的爱往往就像空气一样，人人都需要，但却是无色无味，看不见，摸不着的。孩子一旦有能力从一些细微之处感受到“有人爱我”，那么他必定也会拥有一颗仁爱之心。所以，要让孩子适时感受到他人的恩典。

当然，由于每个人看世界的角度和方法不同，结果也就不一样。一个人要想获得成功和幸福，首先要有一颗爱心，热爱生活，热爱大自然。只有怀着爱的情感，用爱的眼光看世界，才能发现美，感受爱。

有了爱的情感，孩子就会发现，妈妈每天为他们早起做饭，虽然很平常的一件事，但却充满着无数的爱；爸爸监督他学习，虽然很严厉，但却包含着无数的关怀。总之，要让孩子知道，爱就在我们的生活中，就看他们能不能发现。

一位哲人说过，世界上最大的悲剧或不幸，就是一个人大言不惭地说："没有人给我任何东西"。在这个世界上，没有谁能够脱离他人的帮助，如果谁认为自己这一生可以不靠任何人，那么他一定不会拥有爱，也一定不会生活幸福。父母应该让孩子明白，爱是无处不在的，我们每个人都在不知不觉中感受着来自他人的关爱。所以，要教会自己的孩子，用感恩的心去善待身边的每一个人。

3. 让孩子从小养成感恩的习惯

很多父母都常抱怨说，现在的孩子真的不知道感恩。产生这种现象的原因可能是多方面的，但其中重要的原因之一就是，无论是家庭、学校还是社会，都忽视了从小对孩子进行感恩教育，于是就导致孩子索取的多，付出的少，缺乏爱心，不懂得感恩惜福。一个不会感恩的孩子，长大后就不可能懂得体谅他人，关心他人，也就很难与人良好的交往，融入社会或团体，更谈不上爱党爱国了。因此，帮助孩子从小养成感恩的习惯是非常重要的一课。

从小就学会感恩

良好的习惯乃是人在神经系统中存放的道德资本，这个资本在不断地增值，而人在整个一生中就享受着它的利息。要想让孩子养成感恩的习惯，就要从小开始教育和引导，进而影响他未来的人生。

一天早上，在洛杉矾郊县的一所旅馆，有三个黑人孩子在餐厅的桌子上趴着写着什么。当埃伦问他们在做什么时，老大回答说，他们正在写感谢信。埃伦看着他一副理所当然的神情感到非常疑惑。这三个小孩子一大早起来写感谢信干什么呢？埃伦愣了一阵后，继续追问道："写给谁的？"

"写给我们的妈妈。"

埃伦充满了好奇，"为什么？"他又问。

"我们每天早上起来都要写，这是我们每天都必须做的功课。"孩子们回答。

哪有每天都写感谢信的？埃伦感到困惑不已。他凑过去看了看孩子们手中的那摞纸：老大在纸上写了八九行字，妹妹写了五六行，最小的弟弟只写了两三行。仔细看看其中的内容，却都是诸如"昨天的比萨很好吃"、"妈妈昨天给我们讲了一个很有意义的故事"、"妈妈昨天给我们做了新衣服"之类的简单的话语。

埃伦心头一震，原来他们写给妈妈的感谢信，就是在记录他们成长生活中感觉很幸福的一点一滴，并不是专门感谢妈妈给他们帮了多大的忙。或许他们还不知道什么是大恩大德，但是他们知道对每一件美好的事物都心存感激。他们感谢父母辛勤的工作和劳动，感谢同伴们热心的帮助，感谢兄弟姐妹之间的相互理解……我们认为的那些理所当然的事情，他们都对之怀有一颗感恩的心。

这就是感恩，它不一定是要感谢大恩大德，但它却是一种生活态度，一种善于发现美并欣赏美的道德情操。父母应该告诉孩子，“感恩”是一种很温暖、很美丽的情感，只有有了爱、有了触动，才会有感恩，如果把它诉诸笔端，也一定会是最真挚的文字。一个人如果习惯于感谢他人，他也必将得到他人的信任和喜欢。一个人如果习惯于感谢生活，他也将得到生活的眷顾和宠爱。

所以，帮助孩子把大家为他所做的点点滴滴记录下来，这样他也会越来越懂得珍惜和感激。如果若干年后再看到这些日记，他也一定会感慨良好，在无形中为他留下了珍贵的记录。此外，这样的记忆多了，自然会有鲜明的感恩意识，从而自愿地去做更多感恩的事。

培养孩子的感恩习惯要从小抓起

在 1998 年 1 月 28 日那天，来自全球的 27 位诺贝尔奖获奖者相聚在法国首都巴黎，召开了会议。会议期间，有人向其中一位诺贝尔奖获奖者请教：“您是在哪所大学，哪个实验室获得重要知识的？”然而，出人意料的是，这位白发苍苍的获奖者却回答道：“在幼儿园里。”

请教者瞬间愣住了，之后接着问：“那您在幼儿园里都学到了哪些重要的东西呢？”获奖者耐心地说：“在幼儿园里我学会了把自己的东西分给伙伴们；不是自己的东西不能拿；用过的东西要摆放整齐；饭前要洗手；自己做错了事情要主动道歉；细心观察周围的大自然……”

在人们平时看来最平常的行为习惯，却成就了一个科学家最辉煌的事业。在幼儿园学到的基础的东西，直到老年时代还记忆犹新，可见留下的印象是非常深刻的。

布鲁纳曾经说过，孩子是天生的心理学家，他们非常敏感。孩子的情感心理是一片空白，一旦有情感或者价值输入，他们一定敏于接纳。但另外一方面，因为是空白，他们没有经验，还不知道感恩和被感恩之间的交换和沟通关系。所以在孩子既敏感又未成熟的阶段施以感恩教育，是必要的，也是科学的。这个时期培养得好，以后就会顺其自然，孩子自然能成为社会的优良分子；倘使培养得不好，那么习惯成了不易改、倾向定了不易移、态度决了不易变。

作为父母，应该抓住一切可以利用的契机对孩子进行教育，将感恩习惯的养成教育渗透于日常生活之中。让孩子从小就浸润在感恩的环境里，学会感受，再通过大人的言传身教，使之耳濡目染，并内化于人格之中。比如，告诉孩子“这件衣服是爸爸给你买的，你要感谢爸爸；这本书是哥哥姐姐送你的，你要谢谢哥哥姐姐”。总之，要让孩子懂得时时言感谢，事事存感恩。

生活中，每当孩子向父母表示“您辛苦了”的时候，父母总是会说“你把书读好了就行了”、“孩子你不用这样”……这就把孩子自发的感恩之心给扼杀掉了。因此，作为父母，千万不要将孩子的感恩萌芽掐掉，而应给予鼓励与支持，让孩子从感恩自己的父母做起，直至懂得感恩他人、感恩社会、感恩万物。

感恩，不仅仅是一种礼仪，更是一种健康的心态。种下什么花，结下什么果。播下一个行动，收获一种习惯；播下一种习惯，收获一种性格；播下一种性格，收获一种命运。一种良好习惯的养成需要父母点点滴滴的培育，更需要从小做起，感恩亦如此。

4. 学会感恩，从说“谢谢”开始

父母要想对自己的孩子进行有效的感恩教育，就要从最基本的说“谢谢”开始。大恩当言谢，心存感激是不够的，“含蓄”也不能把对人最基本的礼貌隐藏起来。做了好事不留姓名是一种高尚，但是得到了帮助却不知道感恩，却不仅仅是一种不礼貌。作为父母，应该教育孩子，在受人之恩后，不要吝啬那一句简单的“谢谢”。

致谢也是一种感恩

莎士比亚曾经说过：“一个不知感激的孩子比毒蛇的牙还要尖利。”父母对孩子的感恩教育是培养孩子责任感的重要基础，一个懂得感恩的孩子，才会懂得付出。因为有了感恩之心，他才会觉得自己有责任去回报社会，回报身边的人，对自己所做的事情负责。

从更深层次来讲，感恩意识不仅是对父母养育之恩的回报，更是一种责任意识和自立意识；不仅是一种美德，更是一个人为人处世的最基本的条件。那么如何培养自己的孩子呢？首先让孩子学会对他人致谢。

在依琳娜、莎拉和德鲁很小的时候，每当他们要向别人致谢时，就口述感谢词句，由他们的母亲代写。后来等他们长大一些，有能力自己写感谢信了，却依然需要三催四请才肯动笔。

每当母亲问起：“你有没有写信给爷爷，谢谢他送你那本书？”或问：“阿姨送给你一件毛线衫，你是否向她道谢了？”他们的回应总是含糊其辞，或耸耸肩膀，无言以对。

有一年，母亲在圣诞节过后催促了几天，他们却依然毫无反应，母亲大为生气，便宣布：“在感谢信写好并投寄之前，谁也不准玩新玩具或穿新衣服。”但他们始终拖延，还总是抱怨。

母亲忽然灵机一动，说：“大家上车。”

“要去哪里？”莎拉很好奇地问道。

“去买圣诞礼物。”

“圣诞节已经过去了。”莎拉反驳道。

“不要多问。”母亲斩钉截铁地说。

待孩子都上了车，母亲说：“我要让你们知道，别人为了送你们礼物，需要花费多少时间。”

母亲又对德鲁说：“麻烦你记一下我们现在离开家的时间。”

来到镇里，德鲁又记下了抵达的时间。

3个孩子跟随母亲一同走进一家商店，帮母亲选购送给姨妈们的礼物。然后他们又一起回家了。

刚到家门口，孩子们一下车便向雪橇走过去。母亲说：“不许玩，还要包礼物。”孩子们垂头丧气地回到屋里。

“德鲁，我们到家的时间有没有记录下来？”德鲁点点头。

“好，那么现在请你继续记录包礼物的时间。”孩子包礼物时，母亲替他们冲泡可可，终于，最后一个蝶形结也系好了。

“从买礼物到包好礼物一共花了多少时间？”母亲问德鲁。

他说：“到镇上去，用了28分钟，买礼物花了15分钟，回家用了38分钟。”

“包这几个盒子用了多少时间？”依琳娜问。

“你们俩都是两分钟包一个。”德鲁说。

“把礼物拿去邮寄，要花多少时间？”母亲又问。

德鲁计算了一下，答道：“一来一去56分钟，加上在邮局排队的时间，要71分钟。”

“那么，送别人一件礼物总共花多少时间？”

德鲁又计算了一阵：“2小时34分钟。”

母亲在每个孩子的可可杯旁放了一页信纸、一个信封和一支笔：“现在请你们写感谢信。写明自己收到的礼物是什么，说已经拿来用了，并且很开心。”

孩子们沉默构思，接着响起了笔尖划在纸面上的声音。3个孩子写好之后，母亲又问德鲁总共用了多少时间。“花了我们3分钟。”德鲁一面说一面把信封封好。

“别人选购一件情意浓厚的礼物，然后再邮寄给你们，所花的时间也许要超过两个半小时，我要你们花3分钟的时间道谢，这样简单的事情难道就很难完成吗?”母亲问。

3个孩子低头望着桌面，摇摇头。

“你们最好现在就养成这种习惯，早晚你们要为很多事情致谢他人的。”

在西方一些国家，很多小孩从小就被教导“接受”的礼节，不管他们喜不喜欢别人送给自己的礼物，都必须向对方甜蜜地道谢。因为要感谢的是送礼物人背后的心意，并不是礼物本身，更不是礼物所存在的价值。不管他们收到的礼物有多么小，他们都要写感谢卡，不管受到的服务有多么小，都要向对方说“谢谢”。这已经成为他们的一种习惯，他们会在生活中随时向那些为自己服务的人表示感谢。正是这种简单的口头赞美，冲淡了人们生活的压力，美化了个人的人生，是值得我们中国父母借鉴的感恩教育的好方法。应该让自己的孩子知道，每个人都在享受着别人的付出给自己所带来的快乐的生活。当孩子们懂得感谢他人的善行时，他们的反应通常会是，以后自己也会这样去做，这就在无形中对孩子们的行为起到了一种暗示和引导作用，使他们从小就懂得帮助别人，感谢别人。

让孩子学会说“谢谢”

做父母的总是希望自己的辛勤抚养能够得到孩子的认可，每次付出之后努力之后总是渴望孩子的一声“谢谢”，然而，孩子的心理在很多方面与成人是一致的，不但有同样类似的要求或满足，有时候这种满足比成人还要强烈。所以，父母不能因为孩子的年龄小就忽略了对孩子的尊重，更不能因为是亲骨肉就省去了应有的感谢之情的表达。因为孩子是在父母潜移默化的影响之下成长的。如果孩子在平时的生活中感受不到父母对自己的感谢，或者是看不到父母对他人的感谢，那么他就会认为“感谢”跟自己无关，一个连父母都不知道感谢的人，怎么可能去感谢别人呢？让孩子学会感恩，更是无从谈起。

中华民族历来都倡导“滴水之恩，当涌泉相报”的传统美德，一句“谢谢”虽然不是什么大不了的事情，但至少表明你对别人的关爱心存感激。所以，父母应该从小就培养孩子感谢他人的意识。

人的意识是需要灌输的。身为父母，在孩子很小的时候，就要要求他们无论谁为他做了事情以后，都要说声“谢谢”，即使是家里人也不例外。不管是父母为孩子端来一杯牛奶，还是长辈在出门前为孩子穿上外套，孩子在接受他人的帮助后，都要说声“谢谢”，这不仅是礼貌，而且是真诚地表达谢意。

此外，父母还要经常提醒自己的孩子，在学期结束时，或每逢节日时，都要给自己的老师送一张卡片，以感谢老师的悉心教导。当孩子们在过节、过生日收到大人们送的礼物时，在开心之余，也别忘了给送礼的叔叔阿姨送张感谢卡，对他们为你精心挑选礼品的情意表示感谢，这也会带给送礼的人一份欢喜。让孩子学会随时给关怀过自己，帮助过自己的人送一张感谢卡，相信会带给别人愉悦开心的一天，这样做可以教导孩子把谢意挂在心中。

也许有人会说，哪有那么多要谢谢的？其实，将感谢体现在生活的细节中感受生活，记录幸福的一点一滴，也是一种感谢，也是一种感恩。一个人的成长，特别是一个孩子，他的父母对他的付出是相当大的，但有的孩子将其视为理所当然，连说一声“谢谢”也不肯。试想一下，如果连一句“谢谢”都舍不得说，那怎么能想得到报答呢？父母在培养孩子的感恩意识时，可以帮助孩子体会一下别人的感受，要求他们想象别人对某个特定情况的感受，从而对孩子进行侧面教育。

生命中需要一句句“谢谢”，生命离不开感恩，一个人无论何时何地，都不要忘了向他人说声“谢谢!”父母要做孩子的好榜样，经常真诚地对亲人、对朋友、对邻居说“谢谢”，同时，也不要忘了在适当的时机对孩子也说上一声“谢谢”。

5. 让孩子体会生活的艰辛

如果一个人从没有体验过生活的艰辛，那么就很难保证他能够知晓他人的恩典。如今很多父母都误以为爱孩子就是把他(她)当成小王子或小公主来养。殊不知，父母如果过于溺爱自己的孩子，就只会让孩子逐渐丧失在未来的人生之路上所必需的“自理能力”和“现实感觉”。

情商比智商更重要

在我们的现实生活中，很多父母只是紧紧盯着孩子的学习，一切围着培养孩子的智能转，视上重点、读名牌、成大业为头等大事，然而却忽略了最基本的感恩教育，忘记了如何教育孩子做一个堂堂正正的人。要知道，物极必反，习惯成自然，如果孩子认为父母奉献，自身索取乃理所应当，丝毫没有内疚之感，也就根本不会有感恩之类的情感体验。

王先生的儿子如今已是一名研究生，在一次研讨会上，王先生向专家们讲述了他为儿子成才所付出的艰辛。儿子读高三那年，王先生做生意赔了几十万，但是为了不影响儿子参加高考，一家人都在瞒着儿子，咬紧牙关保证儿子的生活不受任何影响。后来儿子上了大学，王先生每月给他1 000元的生活费，但是儿子还向家里要钱。后来，儿子读研究生的时候，突然提出要买房子，王先生没有拒绝，给了他30万元，谁知没过多久儿子又向家里要15万元。这次，儿子的欲望没有得到满足，于是跑回家大吵大闹，居然要和王先生脱离父子关系，所以王先生总是躲着儿子。

说到后来，王先生一度哽咽地说不下去了，他说他想不通，为什么儿子越来越大，还受过那么高的教育，却变得越来越不懂得体贴父母，还变本加厉地向父母索取钱财呢？

事实上，对于父母的艰辛和付出，孩子们总是单纯地以为“父母为我投资，我给他们回报，大家谁都不吃亏”，只要自己能考上大学，只要自己将来能出人头地，就是对父母最好的回报。他们无知地认为，父母亲情只不过是一场交易。孩子们这样的想法让很多人感到震惊，但这是不可回避的事实。那些被父母深深地溺爱着的孩子们，渐渐地淡漠甚至忘却了至纯至圣的父母之恩。他们甚至想当然地认为，父母的付出只不过是为了达到自己的某种目的，以为只要自己成材了，就对得起父母了，就算是大功告成了。但却忽视了对父母的关怀和体贴。

父母竭尽所能，用自己的爱和物质为孩子铺设着锦绣前程，孩子们在学会知识与技能的同时，自私麻木、狭隘胆怯也在随之一同成长。在这个日新月异的时代，我们的孩子面临的将不再是没有知识和文化，而是比这些更重要的情商的考验。父母之所以感到心酸，在于他们缺乏一种爱的能力。他们为了自己的孩子一个劲地付出，并承受着所有的压力，在孩子成长的过程中只知道一味地满足孩子物质上的需求，却忽视了与孩子之间心与心的交流。其实，父母的这种爱的教育很容易让孩子产生寄生的心理，让他们自以为是父母和社会亏欠他们的，而他却不欠任何人的。如果不想方设法改变孩子的这种寄生观，感到心酸的父母将会越来越多。

所以，奉劝所有的父母们，在为提高子女的智商而努力时，千万不要忘记对孩子情商的培养，让孩子学会感动，学会感恩，学会爱他人，他们的心才会更善，情才更真。

让孩子亲自体味生活

现在的孩子们对伟大的父爱母爱不仅没有深入的体会，甚至处在一种无意识的状态之中，认为父母所给予自己的一切都是理所当然的，自己心安理得地享受着一切。他们往往不会在意父母辛勤的劳动，大手大脚地花着家里的钱，生活中只考虑到自己的感受，稍有不如意就表现出强烈的不满情绪。

据一项调查统计，70%的孩子在吃父母给自己买的零食时，却不知道礼让父母，而只顾着自己享用；父母生病在床，50%的孩子不知道端水递药，更不知道过问，根本想不起来自己生病时，父母对自己无微不至的关怀；98%的学生要求自己的父母给自己办生日宴会，但98.2%的学生却不知道自己父母的准确生日；更有甚者，几个高三毕业班的学生每天还让自己的母亲为自己端洗脚水。也许有必要专门列出一份清单，记录父母在孩子成长过程中的每一次付出，让孩子在这份爱的清单面前，受到教育和启发，让他们学会感恩。

每一份爱的付出，都应该得到相应的回报，尤其是父母对孩子的爱，因为这是每个人生命中所能感受到的最真挚、最朴实的爱，它是那么神圣却又无私。“谁言寸草心，报得三春晖”，如果孩子把你的爱视为理所当然，那么你就不妨跟他算一笔恩情账。

也许会有人说，现在的孩子越来越难管了，面对难管教的孩子，父母不妨用一些事实说话。比如，父母和孩子互换角色，让孩子试着体会做父母的感受。假如平时都是妈妈叫孩子起床，现在可以让孩子叫妈妈起床，让孩子体验一下自己赖床对妈妈造成的不便。另外,可以让孩子做一些家务,让他学着去超市采购一些生活必需品,既可以让孩子理解父母的艰辛,又可以增强孩子的自理能力。所以,在现实生活中,父母应该给予孩子一定的机会去买菜、交水电费、电话费等,让孩子知道家里的钱是怎么花出去的,同时让孩子知道一个家庭的必要开支,体验到生活的艰难。父母在平时买东西时,也可以带着孩子,在不断地比较、挑选中,让孩子感受家庭收入的来之不易,从而培养孩子爱惜金钱的良好品格,有效避免孩子胡乱花钱的坏习惯。

在角色互换的过程中,可以使孩子对金钱有一定的概念,懂得劳动与所得之间的关系,自然能够替父母着想,控制自己花钱。同时,还可以把孩子培养成一个热爱家庭、热爱父母,也热爱劳动的人。

在现今这样一个竞争激烈的时代,家长们哪个不为"钱"途疲于奔命?而我们的孩子有时却像是旁观者,根本不知道或者不顾父母赚钱的辛苦,只是心安理得地躺在父母怀抱中享受。而许多父母出于爱子心切,也不愿让孩子过早地了解生活的艰辛,不愿让孩子的生活中出现哪怕是一丝阴影,情愿只身为孩子遮风挡雨,但这样做的结果只会使我们的孩子产生错觉:生活中只有阳光,只有甜蜜,没有坎坷,即使家里出现经济状况,那也是该父母操心的事。最终你就会痛心地发现,自己的孩子缺乏那种和家人同甘共苦的意识,而那时孩子与你的心实际上早就离得很远了。

其实,孩子也是家庭中重要的一份子,所以不管家境是好是坏,父母都应该对孩子实话实说,这才是最明智的教育,也是对他们知情权的尊重。如果能让孩子对家庭的经济状况有个真实的了解,参与到家庭的经济问题中来,孩子就能明白家长的钱不是白来的,花起来也就能懂得珍惜和节俭。让孩子亲身体验,比父母苦口婆心地教导更有效。

父母总是认为用言语的方式就能让孩子了解现实社会和生活，事实上，孩子必须通过亲自体验才能真正了解，他们需要更多的直接经验和亲身感受。如果你想让自己的孩子真正像金子一样珍贵，从今天起让他做家务事吧，这是让孩子真正认识金钱，理解赚钱辛苦的机会。另外，父母有的时候不妨在孩子面前示弱，把自己承受的痛苦适当地告诉孩子，让孩子知道，你需要他的关心和帮助并以此来激发他们的爱心。

6. 从感谢身边的人做起

大海给了鱼儿一个宽阔的天空，因为感恩，鱼儿回报给大海一片生机；天空给了鸟儿飞翔的领空，因为感恩，鸟儿回报给天空一处美丽；大地给了树木一片沃土，因为感恩，大树反赠给大地丝丝阴凉。父母之恩，水不能溺，火不能灭。父母应该让孩子心存感恩，用心去感受，用行动来回报。一句温馨的话，一个甜美的微笑，一束清新的花。让孩子懂得，在他们感恩身边的人的同时，也点缀了自己的一生，不辜负父母和他人对自己付出的爱，活着才能对社会有所贡献。

感恩无处不在

感恩是一种美好的情感，一个人拥有了感恩之心，才能用一颗仁爱之心，一双纯真的眼睛去看待这个现实的世界，他的心中也会是充满快乐和友善的。仔细回想一下，每个人的成长之路上，都接受了太多的爱与恩泽。无论是父母的养育、老师的教育，还是朋友的关怀、社会的培养，他们也许并不是惊天动地的，也不是可歌可泣的，但是却融入到了每个人最平凡的生活中。所以，学会感恩，从感谢身边的人开始。

那天，维娜又跟妈妈吵架了，她一气之下，转身向外面跑去。她在街上走了很长时间，看到前面不远处有个面摊，才感觉到肚子饿了。可是，她翻遍了身上的口袋，一个硬币也没有找到。

面摊老板是一个看上去和蔼慈祥的老人，老人看到维娜站在那里，于是上前询问："孩子，你是不是饿了，想吃面？"

"可是，可是我身上没有带钱。"维娜不好意思地回答。

"没关系，我请你吃。"老人把她领到一张桌子前，示意她坐下，然后端来了一碗面和一碟小菜。

维娜满怀感激，刚吃了几口，眼泪就哗哗掉了下来，纷纷落在了碗里。

"怎么了，孩子？"老人赶紧关切地问。

"我没事，我只是很感激。"维娜一边擦着眼泪，一边对老人说，"我们根本不认识，而你却对我这么好，还请我吃面。可是我妈妈却把我赶出了家门，还让我不要再回去。"

老人听了维娜的话，一脸平静地说："孩子，你怎么能这么想呢？我只不过为你煮了一碗面，你就这么感激我。你要想想，你妈妈为你煮了多少年的饭，为你付出了多少？你怎么就想不到感激她呢？你更不应该跟她吵架，你知道吗？"

维娜愣住了。她匆匆吃完了面，然后开始往家走。当她走到家附近的时候，一眼就看到母亲疲惫不堪的身影，母亲正站在路口四处张望着……当母亲回过头看到自己的女儿时，脸上才露出了喜悦的笑容："你可回来了，饿了吧，饭早就做好了，你再不回来吃就凉了。"

这时，维娜的眼泪又开始掉了下来。

有时候，人们总是能因别人对自己的小恩小惠而感激不尽，但却对自己亲人对自己一辈子的恩情视而不见。往往越是亲近的人，就越容易被遗落在心灵的角落。如果不信，可以试问一下自己，在平时的生活中，你曾经是否会因为母亲给学习到深夜的自己端来一杯热牛奶而心存感激？是否会因为自己忘记带课本，同桌轻轻将他的书移向自己而表示感谢？

对于那些陌生人偶然的小帮忙，人们通常会从心底里感激，而对父母的付出却毫不在意。如今的孩子更是如此，他们总是认为父母有义务为自己做事情，而陌生人没有这个义务，所以就会觉得他们是自己的大恩人，而感激他们。事实上，我们应该教育孩子，感恩之门不能只向好心的陌生人敞开，也不能总在为一个瞬间而感激不尽，人的责任感也不能总在那千钧一发的时刻才靠“人之初，性本善”来毫无保留地迸发出来。告诉孩子，要从感恩身边的人做起，学会对父母感恩，对亲人感恩，对老师感恩，对朋友感恩……

让孩子感恩身边每一个人

首先，要让孩子懂得感恩父母。让孩子对父母心存感恩，因为是父母给予了孩子生命，哺育孩子健康成长，时时关爱刻刻挂念，让孩子长大后放飞远大的理想。

天下还有多少没有醒悟的父母，他们只知道盲目溺爱孩子，只要能使孩子高兴，他们为孩子做什么都心甘情愿，却忘记了应该对孩子进行尊老爱幼、孝顺父母、满怀感恩之心的道德教育；忽视了应该让孩子感受到父母所有付出的都是无私的爱，忽视了应该让孩子懂得怎样去爱父母、尊重父母、体谅父母，从而导致孩子目无尊长，不孝敬父母，对他人冷漠无情等。

苏霍姆林斯基曾说：“一个人如果连自己的父母都不爱，何谈爱祖国、爱人民？”他呼吁：“要热爱你的妈妈。”作为父母，应该多给孩子讲述一些他们成长过程中的故事，使孩子从小意识到，他并不是从石头缝里蹦出来的，也不是山上拾来的，而是父母一点点养大的。当然，父母在讲述的时候，要自然，感情要真挚，不能给孩子一种“居功自傲”的感觉，只有让孩子体会到无私和高尚的亲情，才能培育孩子对父母的感恩之情。

此外，父亲可以在孩子生日的时候，告诉孩子为自己的妈妈送上一束鲜花，感谢妈妈在那一天让他来到了这个世界上。母亲也要告诉孩子父亲的辛劳，父亲为这个家庭所做出的种种牺牲和努力，让孩子感谢父母给了他安全和温暖的家。

其次，要让孩子孝敬老人，告诉孩子，没有他们就没有爸爸妈妈，是他们含辛茹苦抚养爸爸妈妈成人，让孩子对老人们心存感激。作为父母，可以向孩子讲述老人生活的那个时代的故事，讲述生活的不易，讲述孩子小的时候，长辈们是怎样照顾他的，从而增强孩子与老人之间的感情，培养孩子对老人的感恩之心。

第三，让孩子学会感恩自己的兄弟姐妹。之所以要对兄弟姐妹心存感激，是因为他们与自己血脉相连，正是有了他们，自己在这个尘世间才不会感到孤单，并且在危急危难时刻总会有手足情深。

第四，要让孩子感恩教育自己的老师。对师长心存感恩，是因为他们给了自己教诲，让自己抛却愚昧，学习知识，懂得思考，掌握技能，在工作的历程中逐步实现自我。

第五，让孩子感谢身边的同学、朋友，因为他们给了自己友爱与情谊，让自己在孤寂无助时能够有人可以倾诉，有人可以依赖，透过失意能够看到希望和阳光。要让孩子明白，与同学、朋友之间的友谊是最珍贵的，在人生的道路上，如果有他们与自己相伴，是多么幸福的事情啊！因此，作为父母，要让孩子把谢意送给他人，并逐步学会把这份真情、感动传送给身边每一个需要帮助的人。在别人需要帮助的时候，贡献自己的一份爱心，一片真情。

父母要告诉自己的孩子，要学会关怀他人，就是告诉孩子如何学会营造一个和谐的健康快乐的生活环境。教育孩子应该从善待身边的人做起，学会感恩，懂得人活在世界上，只有大家互相帮助，互相感激，我们的人际关系才会良好。

7. 感恩更要注重生活中的细节

爱存在于每一个细节之中，感恩也要从细节开始。一个懂得在细节中感恩的人，也一定是一个热爱生活的人，他也会因此而拥有比别人更多的快乐。对于孩子来说，他们将来不一定能成就辉煌的事业，做出伟大的事情，但他们可以用大大的爱来做小小的事情，把每一个细节填充好。如果孩子能将自己生命中的每一处风景都小心翼翼地雕刻进感恩的心里，那么这份感怀就会历久弥香，使他们拥有一个富饶的精神家园。

感恩孕育在细节之中

作为父母，在培养孩子的感恩之心时，应该注意从日常的小事抓起。要让孩子明白，感恩并不是在他长大后，给父母买大房子，买好车，掏钱让父母出国旅游等等，而是在日常生活中那些不经意的小事中体现出来的感恩之心。

感恩，需要孩子以切实的行动来为父母分担一些忧愁，增加一些快乐，但不是要求孩子一定要做出惊天动地的壮举，或是如“二十四孝”那样名垂千古，感恩就蕴含在平凡的小事之中。比如，孩子在家里应该承担一些必须完成的家务劳动，哪怕只是吃饭时摆放碗筷，吃完饭收拾一下桌子，给父母倒一杯茶等等一些很简单的小事；父母下班后，孩子要主动接过父母手中的东西，问候父母；当父母感到劳累的时候，孩子应该主动帮助，或请父母休息一下；当父母外出的时候，要让孩子急得提醒父母是否遗忘了东西或注意天气变化等；当孩子在外上学的时候，要让孩子常回家看看，或者多给家里打电话，向父母汇报自己生活、学习等各方面的状况……

告诉孩子，感谢学校老师的培养和教育之恩，就应该服从老师的安排，遵守学校的纪律，尊敬师长，上课认真听讲，按时完成作业，诚实做人，踏实做事，积极主动地参加集体活动，善待他人，从小养成遵章守纪的好品德，永远使自己保持一颗善良的心……

我国自古以来就有坚持“日行一善”的良好品德。作为父母，不妨与孩子约定“日行一善”，引导孩子从小事做起，从小处着眼，使孩子养成良好的品质和文明行为。哪怕只是带上身患残疾的小朋友去玩一次碰碰车，帮助孤寡老人剪一次手指甲……这些都是爱的表达，是让他人温暖，让自己快乐的一种善良。应该让孩子懂得，感恩不是一天两天的决心和举动，而是日积月累、细水长流的一份爱心的表达。当孩子用小小的付出换来真诚的感谢，他所获得的幸福是能够延续一辈子的。

当然，感恩不是喊出来的一句简单的口号，而是切切实实要付诸的行动。不是每个人都有做大事的能力，但每个人都有爱的能力。感恩的心就像阳光下的一盆清水，如果不用，早晚会蒸发掉。只有让孩子放弃空想，听从内心的指挥，在心存感激时做一些身边事，我们才会生活得很满足。

感恩教育是一条涓涓细流，体现在家庭生活的每一个平凡细节中。这些细节看似微不足道，但正是这些小小的细节，滋养着孩子的心灵。当孩子咀嚼着这些小小的“美丽”时，他会心存感激，对人体恤，能站在别人的立场上来理解他人的情绪，能更爱恋养育他的这方水土，从而在他小小的心灵里存下一份真与善，渐渐地，他的内心就会变得富足和美好。

感恩是一种情感的自觉，是生命的姿态。父母在教导孩子学会感恩的过程中，如果不懂得从细枝末节中捕捉关爱，从日常的小事中发现感动，在细节中培植感恩，那必将是灵魂上的一种缺失。

第七章

让孩子在“爱”中学会分享与付出

每一个孩子都是单翼的天使，只有让孩子在“爱”中学会分享与付出，孩子才能够懂得拥抱与合作，通过合作给自己添置另一只翅膀，飞翔在蓝天白云之间，为自己清除心灵的杂草、尘埃、污秽，用美德占据心灵，伴着孩子的笑声，放飞孩子！

第七章　让孩子在“爱”中学会分享与付出

1. 培养一个有爱心的孩子

如今，独生子女越来越多，在家庭中，由于他们长期处于众星捧月的地位，再加上父母对他们重智轻德的教育偏差，使他们逐渐地形成了以自我为中心，只知道获取，不懂得给予，众人为我的心理倾向。作为父母，在为自己的孩子付出大量关爱的同时，却忽略了最重要的一项教育内容，那就是让孩子学会爱，培养他们的爱心，让他们学会如何去爱自己的父母，爱自己的老师，爱自己身边的人。

有爱心才能健康成长

几乎每一个孩子从小就生活在一个充满爱的世界里，在家里，有来自长辈们的宠爱；在学校，有来自老师们的关爱。但是，如今的孩子却往往缺乏爱的情感。他们不懂得尊重别人的劳动成果，不能宽容待人，不懂得感激帮助自己的人；他们遇事胆小，容易退缩。他们虽然承担了太多的来自周围人的爱，但自身却不懂得爱别人。因此，他们不以为然，不但认为别人对他的爱是理所当然，更缺少表达爱的机会和能力。在这样的情况下，孩子在长大以后，就很容易形成自私冷漠的性格，以至于影响他正常的社会交往。所以，作为父母，应该不失时机地利用多种形式，帮助孩子成为一个有爱心的孩子，在孩子的内心播下爱心的种子，使孩子健康成长。

由于工作关系，王达星期天很少休息，但只要有时间，他和妻子就会带着儿子小辉外出旅游、参观，或者是看望住在外地的老人，让孩子了解祖国壮美的河山，开阔孩子的视野，并在不经意间对孩子进行孝心的教育。

记得小辉5岁那年，王达带他到上海动物园去玩，从上海火车北站到动物园要转一次车，行程约一个半小时。当时上海的地铁还没开通，公交车里很拥挤。就在这一个半小时里，小辉为老人和孩子上上下下让了几十次座位，几乎是站到终点站的，赢得了一路的赞誉。

后来，“希望工程”这一爱心活动走进了人们的生活，报上登载了不少贫困地区的孩子在逆境中艰难求学的故事。王达就把这些故事讲给小辉听，并对他讲了自己的想法：“小辉，我准备出钱资助一名贫困的小朋友上学。”小辉听后表示他也要资助一名贫困生上学，王达惊讶地问：“你是个孩子，你哪有钱呀？”小辉回答说：“我有压岁钱呀，我可以用这些钱资助他们上学。”就这样刚进小学不久的小辉，用自己的压岁钱资助了一名贫困儿童，使他重新走进了校园。

培养孩子的爱心，最重要的是要培养孩子表达爱的情感。孩子表达爱的方式有很多种，父母要为孩子创造条件，让孩子有表达爱的机会，使他感受到关心他人所带来的愉快。比如，在父母生病的时候，可以让孩子为父母端杯水，拿个药；做家务的时候，可以让孩子在旁边帮点小忙……当孩子做完这些事情的时候，对孩子的行为要加以肯定，并表达对孩子的感谢之情，从身边的小事中培养孩子用行动去帮助和关心别人的好习惯。

除了自己的家人之外，还要鼓励自己的孩子学会爱周围的人。比如，当家里来客人时，可以让孩子做“小主人”，招呼大家；坐公交车时，遇到老人或行动不方便的人，要提醒自己的孩子主动让座；遇到小朋友摔倒了，要跑过去扶他起来……不断地使孩子表达爱的范围扩大。另外，如果孩子喜欢小动物，愿意饲养，可以帮助孩子掌握一些正确的饲养方法，使孩子把小动物当作自己的朋友一样关心和照顾。父母对孩子的行为要正确地看待，从而为孩子创造表达爱的机会，培养孩子的爱心。

培养孩子爱心的四个金点子

父母如何才能正确培养孩子的爱心呢？

金点子一：父母要为孩子树立好的榜样。

孔子曰：“其身正，不令而行，其身不正，虽令不从。”孩子的模仿性极强，且情感易受感染，倘若父母在日常生活中能严于律已，对他人热情，对长辈关怀备至、体贴有加，生活在如此充满爱心的家庭中的孩子，也一定会充满爱心地去对待身边的每一个人。哲人说：“播下一种思想，收获一种行为。”父母要向孩子传达“好孩子要心中有他人”的积极情感。

金点子二：角色互换是很有效的教育方法。

美国著名心理学家霍夫曼在对“移情与亲社会行为”课题进行了多年研究后指出，移情是孩子亲社会行为产生、形成、发展的重要驱动力。因此，家长要充分利用孩子的移情力，让孩子通过角色互换，体验社会生活中不同角色的感受。

生活中，作为父母，不妨让自己的孩子也当回“小家长”，请孩子做一些父母平时经常做的家务活，如扫地、洗衣服、择菜等。同时，父母可以向孩子讲述自己生活中的感受及喜怒哀乐，让孩子了解父母的想法，了解父母也会有不开心的时候。如教育孩子在父母下班回到家时，孩子应主动向父母问好，并主动帮助父母取拖鞋，父母就会很开心，很感动；相反，如果明知自己的父母下班了，却对他们不理不睬，此时，父母就会很伤心。总之，父母要善于在生活的细节中，向孩子渗透积极的情感，在潜移默化中培养孩子的良好情感。

金点子三：巧用文艺作品培养孩子的爱心。

平时，父母可选择一些富有教育意义的童话故事、儿童读物及好的影视作品，通过与孩子一起阅读有关“关心他人、分享、乐于助人”主题的作品，让孩子从中获得直接的心理体验，并引导孩子效仿作品中人物的良好行为。

金点子四：让孩子学会一些关心他人的方法。

孩子因为年龄小，生活经验少，所以在生活中，父母要能使孩子学会一些关心他人的方法。比如,当父母实在太累不能答应孩子一起做游戏的要求时,不妨直接告诉孩子:“妈妈太累了,想休息一会儿,宝宝自己做游戏好吗?”如果孩子答应了,家长一定不要忘记说:“宝宝真懂事,知道心疼妈妈了。”爷爷想要看报纸,可以请孩子帮忙拿眼镜,如果孩子做到了,可以表扬孩子说:“真是好孩子,知道爷爷腿不利索,会帮助大人干事情了!”在生活中,经过多次练习和提醒,再遇到类似的情况时,孩子便会主动地关心他人,为他人提供力所能及的服务,也会为自己帮助了他人而感到快乐!

父母平时注意对孩子一点一滴的培养,一言一行的引导,在平时生活中关注孩子,培养孩子的爱心,那仁慈博大的爱心,就会在孩子心头扎下根,并会随着孩子的成长而不断扩展和升腾。如果孩子拥有一颗仁爱之心,爱父母,爱朋友,爱家乡,爱祖国,那么他未来的生活也才能更加幸福而安详。

2. 让孩子在付出中体会快乐

台湾作家刘墉在关于教育孩子的问题上曾经有过这样的一段表述。他说:我觉得我们国人在教育孩子的时候,不是爱孩子爱得太少,而是爱得太多,爱得过多,我们的爱常常会把孩子压得受不了的。

父母给了孩子太多的爱,他们往往没有机会付出。当然,孩子也就不会懂得爱的付出是相互的,在他们得到爱的时候,更要懂得付出自己的爱。只有孩子懂得了这样的道理,家长对孩子的教育才是完整的，才是没有缺憾的。

让孩子懂得为他人付出爱

在当今的这个社会之中，可能大多数的父母都在想着，从孩子出生的那一刻起，就开始给孩子把屎把尿的辛辛苦苦付出，不管孩子需要什么样的东西，只要他们想要，就要想尽一切办法帮他弄到手。当然，父母对他也有期望，希望他能够在学校的时候取得优秀的成绩，希望他们在将来长大的时候能够考入一所名牌大学，希望他在社会中能够成为一名有用的人才，成为父母的骄傲。

可是如果父母真的这样想，这样做的时候，孩子是不是都是像家长想的那样子呢？这样的教育方式究竟是为孩子好，还是害了孩子呢？这些问题家长并没有很深入地思考过。其实这样培养出来的孩子，很可能会是一个对他人缺乏理解、关心和体谅的人，同时也更加可能会是一个自私和任性的孩子，这也是孩子缺乏爱心的表现。

研究发现，孩子在三岁左右的时候，就开始发现，并不是所有的人都有着同样的心情，有的人忧愁，有的人快乐。孩子这种意识的产生，其本质也就是产生同情心的基础，而同情心也就是我们实施慈善行为的前提。在日常生活中，父母不仅仅要对孩子付出爱，付出关心，同时也应该让他们知道，其实爸爸妈妈还有很多人，也是同样的需要他的爱，他的关心，并且让孩子在这种意识的指导之下，逐渐养成一种乐于为他人付出，想要为他人付出的习惯，让他们在帮助他人，付出爱自己的爱心的过程中，体会到付出的快乐和满足。

于丹曾经担任过一次考试的监考，她在教室监考的时候，曾经看到过一对父母隔着玻璃窗户不停地给自己打手势。于丹认为是哪个学生忘记了带考试需要的文具，他的父母给他送了过来。于丹马上走出了教室,可是等于丹教授走到教室外面的时候,孩子的妈妈却指着教室里面的一个穿着军绿色的衬衣的小伙子,让于丹教授提醒他的孩子在考试之前,一定要记得上厕所,因为她忘记了提醒自己的孩子。这个时候,于丹教授的眼睛湿润了,她虽然在嘴上答应了,可是她心里却真的感到很悲伤。现在的父母在教育孩子的时候,常常会过分地对孩子付出自己的爱,却忘记了让孩子学会帮助别人,同时也对别人付出爱。

刘墉一次来内地考察,他去的是一个贫困山区,当他看到那些一直在埋头苦学的孩子的时候,他忍不住上前去问那些孩子们:"你们这么努力地学习究竟是为了什么啊?"这些孩子非常天真地指着前面的河说:"我们要好好学习,然后再过那条河。"可是当他把同样的问题,转向问北京、上海等这些生活在大城市里面的孩子的时候,他们却回答得让人心生许多悲凉:是我们的爸爸妈妈让我们好好学习的,他们说只有这样,我长大后才能挣好多的钱,可是他们已经很有钱了,还要我挣钱干什么呢?他们自己省着点儿花不就行了吗?

诸如上面的例子,在我们的生活中,并不少见。父母常常会从孩子出生的那一刻起,就给孩子们准备好了一切,孩子常常不明白"什么都拥有"的生活到底还有什么样的意义,所以他们很少去考虑自身的责任,他们也不懂得自身的责任。这可以说是我们当代教育的遗憾,也是我们父母在教育孩子的过程中,最大的悲哀。

现在的家长应在给予孩子的同时也要教他学会付出,并且让他们习惯于付出。这些意识应该在日常生活中家长从没一个细节做起,把它们灌输进孩子内心深处。只有这样,我们的孩子才能够懂得去体会他人的感受,明白好的东西要与他人一起分享,即使对待自己的亲人也应该有一份特别的惦记,这才是一种正确的教育孩子的方法。

第七章　让孩子在“爱”中学会分享与付出

懂得感恩的孩子更加懂得付出

当今社会，很多孩子由于是独生子女，在这样的家庭环境中，孩子的身上难免就会多一些自私任性，多一些不懂得理解、关怀他人，多一些只知道索取，不懂得奉献和付出的毛病。父母们在责怪孩子不懂事的时候，其实应该更多地从家长自己的身上寻找原因。

家长在平时对待孩子的时候，几乎都是竭尽全力地对孩子们付出我们的爱，而孩子们却也心安理得地享受着长辈对他的好，他们体会不到长辈在抚育他们时候的艰辛，这也就意味着他们不会去爱自己，更不会爱他人。由于受到家庭过分地关怀和溺爱，孩子认为大人为他们所做的一切都是应该的，不需要感恩，更不需要回报。这样孩子只会索取，根本不懂得付出。久而久之，孩子就产生了一些共性的问题：自私、冷漠、不懂得回报。

在现实生活中常常会看到，当家长辛辛苦苦地工作了一天，下班回到家的时候，孩子却仍然只顾玩他们自己的；当给孩子一些好吃的东西的时候，他们总是挑出其中最好的，然后不管不顾地吃起来。家长很是为孩子的不懂事而生气，这样的孩子在他们的内心深处根本就不懂得付出与回报。这是很可怕的一件事情。

对于这样的孩子，家长在教育孩子的时候，首先应该在家里给他们做出一个有爱心，懂得付出的榜样，让孩子在榜样的带领下，也渐渐变得有爱心起来；其次还要让孩子把自己伤心难过时候的心情和别人在同样的情境之下的心情进行对比，这样他们会慢慢地体会到别人的心情，也会让孩子学会理解别人，体谅别人；最后，还要注意培养孩子的同情心，家长也可以鼓励孩子适当地参加一些募捐活动，或者让孩子养一只可爱的宠物以体验爱心。

总之，家长在培养孩子的时候，一定要让自己的孩子在接受他人的爱的同时，也懂得对他人付出自己的爱，懂得感恩他人，并且让这种付出爱成为他们生命中不能缺少的一部分,孩子的生活也会因此而变得更加多彩和丰富。

如果父母们真的爱自己的孩子,就应该让他们在家长忙得时候,懂得帮家长做一些家务;如果父母们真的爱自己的孩子,家长就应该让他们在家长累的时候,为家长捶捶背;如果父母们真的爱自己的孩子,家长就应该让他们去做一些力所能及的事情。只有让他们在实际生活中真正的感受到家长对他的爱,并且让他们也会因此而爱家长,让他们在爱中领略到被爱,这样的孩子才会真正长大,才会日益成为家长心中的骄傲。

3. 生活中处处实践"分享"

在日常生活中,常常会见到太多的不懂得分享的孩子,当然也更难见到诸如"孔融让梨"之类的故事中那样的孩子了。这其实也是当今社会状况所决定的,现在的孩子大多数都是家里唯一的宝贝疙瘩,他们几乎全部是被人捧着护着的,即便是不属于他的东西,他的长辈也会千方百计为他弄过来,他从来不需要和别人分享那些属于他的东西。可以想象,在这样的家庭环境中成长起来的孩子,他们难免会事事都以自我为中心,很难和别人友好相处,更不要说和别人分享、合作了。

曾经有一个教育专家提出,家长应该在孩子两岁左右的时候,就让孩子知道让人分享,帮助孩子让他们意识到与人分享的重要性,同时也应该给他积极、正面的鼓励和支持。

第七章　让孩子在“爱”中学会分享与付出

要懂得强化孩子的“分享”意识

有人为了研究孩子的分享意识，专门做过一项调查，经调查发现，在目前的家庭之中，有很多多的孩子不懂得与人分享，独占的习惯特别严重。虽然有的家长在培养孩子的过程中，很注意培养孩子的分享意识，但却往往只是简单地流于形式。比如在一户家庭之中，父母教育孩子要懂得把好吃的东西先给爷爷奶奶吃，孩子在刚开始的时候，很是不情愿，但是他们迫于爸爸妈妈的压力，不得不这样做。可是当聪明的孩子发现爷爷奶奶不是真吃的时候，他们就会在下次再给爷爷奶奶东西的时候，变得很“大方”。这样的做法，常常是建立不起来孩子真正的分享意识的。可以试着想出一个场景：如果有一天，有人真的把他让出的东西给吃了，那他很可能就会在心里犯嘀咕：不是每次大人都不会吃我的东西吗？为什么这次却吃了呢？

所以我们的家长在培养孩子的时候，一定要注意这个问题，而孩子的“分享”意识，并不是一下子就能够培养起来的，这是一个很缓慢的过程。家长们应知道，孩子最初的自发性的“分享”行为是在他们一岁左右的时候，孩子有的时候会把自己喜欢的东西借给别人，或者对别人微笑等等，可是，等到孩子两岁多的时候，孩子的自我意识就会开始发展，这个时候孩子就会和别人争抢东西，而孩子分享意识的培养是在孩子自我意识建立之后才能发展的，家长应该在这个时候，让自己的孩子懂得为别人着想，让孩子慢慢地将分享作为一种交往手段，让他们在与人交往的时候，体会到分享带给别人和自己的快乐。

有一次，林林的妈妈带着她的四岁的孩子在小区里面玩耍，林林拿着自己新型的玩具车在小区的路面上来回玩耍着。这个时候，同样在小区里面玩耍的别的小朋友看到了他的玩具车，就想要和他一起玩，可是他却拒绝了别人，这个时候，那个小朋友就对他说："如果你不让我玩的你玩具车的话，那我以后也就不跟你玩了。"听了这个话，林林的心里着急了，他马上带着自己的玩具车，跑到那个小朋友的面前说："好吧，我和你一起玩，只要你以后还和我玩就行。"说着，他就把自己的玩具车给了那个想要玩的孩子。

林林的妈妈等到他和小伙伴玩耍过后，领着他回家的时候，就问他："你和那个小朋友在一玩得高兴吗？"等他回答高兴之后，林林的妈妈借着这个机会，告诉他说："你看，你自己有好东西要学着和别人一起分享才是对的，你把自己的玩具分享给那个小朋友，你们在一起才会玩得很高兴，你真的很了不起。"林林听了妈妈的话之后，更是兴奋了。他在以后的日子里，也更加懂得与别人分享了。

家长在培养和强化孩子的分享意识的时候，除了对孩子进行语言方面的鼓励之外，还应该在适当的时候，给孩子创造更多的分享的机会，并且对自己的孩子进行正面的强化训练，更重要的是家长在教育孩子的时候，要为孩子树立一个良好的榜样。

家长应该让孩子学会分享，让他们知道，分享不仅仅是一种行为方式，更是一种美德。让孩子在实际体验中，真正在内心深处理解分享的深层次的意义。

多给孩子创造"分享"的机会

在现实生活中，有很多的孩子缺乏分享的行为和意识，这是因为他们大多数在家中是独生子女，他们从小就是一个人独自的长大。而在这样的环境中长大的孩子，他们也很容易形成不合群、孤僻的性格，很难形成分享的意识。作为孩子的父母，应该为孩子创造更多的与别的孩子交往的机会，或者经常邀请和他差不多的小朋友来自己的家里面做客，或者带着自己的孩子去参加一些社区之类的亲子活动，这些都是可以扩大孩子生活圈的有意义的活动，当然也会让孩子结交和认识更多的新朋友，让他们在与人交往中学会与别人分享的快乐。

有一个年轻的妈妈，她带着自己的孩子去参加幼儿园里面搞的一个亲子活动，她儿子的名字叫做虎子。这个亲子活动主要分为两组进行，在刚开始的时候，主持人告诉虎子的这一组的人说他们玩的是丢沙包的游戏。可是虎子还没等主持人把话说完，就飞快地跑到沙包的面前，在玩具筐里面拿起了一个沙包，这个时候，主持人笑着制止住虎子说：“沙包还没休息好呢，我们等它们休息好了之后，再和它们一起玩好吗?”虎子很无奈地把沙包放在了玩具筐里面，可是他的心却一直在沙包的上面。等到主持人把沙包分发给小朋友的时候，他拿着玩了一小会儿，就不想玩耍了，他把沙包丢在了一边，跑到妈妈的身边。这个时候，他看到另外一组正在玩呼啦圈的游戏，他觉得很好玩，于是跑过去拿了一个呼啦圈。她的妈妈把虎子拉到身边，悄声告诉虎子：“呼啦圈是那一组的小朋友的，那一组的小朋友找不到它会很难过的，而呼啦圈找不到它的朋友，也会很伤心的。妈妈的虎子是最有爱心的，快把呼啦圈送给他的朋友吧。”

虎子虽然心里不情愿，却还是把呼啦圈送给了那一组的小朋友。虎子重新又回到他的这一组，这个时候，他拿起沙包，朝着不远处的一个小女孩丢了过去，小女孩“哇”地一声大哭了起来，主持人赶过来问是怎么回事，虎子说：“我在玩打雪仗，并没有打那个小女孩啊。”主持人听了虎子的话，说了声“调皮”，笑着走开了。又大约过了七、八分钟，主持人拿出了大灰狼头像，开始玩“打大灰狼”的游戏。虎子站在队伍中间，伸长脖子，注视着前面。终于轮到了，虎子用力将沙包扔向目标，一下子打中了大灰狼的眼睛。虎子这下子可来了精神，迅速地捡回沙包，挤到了队伍前面。主持人连忙对他说：“你已经打了一次了，很多小朋友一次也没打过。你让一让，把这次机会给后面的小朋友，做个懂得谦让的好孩子。阿姨相信虎子一定能做到，是不是？”虎子皱皱眉，慢慢地走到队伍后面，又开始了漫长的等待。

孩子在他们成长的过程中，一个良好的习惯的形成绝对不是一朝一夕的事情，他们常常需要家长从各个环节入手，用不同的活动方式，帮助他们建立和形成一个长期稳定的习惯。

在孩子成长的过程之中，家长是与孩子接触的时间最长的人，也是最了解孩子的人。家长应该根据自己孩子的特点，让我们的孩子在日常生活中学会协商，理解分享的好处，并且能够独立解决他们在分享中出现的问题，以此来增进他们的感情，让孩子在内心深处接纳和理解分享所带来的快乐和幸福。

给孩子家财万贯，不如给孩子一个良好的习惯。实际上，在日常生活中也就是这个样子。家长在教育孩子的时候，如果让孩子养成了一种善于与人分享，乐于与人分享的好习惯的话，那他的一生可能会因为这个习惯而精彩和丰富许多，家长也不会觉得特别的累。

4. 父母藏起一半的爱给孩子

在如何爱子女方面，一位母亲说过一句名言：对孩子要“藏起一半的爱”。藏起一半的爱，不是说将爱减少一半，而是将一半的爱隐藏于心，有分寸、有节制地去爱孩子。父母爱孩子，不是把爱挂在口头，也不能只爱在眼前，要为孩子的成长和未来着想。藏起一半的爱，放手让孩子去体验、探索、经历，他们会得到更大的锻炼和成长。不要担心孩子摔倒，摔倒过后的孩子心智更成熟、生命更顽强！

第七章 让孩子在“爱”中学会分享与付出

爱太饱满，易因爱生“害”

被广大少年儿童及父母称为“知心姐姐”的卢勤说过：“世上的父母，都希望自己的孩子拥有一个快乐的人生，于是把自己所有的爱倾尽在孩子的身上。可是，父母们却忘了，爱也会害了孩子。于是一份掏自肺腑的爱，变成了毒爱。”天下没有不爱自己子女的父母，然而如何“爱”孩子，却是每个父母倾尽一生都难以毕业的必修课。

有的父母对孩子百依百顺、惟命是从，无原则地满足和迁就孩子的要求，这样会纵容了孩子凡事以自我为中心、随心所欲的坏习惯，长此以往，孩子的坏脾气会越养越大，此为一害；不仅如此，孩子还会认为父母的爱是天经地义的，这样会使孩子缺乏感恩之心，不懂得关心他人，不懂得付出，形成任性、自私的性格，此为二害；当父母对孩子“有求必应”，包办、代劳本应由孩子来做的事情，这样会使孩子失去亲自动手操作和体验生活的机会，孩子的情商、意志、能力必然得不到相应的锻炼，此为三害……不要让过度的爱毒害孩子，就从藏起一半的爱开始吧！

爱子女要讲究适度，减一分则少，增一分则多。现代家庭中的孩子大多数是家中的“独苗”，父母、家人唯恐爱之不及，怀着“怎么爱都不够”的心态，掏心掏肺地爱，不计一切地爱，“捧在手心怕摔着，含在嘴里怕化了”，孩子浸泡在泛滥的爱当中会变成怎样呢？恐怕这过于汹涌的爱不是滋润了孩子，而是淹没了孩子。

郑板桥52岁时喜得贵子，自然疼爱有加，但他希望把儿子培养成有用的人才，因此非常注意教育方法，包括如何“爱”他的儿子。

郑板桥被派到山东潍县当知县时，儿子年纪还小，不能长途奔波，郑板桥便把他留在了家里，让妻子和弟弟郑墨照管。郑墨非常宠爱侄子。父亲在外当官，儿子难免产生高人一等的想法，于是孩子常常向别的孩子夸耀自己的父亲，甚至有时候还欺负仆人的孩子。郑板桥听说这些事后，立即给弟弟写了一封信，信上说：“我五十二岁才得一子，岂有不爱之理！然爱之必以其道。”他在信中要求家人严加管教儿子，让他学会善待他人，不能骄纵成性。家人按照郑板桥的意思对孩子严加管教，结果孩子有了很大的长进。

后来，郑板桥身患重病，他提出让儿子亲手做馍馍给他吃，可儿子并不会做。郑板桥告诉他可以请厨师指导，但必须亲手学着做。当儿子捧着好不容易做成的馍馍送到父亲的病榻前，郑板桥已经气绝身亡。身边的茶几上留下一张纸条，上面写着：“淌自己的汗，吃自己的饭，自己的事自己干，靠天靠地靠祖上，不算是好汉！”看罢，儿子恍然大悟，明白了父亲临终要他亲手做馍馍的用意，原来是教他学会自力更生，不要依赖他人或祖业生活。

对于郑板桥来说，儿子无疑是他的“心肝宝贝”，但是他明白毫无保留的爱只会害了孩子，所以理智地藏起了一半的爱，外出时让弟弟对儿子严加管教，病危时还让儿子做馍馍，这都是希望儿子能健康地成长，成长为一个心地善良、人格独立的人。这对于那些只懂得让孩子过着衣来伸手、饭来张口的日子的父母来说，应该有所启迪。

藏起一半的爱，理智地爱孩子

把一个中国小孩、一个美国小孩和一个日本小孩放到一个没人住的荒岛中，让他们独立求生，结果会怎样？几天下来，美国小孩依然精神焕发、活力四射，日本小孩也还不错，可中国小孩却面容憔悴，瘦了一大圈，还一个劲地叫着“回家”……这是一个真实的报道，既令人震惊，也促人反思：三个国家的孩子为什么有这么大的差距？难道我们中国孩子的体力、智力不如别人吗？答案是否定的，归根结底，根源在中国父母的教育上。

中国有许多父母对孩子的爱是毫无保留的，他们过度保护孩子，生怕孩子受一丁点委屈，舍不得孩子吃苦受累，尽量满足孩子各方面的需求，包揽了孩子应该做的事情。结果，这些孩子无法经受挫折的考验，无法自力更生，不懂得自理、劳动、付出与合作。正是这些自诩“爱孩子”的父母，剥夺了孩子锻炼的机会，使他们成为依赖性极强、独立性极差、缺乏意志力的长不大的孩子。

对父母来说，看到孩子的鞋带开了，可以去帮他系；看到孩子的书包太沉了，可以去帮他拎；孩子说喝了，可以去帮他买饮料；孩子衣服脏了，可以去帮他洗等等，可总有一天，孩子会长大，他们恋爱受挫了，谁帮他承担痛苦？他们交不到朋友，谁帮他交朋友？他们工作不顺心了，谁帮他解决？……父母的责任是帮助孩子学会生活，帮助孩子学会自立，帮助孩子学会做人、做事，而不是倾尽全部的爱覆盖孩子的生活。

心理咨询师武志红认为，“我们常将‘做什么’视为爱，但很多时候，父母‘不做什么’才是爱。太多的时候，做父母的需要提醒自己，控制住自己干预孩子行为的冲动，因为太多的干预是不必要的。如果说，孩子是天使，那么父母不是上帝，而只是天使的守护者。”的确，孩子总有一天要独自面对他人生的道路。父母现在放手让孩子去摔跤，是为了让孩子体验摔倒的痛苦，为了让孩子明白跌倒了还可以再爬起来，同时也是为了避免日后更多次更严重的磕绊。

如果将父母对孩子的爱比作水，那么只有适当的浇灌才能让孩子茁壮成长，倘若盲目地将爱之水全部倾倒出来，结果可想而知。藏起一半的爱，对孩子来说，更深沉，更无私，更艺术，有时虽然有那么一点点“残酷”，然而正是在这样的爱里，孩子才能健康真正地成长！一个明智的父母应该是懂得将爱藏起一半的父母。

5. 让“爱”走进每一个孩子心里

苏联伟大的教育家苏霍姆林斯基说过，“没有爱，就没有教育。”著名作家高尔基也说，“谁最爱孩子，孩子就最爱他，只有爱孩子的人，他才可以教育孩子。”要想教育孩子，首先就要让爱走进孩子的心里。孩子需要爱，就像沙漠需要绿洲，青草渴盼甘霖一样，爱是孩子健康成长的“必需品”。被爱会使孩子有价值感和安全感，否则，他就无法信任别人，无法爱别人，也会使情绪和智能发展受到影响。爱，是父母打开孩子心扉的钥匙，是父母与孩子感情连接的纽带，是亲子之间达到心理交融的催化剂。

让“爱”填满孩子的心灵

在孩子的婴幼儿时期，父母就应该在他们的心灵中填满爱。只有得到了充分的爱，孩子的情绪才会稳定，并产生信赖感，这是人格形成的基础。而那些感受不到爱的孩子，他们的情绪不稳定，对他人缺乏信任感，虽然一方面也想寻找心灵的慰藉，但另一方面却又无法信任和关爱别人。无法关爱别人等于无法爱自己，一个不爱自己的孩子，其人格、心理很难获得健康的成长。

在成长的过程中，孩子不仅需要来自父母的爱，还需要更多人的爱。然而，孩子最先是从父母这儿感受到爱，也是由此学会爱的本领，从而更容易学会爱别人、信赖别人。因此，让爱走进孩子的心灵，对孩子的健康成长显得至关重要。

那么，什么才是爱呢？马克思说：“还有什么比父母心中蕴藏着的情感更为神圣的呢？父母的心，是最仁慈的法官，是最贴心的朋友，是爱的太阳，它的光焰照耀、温暖着凝聚在我们心灵深处的意向!”爱是神圣的,爱是无私的,同时还要知道,爱是真诚的,爱是理智的,爱是宽容的,爱是博大的。发自内心的爱,爱才能走进孩子的心里,才能产生“润物细无声”的教育效果。

她是一个耳聋的孩子的母亲,她是很多“聋儿”的“妈妈”,她是“中国十大杰出母亲”之一。

1995 年,她当妈妈了。然而,令谁也想不到的是,她的儿子到 3 岁时仍不会说话。当她和丈夫抱着儿子忐忑不安地来到医院时,医生带给了他们一个晴天霹雳的消息:儿子是个聋儿。他们跑了很多医院,结果如出一辙。

她决心让儿子学会说话,为此她辞掉了工作。她根据医院的建议,从亲朋好友那里借钱来给儿子配戴了一台数字助听器,又买来了一些关于聋儿康复、聋哑儿学说话的教材、资料,一边学一边教孩子,一个音不厌其烦教上千遍万遍。

刚开始,儿子连“啊”音也发不准,她将儿子的手放在自己的喉咙处,让他找感觉,再让儿子看自己的口型,如此不间断地重复。一个星期后,儿子发出了准确的“啊”音;一个多月后,儿子开口叫“妈”。4 年多以后,儿子像正常儿童一样,背起书包走进了学校。在她充满爱的关怀下,逐渐长大的儿子已经开始懂得如何按照自己喜欢的方式快乐地生活着。

有一次,她到商店买东西,偶遇一个 4 岁的聋儿,她就把自己的经历告诉了孩子的妈妈。后来,孩子的妈妈坚持要她帮忙带这个孩子。回到家后,她一夜未眠,萌生了创办聋哑儿语训机构的想法,希望能让更多天真活泼的聋儿回到精彩的有声世界。

在多方力量的帮助下,她终于成立了聋哑儿语训工作室,一年后,在工作室参加语训的 6 名孩子全部开始说话。到后来,她成了四十多位聋儿的妈妈,细心、耐心、恒心被她化作绵绵关爱,洋溢在孩子们的周围。

这一位母亲,她不仅将爱带进自己的孩子心里,还将爱辐射到其他孩子身上。这种爱是可贵的，拥有这么一位大爱的母亲，她的孩子又何愁学不会爱呢？爱是对孩子生命的尊重，爱是对孩子心灵的珍视，爱饱含着宽容和平等。不管孩子是美或丑，是智或愚，是敏或钝，父母都应该珍爱这一个个美好的生命，看到孩子的真实存在，发现孩子的真实需要，并帮助他实现需要，这才是真正的爱。

让可怕的“非爱”远离孩子

第二次世界大战后，欧洲的一家医院接收了一批战争孤儿。他们给孩子们提供了充足的营养，但孩子却越来越瘦，并且接二连三地死去。原因是医院的人手不够，无法让每一个孩子都得到爱抚，孩子因得不到身体的爱抚而死去。后来有学者给这个病起名为“衰竭”(Marasmus)，Marasmus 的意思是“衰弱”“消耗”，其中有两方面的含义，一方面是身体上的需求，另一方面是心灵上的抚慰。这些孩子就是因为缺乏心灵的抚慰，而使身体衰竭而死。由此可见，心灵的抚慰或者说爱，比身体上的需求更重要。

而对许多父母来说，他们也许都不吝惜于付出爱，然而这些爱未必都能为孩子所接受，这是因为一大部分所谓的“爱”是披着爱的外衣到处招摇撞骗的“非爱”。不对孩子施以“非爱”，让孩子远离“非爱”的侵害，才是真正将爱的种子播在孩子的心间。爱的内涵是难以穷尽的，那么不妨从反面的角度来披露以爱之名毒害孩子的“非爱”，供父母们引以为鉴，有则改之，无则加勉。

(1)有条件的爱。“你要听话！爸爸妈妈喜欢听话的孩子！不听话我们就不爱你了！不听话我们就不要你了！”这种“威胁”式的爱，孩子能够接受吗？

(2)无条件的爱。或许这可以称为富有牺牲精神的爱，但却是最不负责任的爱。父母无条件地爱孩子，无休止地包办孩子的生活起居，无原则地满足孩子的一切要求，既不鼓励孩子独立自理，也不给孩子明确必要的规则和纪律。这种看似无私的爱，实则是对孩子最大的毒害。

(3)永远无法满足的爱。孩子考试得了 99 分，就质问他怎么没有得 100 分；孩子学会了弹钢琴，还要求他说一口流利的外语；孩子考上了大学，还责怪他怎么没考上清华北大；孩子有了工作，还埋怨他挣的钱不够多……孩子不是父母的摇钱树，也不是父母挣面子的工具。没有肯定和赏识的爱，绝对不能走进孩子的心坎。

(4)依赖的爱。有些父母太爱孩子，以致将孩子当作“精神寄托”甚或“支柱”，担心孩子万一有个闪失，就活不下去，甚至明确地告诉孩子自己就是为他活着。爱孩子，让孩子感觉到在父母心中不可替代的地位，这固然重要。但是过于沉重的爱只会使孩子感到负担。

(5)要求回报的爱。有些父母认为自己为了养育孩子而牺牲了自己的时间、精力甚至事业，所以经常唠叨自己为孩子“牺牲”了什么，抱怨孩子没有偿还这些债务。甚至有的直接向孩子要求将来要报答父母的“恩情”。这样，就算父母为孩子做了太多的事情，孩子也感受不到真心的爱。

身为父母，如果自以为爱孩子爱得天昏地暗，但却有可能是属于上述的“非爱”行为，那么这样的爱绝不会走进孩子的心里，也不会成为孩子健康、快乐成长的养料。出于压力、恐惧、内疚的爱并不是真爱，要想让爱的雨露真正洒进孩子的心灵，则要了解爱、学习爱、付出爱。

6. 学会分享，把“爱”传出去

当一个崭新的生命降临人间，大人们为了这个柔嫩的小生命，纷纷围绕在他左右，给他吃最高级的奶粉，给他穿最好看的衣服，给他买最好玩的玩具等。但是有一天，父母会发现自己的孩子不愿意把好吃的东西与人分享、不愿意把好玩的玩具与小伙伴分享、不愿意体谅父母的辛苦和分担父母的忧愁。相信任何父母都不愿意自己的孩子成为一个智商高、能力强却不愿分享、不懂关爱、自私冷漠的人。所以，父母应该从小教孩子学会分享，那么孩子才能成为一个有爱心、会分享的人，才能在社会、集体中生活得更加快乐。

让孩子学会分享不要流于形式

九个月大的婴儿就知道紧握着手里的小甜饼不愿与人分享，而到了孩子两三岁时，他们还不能正确区分“自己的”和“别人的”东西。当他们认为是“自己的东西”被侵占时，就会大发脾气，因为他们只知道现在拥有。这是孩子在一定年龄阶段固有的特征，如果父母没有在此时培养孩子“分享”的习惯，而是让孩子任意为之、继续独享，那么孩子以后想要学会分享就会很困难。

现在的孩子大多数都是独生子女，从小独自拥有事物、衣物、玩具、空间，还有爸爸妈妈等长辈的爱，没有兄弟姐妹分享一切的机会，很容易成为自私霸道的人。虽然很多年轻的父母重视培养孩子的分享行为，天天让孩子给家里人分食物、分东西，但很多时候却流于形式，没有让孩子获得分享的正确观念，也没有让孩子从心底里接受分享。

四岁的亮亮是个小胖子，特别爱吃鸡腿。有天，奶奶买了一只鸡做给全家人吃，饭桌上，奶奶把两个鸡腿都夹到了亮亮碗里，并说：“亮亮最爱吃鸡腿了，鸡腿都给亮亮吃。”这时，妈妈说：“好东西要分享。奶奶最老，要把最好的东西给奶奶吃，快给奶奶一只鸡腿吧。”亮亮听话地正把一只鸡腿夹到奶奶碗里，奶奶赶忙制止道：“奶奶不爱吃鸡腿，亮亮吃吧。”硬是把鸡腿留在了亮亮碗里。亮亮为难地看了看妈妈，奶奶又催促着亮亮“快吃快吃”，妈妈只好不再坚持。亮亮很享受地吃起了鸡腿，奶奶心满意足地看着孙子吃鸡腿。

两岁的兰兰是一家人的中心。这天，全家人一起吃苹果，妈妈把苹果削好切成块，嘱咐兰兰给大家“分果果”。兰兰把一块苹果递到奶奶手里，奶奶说“谢谢，兰兰真乖”，兰兰再分别给爷爷、爸爸和妈妈各一块苹果，当每个人手里都有一块苹果之后，妈妈说：“兰兰真是一个爱分享的好孩子，好吧，现在盘子里剩下的这些苹果都奖给能干的兰兰吃吧。”兰兰于是满意地吃起了盘子里的好几块苹果。

五岁的东东有一双对他关爱备至的父母。有一次，父母买了一箱东东最爱吃的橘子。每次吃完饭后，父母就让东东帮忙从箱子里拿出橘子来，分给爸爸妈妈和自己各一个。这天，东东从箱子里拿出了最后一个橘子，看了看爸爸说“只有这一个了”，又看了看妈妈说“没有了”，他没有要把橘子给爸爸或者妈妈吃的意思。爸爸妈妈看出来了，孩子的意思是“只有一个橘子了，难道你们还要吃吗？”爸爸妈妈对望了一下，坚决地对东东说：“来，我们把这个橘子分成三份。”分好了三份橘子，爸爸妈妈毫不犹豫地享受起自己的那份。他们对东东说：“真正的分享，并不是自己有很多，或者自己不喜欢、不需要的东西才分给别人，而是即使自己不够，自己也很需要、很喜欢的东西还是愿意分给别人。这才是真正意义上的分享。”

什么才是真正的分享？怎么做才能让孩子学会真正的分享？这并不是每一个父母都明白的问题。在前两个故事中，亮亮妈妈虽然也重视孩子的分享行为，但是因为奶奶太疼爱孙子，最后没有坚持。以后亮亮会不会在妈妈面前一套奶奶面前一套？或者他的分享只是做出个"姿态"就行了？而兰兰妈妈似乎在培养兰兰的分享行为，可最后却因为兰兰的行为而奖励给她比别人多得多的苹果。这样会不会让兰兰认为只要分给别人一点点，自己就可以得到更多？如果分给别人多一些，她会不会乐意？如果最后奖赏，她还会乐意分享吗？最后一个关于分享的故事值得父母们借鉴，真正的分享并不是形式，而是从心底里愿意同别人一起享受哪怕自己很需要、很喜欢的东西。

孩子乐于分享，"爱"就会变成快乐

我国著名教育家陶行知先生说过："人格教育依赖于岁之前培养。这个时期培养得好，以后继续增高的培养上去，自然会成为社会的优良分子；倘使培养得不好，那么习惯成了不易改，倾向定了不易移，态度决了不易变。"要想孩子在形成良好的行为习惯并养成健全的人格心理，那么父母就要从小教给孩子正确的行为观念，在日常生活中一点一滴地培养、纠正和完善。教孩子学会分享，也是如此。

在孩子的婴幼儿时期，父母就要让孩子学会什么是"分享"。所谓分享，是暂时把物品借出或与人合作共用。父母在引导孩子的分享行为时，往往混淆了"分享"和"慷慨"的含义。有的孩子在把饼干分享给了其他小朋友时，就不愿再把自己的玩具借给别人玩，因为他们认为分享就等同于永久地失掉了拥有权。这时父母就要让孩子明白分享并不意味着失去，而是和别人共享快乐。

孩子的分享行为不是自发形成的，父母必须在日常生活引导孩子怎么做。譬如，饭后吃水果时，有意识地引导孩子将水果分发给大人，告诉孩子好吃的东西要和大家分享，还可以尝试着让孩子把好的、大的先给别人吃，而大人在欣然接受孩子给你的东西时，别忘了说"谢谢！"让孩子感受到真实的分享，同时也在无形中让孩子学习了礼貌待人。不要因为疼爱孩子而将分享行为流于形式，这样只会助长孩子以自我为中心的心理。

要让孩子明白，分享是心甘情愿的，不是因为别人的要求才做的；分享不分对象，对亲人能够做到，对别人也能够做到；分享的快乐就是目的，而不是为了表扬或得到什么；分享是一种行为习惯，不是偶尔为之，而是总是为之。

一个乐于分享的孩子，在将来的社会生活中很自然地能够交到更多的朋友，更加受欢迎，更加容易得到别人的帮助，而且他自己也更加懂得感恩，懂得珍惜，具有更快乐的心态。

分享教育是一个长期的潜移默化的教育过程。父母应该让孩子从小就有分享的意识，经常有分享的行为，体验过分享带来的挣扎、犹豫、忍耐、克制和坚持，体会到分享带来的快乐和满足，看到分享给别人带来的愉悦，才能慢慢地理解分享的真正含义，学会发自内心的分享，成为一个乐于分享、习惯分享的人。

第八章

寻根求源，父母“爱”孩子的误区

可怜天下父母心，父母爱孩子是一种本能，爱得深切，爱得真，但父母更应爱得理智。但是有多少父母走入了爱的误区：总认为爱要“含在嘴里怕化了，捧在手心怕冻了”或者要“打是亲，骂是爱”，殊不知：这是爱的负担、这是爱的坟墓。

第八章　寻根求源，父母“爱”孩子的误区

1. 溺爱，很多家长的通病

前苏联著名的教育家马卡连柯说：“父母对自己的子女爱得不够，子女就会感到痛苦，但是过分的溺爱虽然是一种伟大的感情，却会使子女遭到毁灭。”然而，过分溺爱子女已经成为当今社会上一种很普遍的现象，这也是很多家长对子女教育的常见误区。

溺爱是对孩子的成长极为不利

生活中，经常可以听到这样的话：“我们的童年过得很艰辛，再不能让孩子经受我们那些磨难了。”、“现在的条件这么好，又只有一个孩子，所以无论如何都不能让孩子再吃苦受累。”等等。也正是怀着这样的想法，很多做父母的便尽其所能从各方面满足孩子的要求，包括一些不必要甚至是无理的要求，代替孩子完成一些理应由他们自己完成的事情，比如做作业、做家务、值日等等。他们尽量地让孩子的生活道路没有坎坷和困难，似乎这样孩子就能幸福地成长。而事实上，父母这样的教育观念会给孩子的一生造成很大的危害。

幼小、天真如一张白纸的孩子，最需要父母对其进行正确的教育和引导，但是溺爱却成了家庭教育、引导孩子健康成长的障碍。孩子常常是在不知道错还是对的心理状态下做自己想做的一切，而溺爱使得家长不能给孩子以适当的批评，不能让孩子明白对与错、什么能做什么不能做、好与坏的区别。

父母事事都顺从孩子的意思，代替他完成所有的事情，孩子什么事情都不必动手，容易养成任性、懒惰的性格。父母一切以孩子为中心，对孩子百依百顺，满足孩子的一切需求，溺爱孩子，而不去

教孩子如何理解爱与培养孩子对其他人的爱，会使孩子不自觉地养成以自我为中心、凡事只为自己考虑的不良习惯，认为别人为他所做的一切都是理所当然的，会认为规矩都是为别人制定的，与自己无关，这渐渐会使孩子变成一个自私、狭隘的人。

有位教育家曾经这样说过：“溺爱是父母与孩子关系上最可悲的事情，用这种爱培养出来的孩子不肯把心理献一点儿给别人。”父母对孩子过分溺爱会让孩子不知道自己也应该去关心别人，从而缺乏同情心和自控能力。此外，父母对孩子的溺爱，还会使其习惯于依靠父母生活，没有自己的主见，往往容易缺乏自信，也缺乏独立解决问题的能力和对人、对事应有的责任心。

当然，父母出于对孩子的关爱，安排和规定好孩子的生活、学习，这种做法在孩子很小的时候是非常可取的，但是随着孩子的渐渐成长，父母就不能拘泥于用这种方法了，因为如果这样做很容易使孩子产生严重的依赖心理，最终影响孩子的独立性。

给孩子独立自主的机会

对孩子过度溺爱的父母也许不会想到，自己的“爱”可能会给孩子带来困扰，会让他们很尴尬。长此以往，孩子会因为父母的包办而能力低下，如果形成恶性循环，则后果不堪设想。可以说，溺爱带给孩子的只有懦弱和无能，面对竞争激烈的未来，等待孩子的也只能是各种各样的失败。既然是孩子自己的事情，就不要替他决定，而要让孩子学会自己做出选择，自己去完成；不要代替孩子体验，而要让孩子自己学会品尝；不要代替孩子做总结，而要让孩子自己学会反思。如果真的爱孩子，想让他健康成长，就请把独立自主的机会和能力还给孩子。只要是孩子能够独立完成的事情，就不要担心事情是否会成功，事实上，让孩子努力去做某件事情就已经是成功的开始了。

第八章　寻根求源，父母“爱”孩子的误区

有一名学习成绩很好的女孩子，去参加市里组织的三好生夏令营，她非要妈妈跟着去。原来这个女孩子不会自己梳头，不会倒水。结果，五天的夏令营她只过了三天，就因为“不适应”而提前当了“逃兵”。

有一位参加北极村冬令营的小营员，在零下三四十摄氏度的东北雪原长了一身痱子。原来，这名小营员在出发前，妈妈千叮咛万嘱咐他一定要多穿衣服，别冻着了，但是没有告诉他热了时也要适当地脱掉衣服。这名小营员根本不知道怎么照顾自己，在暖烘烘的屋里也穿着出门时才穿的羽绒裤，难怪他会捂一身痱子。

有些父母，尤其是一些相对较年轻的父母，在对待孩子的问题上，往往缺乏应有的分寸。他们给予孩子的往往是没有原则的，过分的宠爱。有的家长对孩子姑息迁就，任其发展；有的只知道想方设法满足孩子的锦衣玉食，却不懂给孩子良好的精神食粮和思想营养。这样，势必把孩子宠坏，这种“爱”是盲目的，也是有害的。

每个人都是一个独立体，孩子也一样，他们终究是要离开父母而独立生活的，生活能力和自理能力是伴随孩子一生的最基本的生存本领。因此，父母还要注重对孩子独立自主习惯的培养。让孩子养成独立自主的习惯，就需要父母给孩子独立自主的机会。把孩子应该自己完成的、能够做到的事情，以及他应该承担的对自己、对父母、对家庭、对社会的责任都要还给孩子，给孩子独立面对社会的机会，让孩子成为真正意义上的独立的人。而且，做父母的还要注意，培养孩子的独立自主能力不能操之过急，要循序渐进，要随着孩子年龄的增长，逐步对提出力所能及的要求，不能总是要求孩子做其根本做不到的事情。

天下父母没有不爱孩子的，但是在爱孩子的过程中也要有一定的分寸、有一定的原则。要能自觉地控制自己的感情，克制那些无益的激情和冲动。所谓“爱之深，责之切”，也就是说，严格要求正是出于对孩子深切的爱。因此，做父母的不应该被盲目的爱所支配，要在严格中带有爱，在爱中也不乏严格。当然严格要求并不意味着对孩子动辄训斥打骂，而是要做到以合理为前提。而且，在态度上也要有耐心、循循善诱。

2. 过多干涉，让孩子感到很无奈

天下间做父母的，没有不希望自己的孩子能成风成龙的，因此，有的父母一心想让自己的孩子赢在起跑线上，从孩子咿呀学语时就为其设计了一幅理想的人生蓝图。为此，父母为了实现目标，不顾孩子个人的爱好和理想，强迫孩子按他们自己设计的轨道发展，如果孩子有一点没有符合自己的意愿，就对孩子的所有努力和成绩全盘否定，甚至对孩子进行责骂。

的确，随着现代社会竞争的日趋激烈，父母这种望子成龙、追求上进的良好愿望本来无可厚非，但是为了孩子能有一个大好前途，而给孩子过大的压力，结果让孩子不堪重负而走向极端，就太遗憾了。

干涉孩子的理想，不利于其心理健康

从上幼儿园开始，果果的耳边就常常响起爸爸妈妈“一定要好好学习，一定要争气，一定要考上名牌大学……”诸如此类的叮咛。

为此，果果也在父母为她设计好的框架里不断地努力着。

后来，12岁的果果不负父母的期望，以优异的成绩考进了一所市属重点初中。终于可以松口气了，果果觉得自己没有辜负爸妈的苦心，考上了他们指定的学校，这个假期可以好好地休息休息了。有一天晚上，妈妈吗下班回来，手中拎着一个大口袋。果果急忙迎上前去，打开口袋，果果呆住了——里面全是初一的课本和辅导材料，妈妈并没有理会果果的惊讶，严肃地对果果说：“你呀，不要以为进了重点初中就万事大吉了。要知道，凡是考进这所学校的学生都是尖子生，你要想出头，就要提前做好准备。”果果说：“妈妈，我知道。可是，这个假期是不是……”妈妈打断了果果的话：“是不是什么，你还没到可以休息的时候。我和你爸早就计划好了，你的目标，就是清华。当年，你爸爸因为一分之差没有考上清华，这是他一辈子的遗憾，这个遗憾只能靠你去弥补了。”见果果没有回应，妈妈缓和了语气，语重心长地说：“女儿啊，我和爸爸也都是为你着想啊。清华是最高学府，如果能考进这所学校，以后无论是出国深造还是找工作，都是毫不费力的。我们为你创造这么好的条件、替你操这么多的心，对你没有别的要求，只要你能考生清华，到时候你想干什么就干什么，我和爸都不会再管你。”

听了妈妈的话，看着成堆的辅导资料，果果无言以对，禁不止流下了委屈的眼泪。第二天，果果离家出走了……

生活中，像果果的父母这样为孩子设计好前途的父母不在少数。他们把自己一生的理想或者遗憾都寄托在孩子身上，一直逼迫孩子往自己认为是正确的道路上走，即使孩子并不适合或者根本就不喜欢。孩子对此感到很无奈，小小年纪，不能做自己感兴趣的事，一切都被父母安排好了，自己似乎只能顺从，否则就是没有上进心、不懂事。殊不知，父母对孩子理想和兴趣的干涉，会极大地破坏他们对学习和生活的积极性，在这种沉重的压力下，做任何事是不会取得好的效果的。

也许，这些父母认为，孩子很小，很多事情他们都还不懂，父母为他们做出的选择对他们是有好处的。殊不知，孩子的年龄虽然小，但是他们也有着鲜活的思想和情感，有自己的兴趣、志向和理想。孩子为了自己这些目标而努力的时候，是自觉自愿、积极主动的，而且学得又快又好，同时还能享受到学习的乐趣。如果父母把自己的意愿强加给孩子，让孩子担负起父母的愿望，那孩子就会感到身上的担子太重了，压力太大了，孩子就会觉得学习一种痛苦的过程，同时也会使还失去自己的成长空间和独立意识，这可能导致孩子产生抵触、反叛与对抗的情绪，出现与父母关系紧张、厌学等现象，甚至走上歧路。也有一些孩子会变得精神萎靡，对生活、对学习感到迷茫、失去信心等，这些都对孩子的心理健康极其不利，甚至可能引发心理障碍和心理疾病。

因此，父母千万不要自以为是地去为孩子设计发展的模式，不要过多地干涉孩子的理想，不要让孩子做自己的“接力棒”。其实，每个人都有自己的理想和追求，孩子也不例外。

正确对待孩子的理想和追求

为了能让孩子健康的成长，愉快地学习，父母应该学会成全孩子，父母要做的应该是帮助、引导孩子去做什么，而不是规定孩子去做什么。

对于孩子的理想和追求，父母也应该有一个正确和客观的认识。首先要给孩子一个想成为自己的空间，给其足够的成长空间，让他们有自己的理想和愿望，有自己的思想和独立思考的权利，不要让孩子成为被人怎么想、孩子也要怎么做的盲从的牺牲品，更不要让孩子成为代替父母实现未尽的理想的工具。父母可以根据孩子的具体情况和兴趣，向孩子提出建议，引导孩子找到自己努力的方向。

随着孩子渐渐地长大，他们逐渐形成一种独立意识，因此父母要尊重孩子的独立性，让孩子充分地发展，而不是被父母限制在已经为他们设计好的框子里。否则，他们也会像自己的父母一样，在补偿父母一行的同时，留下自己人生的遗憾。

对于孩子的理想和追求，父母如果觉得是合理的，就应该给予尊重和支持。对孩子理想真正的支持应该建立在对孩子的充分理解和尊重的基础上，以孩子的心理准备和接受能力为前提，然后进行适当的启发和引导，需要的是精心呵护，不是说教，不是命令，更不是趁机提条件。即使孩子的理想与父母的理想产生了很大的偏差，也要心平气和地与孩子沟通，在尊重孩子理想和追求的基础上，通过充分的商量和探讨，让孩子充分理解父母的想法，然后再把决定权决定孩子，给其充分合理的自由，让他们做自己人生的主人。

但是父母在尊重孩子理想和追求的同时，还要注意一些问题：不要在孩子建立理想的初期就给孩子太多的压力和警示，这样做很可能会打击孩子的积极性和探索欲，让孩子轻易放弃自己的理想。

当然了，对于孩子的理想，父母采取不理不睬或者拔苗助长的做法也都是错误的。如果父母用这样的态度来对待孩子的理想，那么也许孩子永远也不可能树立稳固的理想。正确的做法是鼓励孩子树立理想，并为理想而努力。总之，父母对于孩子的理想，要一点点地培养和扶持，要精心地与孩子一起去浇灌和滋润。

每个孩子的成长之路本应该是五彩缤纷的，对于社会来说，不仅需要高层次的人才，更多需要的还是普通劳动者。作为父母，培养孩子要顺其自然、因材施教，是什么铁就要打什么钉。因此，为人父母者，应该多站在孩子的角度考虑问题，多用客观的眼光去看待问题。从精神上给予孩子关爱，让他们按照自己的愿望发展，而不是一位地去干涉孩子的人生轨道。

3. 棍棒底下出孝子的严“爱”

管教孩子的方法有千百种，但悲哀的是，在很多家庭中，大骂孩子可以说是一种最常见最直接的方式。时代在变，家庭教育的观念也在更新，父母管教孩子的方法当然也不可能不变通。也许父母会感到疑惑，如果把棍棒收起来，是不是就会宠坏孩子？其实，当孩子犯错时，用尊重的态度让孩子自己负责，反而更能培养孩子独立而理性的人格。

父母为什么总是打骂孩子

大骂只会摧残孩子的身心，使孩子失去人生的自信，而唯有尊重，才能让孩子鼓起人生信心的风帆。因此，作为父母，一定要避免棍棒教育出现在自己的家中。世界著名教育家爱德华教授认为：父母的手应该充满关爱和温暖，而不是让孩子感到陌生和恐惧。一个在战战兢兢中长大的孩子，会渐渐发展处负面的行为，比如：不敢表达自己真实的感觉就说谎；有需求不敢说就偷窃等等。不过有些父母又常常会感到很为难，因为除了大骂之外，他们似乎总是很难找到有效、直接的教育方法。

据调查，当被问到为什要大骂孩子的时候，很多父母的回答都是孩子“不听管教”。针对这种情况，教育专家指出：父母在对孩子进行打骂教育的时候，总是把原因全部都推到孩子的身上，认为是孩子逼迫自己这么做的，却很少理智地去寻求其他的方式来教导孩子。其实，无论用什么样的方式对孩子进行管教，其责任都要由父母担起来，而不是无辜的孩子。

正因为父母不愿意花心思去寻找其他的教育方法，所以才会有打骂孩子的草率表现。一般来说，父母之所以要打骂孩子，主要有以下 4 个原因。

1. 传统教育观念的影响

不可否认，即使是在现代社会，传统的家庭教育观念对很多父母仍然有着潜移默化的影响，例如“不打不成器”、“棍棒底下出孝子”等观念。因为在传统观念中，父母与孩子的关系就是上对下，这些父母并没有尊重孩子、和孩子平等相处的概念，他们将对传统文化的尊重多放在平辈之间的相处上，而在亲子关系中却十分欠缺。

2. 自我情绪管理不佳

如果父母本身的心智不够成熟，那么对孩子而言就是很沉重的压力和包袱，当然也可以说是孩子的一种不幸。当在生活中遇到苦难或者挫折时，有些父母很容易将怒气发泄到孩子的身上。当父母对自己生活或工作的期望无法得到满足时，就更希望孩子能完全按照他们的指示来行事，一旦孩子的表现达不到父母的满意，那么父母多会采取大骂的教育方式来“解决问题”。

3. 自我的成长经验示范

由于没有及时地接受新知识或者经验不足，有些父母就直接套用自己父母的管教模式——只要不顺从父母的意愿，就会受到打骂的处罚。因此，当父母无法使自己的孩子照他的方式做事或者生活时，也就直接采用自己最熟悉的方式去管教孩子。

4. 寻求快速方便的方法

有些父母懒得去思考怎样用其他的方式去管教孩子，认为打骂的教育方式最方便，见效也最快。因此，每当孩子犯错的时候，首先想到的就是打骂孩子。

很少或者没有父母天生就会管教孩子，也很少有父母能自然而然地成为家教高手。因此，想做成功的父母，就要不断地补充新的知识和观念。如果做父母的从小就没有得到太多良好的教育体验，现在又很难去思考应该如何对待孩子，那么最基本的也要记住教育专家提醒的“不打不骂”的教育方法。

孩子需要赏识而不是打骂

当自己被孩子气得怒发冲冠的时候，再也不要用棍棒来解决问题了，不妨试试以下的方法。

1. 多了解孩子

做父母的在忙于生计的同时一定要抽出时间多了解孩子，与孩子、保姆、孩子的老师多沟通，尽量对孩子在学校和家庭中的表现有一个比较全面的把握。多一分对孩子的了解，就会少一分误解孩子的几率，也就会避免很多生气的事情发生。这样一旦孩子真有不听管教的时候，也能比较明白应该如何去正确引导孩子。

2. 耐心地倾听孩子

如果是气急攻心的父母，在面对不听话的孩子的时候，通常最直接的反应就是打骂。此时，父母应该先冷静下来，尝试去耐心地倾听孩子，问问孩子这么做的原因是什么。当父母的心思已经放在了了解孩子想法上，并想办法帮助孩子解决问题时，也许会发现孩子的行为其实是情有可原的，并且也会释放很多负面情绪，避免脾气爆发。

3. 修正对孩子的期望

有些父母常常拿自己都做不到的标准去要求孩子。要知道，孩子的年龄还小，有好动、固执、健忘等表现再正常不过了。父母如果真的要对孩子有所要求，也一定要考虑孩子的成长状况，不要总是拿“放大镜”去看待孩子的表现，用“放大镜”看孩子的缺点。

4. 在孩子面前放下身段

有些父母总喜欢在孩子面前保持威严，习惯以上对下的态度来对待孩子。对此教育专家建议，父母要对孩子真正放下身段，从内心尊重孩子，不要用命令的口气跟孩子说话，将孩子当作成人一样去尊重。不要总是对孩子说“不”，而是要给孩子选择题，让孩子自己做出决定。如果孩子的年龄足够大，表达能力没有问题，也可以让孩子提出自己的解决方法或意见。

5. 懂得与孩子协商问题

不用总是要求孩子按照自己的心意去生活，那样不仅孩子会很痛苦，就连父母也不会过得开心。孩子也是人，当然有他们自己想做的事情。因此，遇到问题要懂得与孩子一起协商，各退一步就是一种很好的方法。

6. 极度愤怒时不要管教孩子

父母在极度愤怒的时候，肯定无法以理性的方式去管教孩子。因此，当父母无论如何也平静不下来的时候，最好要暂时离开现场，或者是转移自己的注意力去做别的事情，等到自己平静下来后，再与孩子进行沟通。

每个人都有渴望得到他人认可、赞同的心理需要。当孩子取得成绩时，他内心充满自豪，充满信心，这时，他们特别需要有人来分担他们的快乐，分享他们的成功。这时，为人父母者，要找准时机，创设情境，恰当地赏识孩子。

美国心理学家威廉·杰姆斯曾说过：“人性最深层的需要是渴望别人的赞赏，这是人类之所以有别于动物的地方。”很多伟人的成功就是因为儿时常得到父母的赏识，正是这种赏识不断地激励他们让他们走向了成功。

不打不骂照样能教出优秀的孩子，每个做父母的都应该将这个教育理念贯穿于自己的家庭教育中，给孩子创造一个良好的成长环境。因此，父母要能够赏识孩子，要让孩子从父母的赏识中，体会到成功的乐趣，更能从父母的赏识中明确努力的方向，以更加饱满的热情投入到学习生活中，力争取得更大的进步与发展。

4. 把孩子当作攀比的工具

很多父母喜欢拿自己的孩子与别的孩子相比较,他们总是以充满赞叹的口吻对自己的孩子说,你看人家某某多聪明。贬低自己的孩子,赞扬别人的孩子,想通过比较激励自己的孩子,这是一种教育策略,但是用得不当就会让家庭教育陷入误区。

父母的攀比心理,让孩子苦不堪言

生活中,我们常常会看到这样的情境:父母用熟悉的同学或者同龄人的优秀表现来激发自己孩子的上进心。诸如"你看看邻居的孩子如何如何"、"你看看你的同桌"之类的话整天充斥着孩子的耳朵,作为一种教育策略,如果父母能将之用得恰到好处,对孩子积极引导,可能会激发孩子的上进心,取得良好的教育效果。以孩子的小伙伴作为榜样激发孩子向小伙伴学习,这种方法可能会对自己的孩子带来很多积极影响,但是很多家长出于严重的攀比心理,忽视孩子的个性差异,孩子往往会成为模式化教育的牺牲品。

有研究显示,在影响孩子心理健康的因素中,家庭环境和父母的教育方式是最重要的。父母是孩子的榜样,总是拿自己的孩子与别的孩子随便比较,这种教育方式是相当普遍的。在社会心理学家看来,比较在一个人的心理发展商焗油膏两种重要功能:一是认识自己,人都是在与其他人的交往过程中认识自己的,因此,每个人都是以他人为"镜"的。二是确立目标,人都需要在与其他人的比较过程中找到自己的人生目标和努力的方向。但是,如果在比较的过程中,父母对孩子抱有不切实际的过分期望或者总是拿自己孩子的不足与别的孩子的长处相比较,很容易使孩子产生挫败感，不利于其自信心的培养。因为，没有一个孩子愿意承认自己比别人差，他们希望得到承认的肯定，他们对自己的认识也往往来自于成人对自己的评价，而肯定方式的评价对孩子自信心的培养则是尤为重要的。如果父母总是强调孩子比别人差，会使孩子经常自我否定，导致孩子在成长过程中遇到困难就产生恐慌、退缩的心理，这对孩子的心理健康造成的危害是很大的。

青青与文文是同班同学，两个孩子从小一起长大，学习成就都比较突出，两位妈妈经常暗地里“攀比孩子”。6月底，学校举行期末考试，青青考了年级第一，文文却成绩平平。文文的妈妈感到心理极度不平衡，整天给孩子脸色看，还趁着假期给文文报了英语、数学补习班，督促女儿提前学习初三的课程。暑假期间还不断地告诫女儿：“文文，你必须努力学习，一定要超过青青。”

从那以后，文文的生活只能说是苦不堪言，三天两头就会被妈妈劈头盖脸地骂一顿。有时候，妈妈还不让她吃晚饭，把她关到房间里“闭门思过”。然而，文文的成绩并没有如妈妈所希望的那样，反倒与青青的差距越拉越大，而文文的个性也越来越压抑。

其实，每个孩子都有自己的长处和短处，有与众不同的个性特征。如果父母盲目地、笼统地攀比，实际上既是对自己的孩子缺乏信心的表现，也没有认真研究为什么自己的孩子不如别的孩子，就一味地羡慕别人的孩子，斥责自己的孩子，只能导致孩子对学习的积极性越来越低，也越来越没有信心。

放下攀比，彼此轻松

这个世界上，不存在两个相同的人，每个人都有自己独特的天赋，有各自的性格，有各自的能力。如果父母一味地攀比，看不到自己孩子的长处，而只是看到孩子的短处，基于这种心态的对孩子的教育不会收到任何效果，甚至会是失败的。

可以说，喜欢攀比的父母都有一颗望子成龙望女成凤的痴心，然而，一边攀比一边打击孩子的习惯，从根本上说，是在慢慢毁掉孩子的自信心。要知道，孩子的成长动力，来自心理上不但做出的自我肯定，缺乏自信的孩子最终会失去自信，甚至导致医生碌碌无为。

此外，攀比造成的苛求也将使年幼的孩子失去安全感。4岁以下的孩子，如果总听家长说自己不如邻居及同事的某个小孩，心理压力会增大，会有被抛弃的恐慌。而当孩子渐渐长大，意识到自己再不合父母的意父母也无法抛弃自己时，向上的动力也会消失，这个时候孩子就会变得没有动力，任何批评也再无法对他造成触动。

其次，做父母的应该学会全面看待问题，看到自己孩子的进步。客观的比较有两种，一种是横向比较，一种是纵向比较，看孩子的进步，不仅要横向地看孩子和别人的差距，更要纵向地看孩子比从前取得了哪些进步。家长不能用学习上的进步来牺牲孩子的成长，盲目攀比的结果是对孩子个性的摧残。

再次，要承认孩子之间有差异。人与人之间必定存在生理的智力的等等方面的差异，孩子也是如此。每个孩子的性格和特点都是不同的，许多父母喜欢把自己的孩子跟别的孩子进行比较，而且总拿自家孩子跟别的孩子的长处相比。这样做实际上是忽视了孩子之间的差异，父母应当接受并承认孩子之间的差异，帮助孩子学会取长补短。而且，当父母看到自己的孩子和别的孩子有差异时先不要着急，这种差异未必就是差距。孩子跟别人的差异性往往是其个性形成的开始，其实，这种差异更需要父母来加以保护。此时，父母的正确态度是，根据自己孩子的特点进行教育。比如，自己的孩子如果脑子比价迟钝一些，不妨教育孩子笨鸟先飞，比别人多一点努力，这总比一味地指责有用，而当孩子有了进步就应该给予适当的鼓励。只要孩子付出努力了，而且也尽其所能了，都应该得到父母的赞美，父母也不应该再提出过高的要求，这样的教育才是成功的。

其实，自己的孩子就是自己的孩子，没有必要总是去和别人的孩子比较。只要自己的孩子每天都会有进步，做家长的就应该感到欣慰。因此，父母要学会欣赏孩子，不要总是拿自己的孩子与别人的孩子想比较，孩子之间是无法比较的，父母要让孩子保持自信。不论如何，父母都要鼓励孩子在生命的交响乐中演奏属于自己的乐章。这是孩子潜能最大化的重要通道，也是孩子自信最大化的源泉，更是使孩子实现人生价值的必由之路。

5. 不一致的“爱”，让孩子无所适从

一个孩子不能同时接受父母双方不一致的教育，因为这种不一致的“爱”会让孩子无所适从；一个孩子不能同时接受父母给予的两种价值观，否则他的生活将会陷入矛盾中。如果一个孩子总是不能如家长所愿变得很优秀，要认真观察是不是做父母的在教育上出现了不一致的观点，导致孩子不知道到底该听谁的，最后让父母“大失所望”。

手表一块就够了，教育观念要一致

在一个茂密的森林里生活着一群猴子，每天太阳升起的时候，它们便会外出觅食，太阳落山的时候则回回去休息，它们的生活平淡而幸福。一名游客穿越森林，把手表落在了树下的岩石上，被一只猴子捡到了。这只聪明的猴子很快就弄清楚了手表的用途。于是，这只捡到手表的猴子变成了整个猴群的明星，每只猴子都向它

请教确切的时间，这个猴群的作息时间也由这只猴子来规划。这只猴子逐渐建立起自己的威望，当上了猴王。

这只猴子认为是手表给自己带来了好运，于是它们天都在森林里巡查，希望能够捡到更多的手表。功夫不负有心人啊！终于又一天，它又拥有了第二块、第三块手表。但是它却有了新的烦恼，每块表所显示的时间都是不尽相同的，哪一个才是确切的时间呢？猴王被这个问题难住了。当有下属来问时间时，它也支支吾吾地答不上来，真个猴群的作息时间也因此变得混乱了。又过了一段时间，猴子们起来造反了，把因手表而当上猴王的猴子赶下了宝座，它的“收藏品”也被新人猴王据为己有。但是很快，新任猴王也遇到了与之前这只猴子同样的难题。

这就是著名的“手表定律”的来历。所谓的“手表定律”，就是只有一块手表时可以知道准确的时间，而拥有两块或者更多的手表时却无法确定时间了。更多的钟表并不能告诉人们更准确的时间。反而会让看表的人失去对准确时间的判断力。

“手表定律”给人们带来的启示是，每个人都不能同时遵守两种或者两种以上不同的行为准则或者价值观念，否则他的学习、工作和生活必定会陷入混乱。从这个定律我们可以知道，对孩子的教育，不能同时采取两种不同的方法，设置两个不同的目标，提出两个不同的要求，因为这会使孩子更加无所适从，甚至行为陷入混乱。

我国传统家庭教育上有一个观点是“严父慈母”，就是指父母“一个唱红脸，一个唱白脸”，父母互相配合，互相补充，相得益彰。事实上，这种认识和做法并不完全合理。试想，如果家长一方过于严厉、苛刻，另一方则过于温和，一味迁就、姑息、放纵，很容易出现以下的情形：孩子当着严厉的家长的面，就像老鼠见了猫一样，战战兢兢，唯唯诺诺，有事不敢放手去做，有话不敢大胆地说出来，有理不敢为自己申辩；而当着温和、宽容的家长的面，则像换了一个人似的，行为放肆，对家长的话置若罔闻，当成耳旁风。虽然家长的严厉和宽容都是处于对孩子的爱，处于对孩子的期望，但久而久之，不仅不利于孩子树立正确的人生观和价值观，还会导致孩子性格方面的缺陷。

给孩子统一的价值观

然而家长要想在家庭教育中避免“手表定律”，并不是一件很容易的事情，这就需要家长加强自身的修养，要有统一的认识和一致的态度，夫妻双方达成教育孩子的共识，互相支持，互相配合，共同担负起教育孩子的重任。

有的家长为了教育孩子，夫妻协作分工，父亲扮“红脸”，母亲扮“白脸”，这样做显然是不合适的。比如以下的情景在日常的生活中比比皆是。

洋洋放学回来，手里拿着这次考试的成就单高兴地双手奉上：“爸爸，看我的成绩单。”爸爸看都没看，挥挥手说：“不用看了，你就给我说说吧。”

“年级第一尚不足，全班鳌头颇有余。”古灵精怪的女儿得意地说道。

爸爸听完，脸色变得沉重起来，正色说道：“看看你这个态度，得了个全班第一，就高兴成这样，你怎么这么容易满足呢？下次你考个全年级第一回来，再来向我邀功。”果然，洋洋的“嚣张气焰”很快就被打压下去了，她拿着成绩单悻悻地回到了自己的屋里。

“吃晚饭了。”妈妈进门去叫洋洋吃饭。

“不想吃，我又没考年级第一，哪有资格吃饭？”洋洋还在生爸爸的气，“不表扬我也就算了，还这样损我一顿，实在是太过分了。”

“爸爸，这样说也是为了你好啊，他就是想严格要求你嘛。怕你被一时的胜利冲昏了头脑，就给你敲个警钟，你就别生气了。妈妈觉得你很棒，为你高兴，真的。”就这样，洋洋被妈妈哄出来吃饭了。

在教育孩子的时候，父母之间心照不宣地“红黑”配合，在孩子的眼中却并不是那么和谐。父亲和母亲的立场不一致，会让孩子以为妈妈更爱自己，而爸爸却是一个没有感情的人。

因此，父母对孩子的要求一致，对孩子的成长是十分重要的。如果做不到这一点，孩子就会左右为难，心中充满矛盾，其心理上也会产生压力，不知道自己到底怎样做才是对的。例如，爸爸教育孩子的时候，妈妈总是诋毁爸爸的方法不对，并对孩子说：“别听你爸爸的，他不懂”，以至于孩子对爸爸的教导不以为然。这样做，只会使夫妻双方因为孩子的教育问题而吵架，甚至导致孩子的家庭矛盾加剧。因此，夫妻双方应该尽可能在大问题上一致，并注意减少矛盾，给孩子一个固定统一的价值观。

父母教育孩子也要征求孩子的意见，孩子是受教育的对象，对家长的教育行为有最直接的感受。孩子往往能很客观地评价爸爸妈妈教育行为的优点与不足。家长应该多征求孩子自己的意见，这对改进家庭教育观念和方式有很大的帮助。

父母尽量不要当着孩子的面吵架。在实施教育的过程中，一旦家长在子女面前呈现了差异和矛盾，最好有一方先让步，事后再与另一方交流，千万不能在孩子面前争吵起来，因为这样会使夫妻双方在孩子心目中的威信都降低。如果有一方的观点偏向于孩子，正合孩子心意，孩子就会觉得自己有了依靠，有了与另一方对抗的底气，还会加重两代人之间的矛盾。

现在，很多孩子的父母工作都很忙，孩子放学后是由爷爷奶奶负责照顾的，父母的要求和爷爷奶奶的要求不一致，也同样会产生不理想的教育结果，甚至因此产生一些不必要的家庭矛盾。因此，父母应该在尊重理解祖辈的前提下，进行分工，给祖辈找些家庭教育资料(书报、录音、录像等)，请祖辈参加家庭会议。而且要调动孩子的积极性，教育孩子正确认识祖辈的疼爱，严格要求自己，让祖辈放心、满意。

战国时的思想家韩非子说过：一家二贵，事乃无功；夫妻持政，子无适从。”就是说，在一个家庭中，父母各有所见，互不相让，家里就什么事情也做不成；对子女进行教育，各持各的观点，子女就不知道听谁的。

7. 奖惩不当，典型的放任自流

对于孩子的教育，做父母的，如果高兴了就奖励，生气了就惩罚或者该奖不奖，该罚不罚，这是不负责任的家庭教育，也是最典型的放任自流的家庭教育。日常生活中，父母对孩子这种奖罚不明的事情经常发生，尽管人们对于如何对孩子进行奖惩还存在很大的争论，但是有一点时毫无疑问的，青少年处在是非观和性格形成的关键时期，适当的奖励可以让孩子保持积极向上的良好心态，适当的惩戒能培养孩子高度的责任感和适应学校和社会要求的能力。但是，如果父母对孩子的奖惩不当，也会带来负面影响。

惩罚不当带来的悲哀

在现代社会中，人们越来越主张对孩子进行激励教育，孩子需要适度的鼓励，这有助于他们信心的培养。奖励和惩罚是两种相对的教育孩子的方法，父母对孩子奖罚要以奖为主，孩子有进步就会得到奖励，哪怕是一点点。不过，孩子也需要适度的“惩罚”教育。在提到惩罚教育时，很多人有一种误解，总是把它与训斥、讥讽、挖苦或者罚站、拳打脚踢等“体罚”联系在一起。其实，这是一种错误的观点。专家认为，家庭教育固然不提倡用简单粗暴的暴力手段来解决问题，但是必要的处罚也是必不可少的，这也是教育孩子的一种手段。不过父母在处罚孩子时要抓住时机，而且要罚得适度，罚得孩子心服口服，这样才能起到抑制孩子不良行为的效果。

小斌从小因为父母工作忙而一直住在乡下奶奶家，到他七岁该上小学时，父母把他接回到了城里一起生活。小斌热爱劳动，关心集体，学习成绩中等，但是由于比较贪玩，常常不按时完成作业，为此老师不断地向他的父母告状。加上他在乡下养成的一些不讲卫生和不太文明的喜欢，父母和哥哥经常对他谩骂甚至是责打。用小斌妈妈的话说就是："在家里没有他说话的余地。"无论是亲子关系和手足关系都非常不好。

小斌曾经对与他关系比较好的同学说道："我不喜欢这个家。"他很惧怕父母和哥哥经常对他的惩罚。为了逃避惩罚，他学会了说谎；为了报复父母和哥哥，他多次偷窃家里的钱物。到了上初中的年纪，他依然得不到家人和老师对他的信任，为此他丧失了信心，曾经三次离家出走。

小斌的事例说明，惩罚的效果不但很差，而且惩罚的结果往往只能使孩子变得粗野、迟钝，甚至出现心理障碍。这种惩罚破坏了父母与孩子之间的心灵联系，父母的家庭教育也很失败。很多孩子最初害怕的是父母的打骂，然而时间长了就会变得麻木不仁、我行我素。产生这种结果的主要原因在于，父母在对孩子奖罚之前，没有弄清奖罚的目的，而且在进行奖罚时存在很大的随意性。奖赏、惩罚的目的是什么？既不是为了父母情感的宣泄，也不是为了展示父母教育孩子的艺术，而应该是为了促进孩子的健康发展。

每个孩子在成长的过程中都会犯错，可能还会出现不良的行为，都有受到父母惩罚的时候，如何能让孩子在惩罚中进步、提高，又不会因为惩罚而使孩子心头聚集孤僻怨恨的情绪，进而造成亲子关系的恶化，这都需要父母费一番心思才能做到。

父母对孩子的惩罚要实事求是，对偏离事实的指责孩子是不会服气的，也达不到惩罚的效果。同时，惩罚也要注意场合，当众指责孩子，会极大损害孩子的自尊心。此外当孩子出现不良行为时，父母应该立即进行惩罚，使孩子建立不良行为与惩罚之间的条件联系，否则惩罚的效果就会减弱。而且，在惩罚之前一定要向孩子解释清惩罚的原因，否则孩子不懂为什么要受罚。

父母针对孩子的老毛病，制定清楚明确的规则，让孩子知道哪些该做，哪些不该做，违反了哪些规则会有哪些相应的惩罚，从而规范孩子的行为。同时要让孩子知道，所受的惩罚并不是针对人，而是针对错误的行为。这样，虽然孩子会体会到惩罚带来的痛苦，却不会在他们的心里留下阴影，而只是让他们牢牢记住了自己所犯的过失，痛下决心改正。但是父母们要注意的是，惩罚的方式要适当，千万不能用成年人的尺度去衡量或者要求孩子，以免在无意间伤害孩子，给孩子的心灵蒙上一层难以抹去的阴影。

奖励要有原则

与惩罚相反的是，在生活中，很多父母对孩子的奖励过于随意，动辄给孩子金钱物质的许诺和奖励。这样做，最初的确会收到一定的效果，但是慢慢地就会不尽如人意，导致孩子对物质利益的过分追求，甚至发展到孩子把学习作为交换奖赏的筹码。

适当的奖励能给孩子带来动力，有助于培养孩子良好的品德，而惩罚是为了削弱孩子的某些不良行为。在日常生活中，孩子犯错就要惩罚；做好事就应该奖励。这是父母教育孩子，使他们的行为遵循正确的准则。

要想给孩子奖励，也事先对孩子讲明应该做到哪些条件才可以得到奖励，使孩子的心中有一个明确的目标。当然，目标不能定得太高，否则孩子会因难以实现而放弃争取。如果孩子已经达到了奖励的目标，父母要马上兑现自己的承诺，否则时间一长孩子也忘了奖励的原因，这样也就失去了奖励的意义和作用。父母如果没有及时地奖励孩子良好的行为，比如，孩子考试每门都很优秀，兴高采烈地把成绩单拿给妈妈看，没想到妈妈只顾忙着做自己的事情，只是轻描淡写地说："好的，等我忙完了再说吧。"此时孩子肯定会非常失望，觉得妈妈并不关心自己，自己学习再优秀再努力也没用。

奖励孩子的原则应该是物质和精神奖励并重，而且精神奖励要重于物质奖励，否则易造成"为钱而怎么做"、"为父母而怎么做"的心态。父母如果希望孩子努力学习，奖励良好品质，不能用金钱去奖励孩子的好成绩，而要让孩子主动地喜欢上学习，把学习看作是一件有趣的事情。

喜欢被人表扬是人的天性，孩子也是如此，特别是低龄孩子，物质奖励需要是能够满足的，而精神上的奖励需要却是无穷无尽的。因此，父母对孩子的奖励应该精神与物质并重，而且应该偏重精神奖励。

如果父母经常用金钱来奖励孩子，会使孩子产生金钱是万能的思想，而且会产生对金钱的盲目崇拜，其结果是弊大于利的。所以父母经常用金钱奖励孩子，其实最终只能是危害孩子。因此，在孩子成长的过程中，父母的鼓励和认同是不可或缺的。但是要注意的是，这种奖励必须是纯洁的，着力于精神的，有益于心灵的，而不是沾满铜臭味的。

无论是惩罚还是奖励，都是为了督促孩子有更大的进步、得到更好的成长。惩罚和奖励是一种激励孩子的手段，但不能成为父母教育孩子的目的。父母对孩子应该采取适度的惩罚和奖励，让孩子从中被奖励或被惩罚中得到有效的教育，而不是单纯地受罚或者得到奖励。

8. 给孩子开空头支票，淡薄孩子遵守诺言的意识

信守诺言是中华民族的传统美德，古人云：君子一言，驷马难追。在家庭教育中，父母对子女一定要做到一言九鼎、言而有信。一诺千金不仅仅是简单地兑现自己的诺言，更重要的是可以培养孩子遵守诺言的意识。守信是一种非常重要的品质，甚至可以说是人生的无价之宝。

不信守承诺给孩子带来巨大的伤害

在现实生活中，值得人们反思的是，很多父母在孩子面前并没有信守诺言的好习惯。他们往往向孩子许下这样那样的承诺，但是很少有兑现的时候。久而久之，孩子对父母的做法习以为常，也就不会去遵守自己的承诺。而且，当父母不能依照承诺履行诺言时，孩子就会对父母的口是心非感到生气，而且不再相信父母的话。怨气的积累不但会影响亲子关系的和谐，还会降低孩子对父母的信任度。

“明明，好好学习，如果下次能考进全班前三名，妈妈就带你去北京看天安门。”小明进入初二后学习成绩一直下滑，妈妈非常着急，于是就向小明许下了这样的诺言。小明听了妈妈的话后非常兴奋，非常努力地学习，最终如愿以偿地取得了优秀的成绩。当小明拿着成绩单给妈妈看时，妈妈也很高兴，但是却对之前的承诺只字不提。两天后，小明终于忍不住要求妈妈兑现之前的承诺。

妈妈刚下班回家，小明就急忙跑到妈妈身边：“妈妈咱们什么时候去北京看天安门呀？”妈妈说：“我有事不能休假，去不了了。”小明一听就急了，拉着妈妈的手说：“为什么不休假？为什么不去

北京？我就要去。”妈妈挥挥手：“不能去就是不能去，小孩子问那么多干什么，该干嘛干嘛去。”小明依然不依不饶地大叫：“不行，就得去！你早就答应我了，不能说话不算数。”小明这么一嚷嚷，妈妈也生气了：“你这孩子怎么这么不听话！我是妈妈，我说不去就不去，还用你批准？”小明大哭了起来：“我都已经告诉我的同学要去北京了，到时会给他们带好吃的，还给他们看照片。现在不去了，叫我怎么和同学说啊，人家一定会说我就会吹牛！”妈妈也对小明嚷嚷：“妈妈的工作重要还是你的同学重要，不去就是不去。”

小明还是不放弃，再三地要求妈妈带他去看天安门，结果妈妈一生气，打了他一个耳光，还责骂他不懂事。小明十分伤心，从此再也不相信妈妈的话了，学习上也丧失了动力。后来还是小明的老师了解到了具体情况，跟他妈妈及时地做了沟通，他的妈妈这才明白过来，后悔当初不负责任地向孩子许诺。

生活中也不乏像小明的妈妈那样的家长，很多时候，为了达到目的，随口哄哄孩子，对孩子做出承诺，而后来也没有兑现。其实，家长这样做的出发点并没有错，都是希望给孩子的进步增添一点刺激，使之更有动力。然而，妈妈为自己的“爽约”寻找理由，却使承诺带来的正面刺激一步步走向消失。假若妈妈总是为自己的“爽约”寻找客观理由，那么孩子将来也会为自己做不到的事情寻找各种借口，而不从自身寻找原因，不肯道歉和反省自己，这样做带来的后果可想而知。

亲子之间信任最重要

没有信任就不会有威信，父母失信于孩子，害处是很大的。

一是因为孩子有时并不能真正了解事情的原委，所以只会单纯地认为父母说话不算数，从而不再信任父母。以后父母再要求孩子什么，答应孩子什么，在孩子心目中就会打折扣，使得父母与孩子的交流、沟通出现障碍。而且，家长会失去自己在孩子心目中的威信。家长的威信的主要基础就在于其自己的言行。说话算话，说到做到的家长，会使孩子重视他们所说的每一句话。

二是如果父母经常把对孩子的承诺不当回事，会让孩子觉得一个人可以说话不负责任，答应的事情也可以不办，这可能会让孩子变得不遵守诺言、不承担责任，或者总是以猜忌、多疑、不信任的态度对待其他人。这对孩子的社会交往、人格魅力的形成都是很不利的，会对孩子的一生造成影响。

三是父母越是用所谓的“权威”来强迫孩子就范，孩子就越是怀疑或者不信任父母，从而与父母之间出现矛盾、隔阂、影响亲自的感情交流和相互信赖，甚至出现逆反，导致父母越是让孩子往东，孩子就故意往西，使得很多原本不该出现的问题尖锐化。因此，做父母的一定要做到说话算话，切不可为了达到某种短期的目的而欺骗孩子，对孩子撒谎。

父母与子女之间的相处也应该像与成年人之间的交往一样认真对待，要信守承诺，这不仅是与孩子交流的一种合理形式，也是培养孩子健康人格的一种教育手段。当孩子能从大人的言行中认识到自己答应了的事情就必须做到时，便会有责任感，从而督促他们学会履行自己的诺言和责任，并养成良好的道德习惯。

那么，作为父母应该怎样才能正确地向孩子许诺，在孩子心目中树立起言而有信的榜样呢？

首先要尊重孩子，做到言而有信。不要以为孩子年龄小、不懂事，对孩子许下的诺言就不重视，无论能否兑现都不在意。在孩子眼里，守信是最重要的。孩子有时会抱怨说大人说话不算话，只是因为他们希望自己的愿望能得到满足。

其次要把握许诺的次数。对孩子许诺的次数应该随着其成长而逐渐减少。因为年纪小的孩子控制能力比较差，许诺可以适当地多一些，随着年龄的增长，孩子渐渐有了较好的自我控制能力，许诺的次数便可渐渐减少。

再次就是不可胡乱许诺。父母的承诺必须是建立在有利于孩子健康成长的基础上，起到正面教育的作用。不在孩子面前夸口，胡乱许诺。承诺太多而又不能兑现，必使父母在孩子心中的地位大大降低。还要提醒父母的是，如果孩子提出一些不应该提出的要求，这时父母要有自己的原则和底线，即要把握一个“度”，要清楚地告诉孩子，可以还是不可以。这样做会让孩子在生活中渐渐懂得有些事情可以或不可以、应该或不应该等概念，是分明，才能促进孩子的心理健康发展。

第四，应该增加精神许诺的比重。对孩子的许诺包括精神方面的和物质方面的。适当的物质许诺是可行的，但不能过度，否则会滋长孩子虚荣、自私等不良习性。尽量多地使许诺与有意义的活动相连，如许诺给孩子去看画展、旅游等，既能调动孩子做事的积极性，还能丰富孩子的精神世界，开阔其视野，对其成长是非常有利的。

当父母因为特殊原因确实无法兑现自己的承诺而使孩子感到失望、委屈时，不可强迫孩子接受许诺不能兑现的结果，而应该诚恳地向孩子道歉，把不能兑现的原因跟跟孩子讲清楚，取得孩子的理解和谅解，并在以后寻找适当的机会兑现自己没有实现的诺言。即使孩子暂时无法理解，也不能用呵斥、教训的方式对待孩子，应该允许孩子发牢骚、表示不满。有时，孩子只是因为已经把事情讲给同学，怕没面子而生气，只是一时的言行过激。美国儿童心理学家罗达·邓尼说过：“父母错了，或违背自己许下的诺言时，如果能向孩子说一声对不起，可以帮助孩子建立自尊，同时能培养孩子尊重人的习惯。”因此，父母对孩子必须言而有信、以诚相待，这样，孩子才会对父母有充分的信任，也才愿意把自己的心里话讲给父母听。

第八章　寻根求源，父母“爱”孩子的误区

父母是孩子成长的镜子，也是孩子模仿的对象，也只有说话算话的父母才能在孩子心目中真正建立起威信。当父母与孩子之间能建立起充分的信任关系时，孩子在成长中可能遇到的很多问题解决起来就会简单很多。

第九章

热爱生活，培养孩子的高度责任感

孩子是父母生命的延续，在孩子的身上或多或少地有着父母的影子，但是孩子不仅是父母的生命，更是祖国的未来，是希望的幼苗。因此，父母应让孩子在红旗下成长，用爱来让孩子懂得热爱生活、珍惜生活，从而感恩生活、感恩社会，培养孩子的高度责任感。

第九章 热爱生活，培养孩子的高度责任感

1. 志存高远，帮孩子树立理想

孔子说："吾十又五而志于学，三十而立，四十而不惑，五十而知天命，六十而耳顺，七十而从心所欲，不逾矩。"孔圣人所说的"志"就是理想和奋斗目标。孔子的这番话告诉人们，理想的建立越早越好，唯其早，才能够起步快，把大部分心思用在为理想而奋斗中。家教就是要帮助孩子尽早确立合适的奋斗目标，赋予孩子追求理想生活的动力。

引导孩子树立远大的理想

所谓"理想"，就是人们在心中所定下的奋斗目标，是鼓舞人们前进的一种精神动力。在我国古代，理想被称为"志"。古人非常重视理想，即便是到了穷困潦倒的地步，也要恪守"人穷志不穷"的信念，坚持他们的理想。

翻开史册，我们会惊异地发现，古往今来凡是在事业上有所成就的人，大都是在青少年时代就胸怀大志的。

大江歌罢掉头东，邃密群科济世穷。

面壁十年图破壁，难酬蹈海亦英雄。

这是1917年9月，周总理决定东渡日本求学时写下的诗句。字里行间都洋溢着总理的爱国热情。正是周总理年轻时就能树立如此的豪壮理想，才把苦难的中国人民从水深火热之中拯救了出来。

明代作家蒲松龄在多次落第后，下决心要干一番事业，于是写下了一副对联："有志者，事竟成，破釜沉舟，百二秦关终属楚；苦心人，天不负，卧薪尝胆，三千越甲可吞吴"。他是这样写的，也这样做了，终于完成了他的传世名著《聊斋志异》。

理想，是心中的绿洲；理想，是力量的源泉；理想是指路的明灯，引领人们走向成功。徐特立曾说过：“一个人有了远大的理想，就是最艰苦困难的时候，也会感到幸福。”

伟大的人民教育家陶行知，在他的《少年》诗中说：“少年！少年！似水流的少年！你再不醒悟，坟墓就在眼前！”要想让孩子进步，就必须有一个动力，那就是明确的奋斗目标，有了一个方向，才能为之不断地前进。

作为父母，要想培养孩子的责任心，培养孩子在社会上立足的竞争意识，就要引导孩子树立远大的目标。拿破仑说过：“不想当元帅的士兵，不是好士兵。”这句话是有一定道理的。虽然这个士兵最终可能当不上元帅，但他毕竟为这个目标而努力奋斗过，并且在奋斗的过程中体验到了生活中的酸、甜、苦、辣，实现了自我价值，同时也度过了自己无憾的一生。因此，理想是孩子的强大精神动力，鼓励孩子树立远大的理想，是孩子成长和成才的根本保证。

鼓励孩子勇于追求理想

每个孩子都有理想，那么，怎样把这种美好的理想变为现实呢？除了孩子的自身努力以外，父母的态度也起着关键作用。可以设想，如果一个孩子有一个理想，他的父母非但不支持他，还在一旁冷嘲热讽，他觉得实现的可能性大吗？所以，在面对孩子的理想时，只要是正确的，父母就应该积极地鼓励孩子去追求自己的理想。

首先，不要嘲笑孩子的理想。父母应该通过各种方法来了解孩子的理想。比如，在日常生活中，父母可以询问孩子：“你将来希望成为怎样的人？”、“你觉得学习是为了什么？”……在观看电视、电影的时候，父母可以借机问孩子：“你觉得这位模范人物怎么样？”、“他有什么值得你学习的地方？”父母也可以与老师取得联系，从孩子的作文、周记等方面去了解孩子的理想。了解孩子的理想可以让父母了解孩子的心态，以便及时引导孩子树立远大的理想。

如果孩子经常谈论他的梦想或者目标，聪明的父母不应该嘲笑孩子的梦想，而是应该鼓励孩子说出来，同时引导孩子向着自己的理想去努力。

其次，要适当地引导孩子。一般情况下，孩子在接触某些新鲜事物时，会自然而然地萌发理想，父母如果觉得是合理的，就应给予赏识和支持。但支持不是简单地说句“好”，更不是马上提出要求，或者用纯理性的、非常严格的终极标准要求孩子，这会让孩子知难而退、轻易放弃。真正的支持应该是以孩子的现实准备为基础，进行适当的启发和引导。

第三，鼓励孩子将自己的理想付诸于行动。作为父母，应当给予孩子必要的告诫：当你拥有最多机会的时候，却常常因为无知而行为盲目错过了机会；而当你有经验可以对人生做出理智选择的时候，往往已经没有选择的机会。人生没有回程票，生命无法重来。不要总以为时间多得是，可以毫无顾忌地挥霍青春，有道是“花有重开日，人无再少年。”请孩子必须记住：如果不在青春年少时为自己打好人生的底色，生命将会逊色许多！一定要珍惜青春，好好把握人生中最宝贵也最短暂的一段黄金年华，一段求学时光！

第四，父母要懂得赏识自己的孩子。有一位学者曾经呼吁：“哪怕天下所有的人都看不起您的孩子，做父母的都应眼含热泪地欣赏他、拥抱他、赞美他。”赏识是树立孩子自信心的土壤。良言一句三冬暖，父母对孩子客观、肯定的评价，是孩子自信心形成的重要因素之一。做父母的，千万不能因为孩子年纪尚幼，便随意嘲讽、斥责，甚至侮辱和惩罚，这会使他们的自尊心、自信心受到严重的伤害。赏识就是给孩子一个机会锻炼并证明自己的能力，在赏识的作用下，孩子可以认识到自己的潜力，不断发展各种能力，成为生活中的成功者。

最后，要懂得引导和鼓励孩子创新求异。父母应该了解并尊重孩子的天然禀赋及个性特点，给他们一个广阔自由的发展空间，同时还应予以热情的鼓励和科学的指导。事实证明，父母要想让孩子成才，就必须从孩子个性形成和发展的规律出发，培养孩子的主动精神和创造能力，这其中重要的一点就是尊重孩子的个性差异并积极鼓励其发展，要认识到孩子那些独树一帜的主张、新奇大胆的创意和标新立异的思想是多么可贵。

对孩子来说，这并不是白日做梦，而是他们思维能力的一种发展。父母最重要的是让孩子认清这种理想与现实的差距，进行引导，而不是无情地扼杀。父母的作用就是给孩子适当的帮助和鼓励，能做到这一点，就是一个合格的家长了。

俗话说，家长是孩子的第一任导师，每个父母都希望自己的孩子能够有一个美好的未来，鼓励孩子树立远大的理想，就是给孩子一个幸福的细丝，让他能慢慢地顺着理想的长藤走向自己的未来……

2. 培养孩子的爱国之心

岳母刺字“精忠报国”的故事流传甚广，岳飞的勇敢、善谋大局、心怀国家的情怀是良好家庭教育的结晶。父母们应该懂得，培养孩子的爱国之心是培养孩子健全人格的基石，一个没有爱国之心的孩子，将来很难成为栋梁之材。

关注对孩子的爱国主义教育

老一辈人常说：“一个人、一个国家不能自立，家将不家、国将不国。”这并非危言耸听。现在，家长普遍看重子女的学习，按道理来说无可厚非，但有的家长却进入了一个误区，眼光短、讲实惠。父母们抓孩子的学习往往只是为了让孩子上大学，将来有个好工作，日后生活上能过得舒服些，却没有从为国家培养人才的角度去着眼，结果不少孩子成人后缺少的正是爱国这根弦。

在很小的时候，卞迁就开始接触很多爱国故事，岳飞、文天祥、林则徐、方志敏、鲁迅、董存瑞……每一个英雄人物的精神都在他那幼小的心灵里深深地扎下了根。随着年龄的不断增长，卞迁逐渐明白了爱国的重要性。在他上初中时写的日记中，有许多篇的内容都表达了自己对民族英雄的崇敬之情，他对祖国悠久的历史文化充满着无限热爱，对祖国优秀的科学家为了祖国富强而忘我工作充满崇敬之情。同时，他也对对社会中的不良风气，有损祖国尊严和荣誉的事情憎恨无比。

在学校里，卞迁还利用各种形式给自己的同学们讲一些伟人和名人的爱国故事。他作为班里黑板报的主编，还经常以各种生动的故事和内容，让周围的同学了解我们的前辈是如何用智慧和鲜血，谱写了我们的历史，换来了今天的生活。

列宁说过：“爱国主义就是千百年来巩固起来的对自己祖国一种最深厚的感情。”这种感情是民族的精神支柱，也是有志于为中华崛起而读书的青少年学子的动力。不可否认，现在的孩子确实有不劳而获、坐享其成的思想和行为。这些行为的形成在很大程度上是因父母“补偿心态”过重，一味对孩子迁就、溺爱造成的。因此，家长必须纠正不良的教育方法，从为祖国培养人才的角度来培养孩子。

改革开放把国门打开了，同时也把家门打开了。此时此刻，每一个做父母的，都应加倍关注对孩子的爱国主义教育。要多向孩子灌输些中国悠久的历史和文化常识，激发孩子的民族自尊心、民族责任感。要让孩子明白，当国家尊严需要维护时，应挺身而出，甚至流血牺牲;平时要勤奋学习,努力工作,为国争光。

如何对孩子进行爱国教育

如今有的父母认为,进行爱国主义教育主要是学校的任务。其实,这种想法是不对的。学校对学生进行大量的爱国主义教育是毫无疑问的,但如果家庭不积极配合,效果就不会理想。因为家庭对孩子进行爱国主义教育有自身的优势,父母与孩子的亲缘关系有利于对孩子进行情感熏陶,父母与孩子在一起共同生活,更有利于抓住各种教育契机。

革命先烈夏明翰在小时候就曾受到过父母很好的爱国主义教育。在他上小学的时候,有一次他跟随母亲乘船从武汉到九江去。长江上外轮很多,气势汹汹。母亲当场吟了一首内容为痛恨列强侵略中国的诗,让夏明翰根据眼前情景也吟一首诗。他思索片刻,高声朗诵道:“洋船水上漂,洋旗空中飘,洋人逞淫威,国耻恨难消。”诗虽稚嫩,但感情充沛。

因此,父母随时随地的家庭教育在夏明翰幼小的心灵中播下了爱国主义的种子,促使他后来发奋读书,走上为国为民的人生之路。

还有的父母认为,孩子的主要任务是学习,爱国精神与学习没有太大关系,只要把学习抓好,什么时候都可以进行爱国教育。这种认识也是片面的。父母们不妨想想,一个人不热爱自己的故乡,不热爱家乡的父老乡亲,不热爱养育自己的土地,不热爱自己的国家,他的身上是否缺少一种前进的动力?如果他只是为了得高分、受表扬、上大学、挣大钱而学习,能跟我们的时代与社会发展合拍吗?纵观古今,那些志士仁人、科学家、艺术家、英雄模范,在他们的灵魂深处都有着深厚的爱国主义情感,有远大的报国志向,如果不是这样,他们能够成就一番事业吗?爱国主义精神促使人“弃燕雀之小志,慕鸿鹄而高翔”,只顾眼皮底下利益的人,是很难取得个人成功的。

父母对孩子进行爱国主义教育，应该按规律办事。

首先，爱国主义教育是有层次的，应该遵循由近及远，由具体形象的情感熏陶到思想认识到道德情操，由爱国之心到报国之志的顺序和原则。应该让孩子由爱父母、爱家乡、爱国旗国徽、学唱国歌等切近的事情做起，重点在情感教育。然后再逐渐增加国情知识教育，爱国英模人物的形象教育，革命传统教育。之后再增加热爱当代中国，树立远大理想的教育。在父母的心里，既要有爱国主义这条红线，又要注意孩子所处的年龄段，因时施教。

其次，父母可以充分利用各种大众传媒进行爱国主义教育。家长可以和孩子一起收看、收听中央和各地的电视台、广播电台爱国主义教育的专题节目，阅读一些爱国主义教育的书籍、报刊，既可以增长孩子的知识，又可以提高他们的思想境界，促进品德发展，也促进智力发展。

第三，利用业余时间带孩子参观一些爱国主义教育基地，游览祖国大好河山、名胜古迹，让美好的山水风物、历史文化积淀在孩子心中。

第四，可以跟孩子一起参与爱国主义的实践活动。比如抗灾救灾、支援贫困、植树造林，保护环境、祖国统一等等，各种充满爱主义精神的实践活动都应该让孩子积极参加。父母要站得高些、看得远些，眼光和心胸都不要狭隘。要知道，精力、经济的付出，会获得心灵的收获。

最后，父母要随时随地注意自己的言行，不能给孩子造成不良影响。如果父母出于某些原因，可能对国家、社会有不当的看法甚至有些怨气，发表言论也要注意场合、态度，免得在孩子心中种下不良的种子。

学习过中国历史的人都知道，上下五千年，爱国主义就像一条粗重的红线贯穿其中，艰苦卓绝奋斗，创造灿烂文化，抵御外来侵略，推动社会进步，爱国主义是强大的精神动力。没有爱国主义，就没有中华民族的过去、今天和未来。人们都会背诵“天下兴亡，匹夫有责”的名言，人们都会讲“精忠报国”的故事，爱国主义精神在大多数国民的心里扎了根。但是，家长们不能忘记，爱国主义精神要一代代传下去，每一个做父母的都有着不可推卸的责任。

3. 培养孩子热爱劳动的好习惯

一个人是否有劳动的兴趣和习惯，将影响他的一生。凡是从小就好吃懒做、不爱劳动的人，长大了大部分都吃不了苦，独立能力非常差，工作成就也很一般。因此，望子成龙的父母应从小就为孩子创造一种环境和条件，对孩子进行早期劳动训练，让孩子做些力所能及的事，让孩子拥有一双勤劳的手，使孩子受益一生。

不劳动，不知生活真味

生活中有很多父母往往感情胜过理智，对独生子女娇宠溺爱、呵护有加，舍不得让孩子做家务，对孩子的大事小情大包大揽，养成他们“衣来伸手、饭来张口”的生活习惯。孩子的本性是喜欢劳动的，孩子不会劳动，主要是父母们教育不当造成的。由于家庭教育方法不当，而致使孩子的劳动观念日趋淡化。为孩子能够得到健康的发展，家长们也该重视培养孩子热爱劳动的习惯。

第九章　热爱生活，培养孩子的高度责任感

某市一所小学放学时出现了这样的镜头：下课铃一响，该小学一年级的小学生们欢笑着跑出了教室，校门外已经围了一群接孩子的家长。看到自家的孩子出来，有的家长连忙迎上去，接过孩子的书包背到自己身上，有的把孩子抱到自行车后座上推着走，有的赶紧递上一个剥了皮的橘子……

这些孩子几乎都是家里的“独生子女”，他们身上承载了两代人的希望，从小就被娇着、宠着，很多家长即便是洗碗、扫地之类最简单的事情都不让孩子做，更别说让孩子自己做饭了或做其他较费力的家务了。“公子哥”和“娇小姐”成了现在孩子的代名词。

父母们不妨试想一下，这样的孩子以后离开了父母是否能适应社会呢？答案很明显，这样的孩子独立性肯定极差，缺乏劳动意识，更不用奢望他们有劳动习惯了。教育专家认为，劳动观念的强弱决定着孩子的一生走向。所以，父母对孩子进行劳动教育是必不可少的。因此，父母从小要强化孩子的劳动观念，让他们从小建立劳动意识，尊重别人的劳动成果。对孩子进行必要的劳动锻炼是他们人生第一课，也是当前实施素质教育的一项重要内容，同时也是孩子将来立足社会、终身受益的人生必修课。上好“劳动”这一课，孩子们才会明白，正是前辈生生不息、勤劳不辍的劳动创造了财富，世界才变得如此美好，人生才变得充实而富有意义。

因此，孩子想干就让他去干，少一点指责，多一些鼓励；少一些说教，多一些指导；少一些包办代替，多一些让孩子自己动手锻炼，让他们了解劳动的辛苦、快乐和价值，从而自觉地投身于平凡而伟大的劳动，积极去创造、去奉献，早日成为有觉悟、有文化的社会主义劳动者。

热爱劳动，培养责任感

每一个做父母的都很关心子女的学习，都希望自己的孩子能

受到高层次的教育，将来有所作为，成为对社会有用的人，成为国家建设的栋梁之材。因此，在家庭教育中，他们特别关心孩子的健康和学业，但是往往忽视了对子女进行热爱劳动和热爱劳动人民的教育，或者虽然意识到这一点，可为了不影响孩子的学习而放弃或削弱了这方面的教育，迁就了孩子的惰性，包办孩子的生活琐事。孩子失去劳动锻炼的机会，使他们逐渐滋长了轻视劳动、轻视劳动人民的思想，这对于孩子的成长是极为有害的。因此，对孩子进行热爱劳动和劳动人民的教育已经迫切地摆到了父母们面前。

那么，父母怎样培养孩子热爱劳动的习惯呢？

第一，孩子们的好奇心、游戏心强，总有一些孩子感兴趣的和力所能及的事情可做，比如给金鱼喂食，用图片或相片装饰房间，吃饭前分碗筷，等等。父母可以采用做游戏的方法，帮助孩子明确做这些事情的要求，并使他们主动参与完成这些劳动。例如，父母可以这样对孩子说："鱼宝宝饿了，你去照顾它一下吧！"也可以父母和孩子比赛，看谁叠的衣服整齐等等。

另外，应及时鼓励孩子劳动中的良好表现，对他所做的事情给予充分肯定。孩子因为缺乏经验或力不能及，有时劳动的质量不高，但是千万不要因为孩子事情做得不够好而责备、呵斥孩子，而应耐心地指导孩子，或降低要求使他能把事情做好。

第二，要果断地让孩子料理自己的生活。穿衣、穿袜、洗手、洗脸、洗脚、洗红领巾、洗沐产和手帕，都应该学会自己做。孩子的床、被要让他们自己整理，孩子的衣服自己叠好。父母要检查孩子自理的情况，加以指导，但不代替孩子做。

第三，当孩子稍大一点就应教育他参加力所能及的家庭劳动，因为孩子在这个家庭里生活，家庭里每个成员都做家务，都为你服务，你有什么理由不做力所能及的家务。只有小时候为家庭、为父母服务、为他服务，长大后才能为祖国、为人民做贡献。

第四，应该教育孩子积极参加学校劳动。孩子入学了，要教育孩子积极参加学校的各项劳动，比如，在学校大扫除、捡垃圾等都要积极参加，使孩子认识到劳动是光荣的。

第五，应积极支持孩子参加社会公益劳动。引导孩子在更广更深的范围内接触实际，手脑并用，使他既发展智力，又养成良好的劳动习惯和勤奋俭朴的作风。比如，让孩子到工厂、农村去劳动。让孩子参加绿化祖国和保护园林的劳动，既可使孩子学到书本上、课堂上学不到的知识，又可让孩子从工人、农民身上学到许多优秀品质并得到锻炼。

最后，可以鼓励孩子利用假期参加勤工俭学劳动。有位家长在暑假期间送孩子去糖果厂劳动了20天，孩子了解了工厂和工人，增进了劳动观念，在劳动中发现了自己的价值。

培养孩子爱劳动的美德，让他们养成爱劳动的习惯，是父母们义不容辞的责任和义务。父母们应该行动起来，唤醒孩子的劳动意识，让孩子认识到劳动最光荣，认识到爱劳动的人心灵最美。劳动教育是培养孩子良好性格、促进孩子健康成长的有效途径。

4. 学习文明礼貌，培养绅士淑女

文明礼貌是衡量一个社会、一个民族的文化层次和文明程度高低的一个标准。中国素有礼仪之邦的美称，形成了重道尊德、崇尚仁礼、孝长爱幼、谨言慎行等礼貌与礼仪规范。不少家长常常感叹，现在的孩子都是小皇帝、小祖宗，唯我独尊，不懂礼貌。因此，礼貌、礼仪教育也应成为家庭教育的主要内容。

让你的孩子懂礼貌，知礼节

中国是礼仪之邦，礼貌待人是我国传统的美德，因此父母从小就要教育孩子懂礼节，礼貌待人尤为重要。礼貌教育也是孩子学会处事明理的另一种表现，如家里来了长辈，可让孩子以小主人的身份出现，锻炼孩子做事处事的态度；来了同龄人，孩子以小主人的身份出现，可以锻炼孩子与人友好相处，友爱他人。父母经常看到小孩子对大人不敬，与同龄人抢玩具、吵嘴，其实都是父母没有给孩子实践与人友好相处的机会。

在礼貌待客方面，我国近代著名的画家、文学家丰子恺先生教育孩子礼貌待客的故事最值得人们学习。

丰子恺先生为人非常注重礼节。他有个儿子叫丰陈宝，丰陈宝小时候特别怕生人，在客人面前总是显得不太礼貌。有一次，丰子恺先生到上海为开明书店赶一项编辑工作，把十三四岁的小陈宝也带了去，想让小陈宝帮着抄抄写写。有一天，来了一个小陈宝不认识的客人，这位客人同丰子恺先生谈了好长时间，小陈宝一直没有与客人打招呼。客人与丰子恺先生谈完后，就过来与小陈宝打招呼、告别。这下小陈宝可愣住了，他一时不知道如何是好。

丰子恺先生把客人送走后，回到房间语重心长地对小陈宝说："客人向你打招呼告别，你怎么可以不理睬人家呢？这是很不礼貌的。"后来，丰子恺先生便十分注重对小陈宝的礼貌教育。他告诉小陈宝，客人来了，应该为对方端茶，与对方一起吃饭，要懂得给对方盛饭，而且一定要用双手捧上，这样才表示你对对方的恭敬。他还风趣地打比方说："如果用一只手端茶送饭，就好像皇上对臣子赏赐，更像是对乞丐布施，又好像是父母给孩子喝水、吃饭。这是非常不恭敬的。"

丰子恺先生还教育儿子说："客人送你什么东西的时候，你一定要躬身双手去接。躬身表示谢意，双手表示敬意。”这些话都深深印在了小陈宝心中。之后，小陈宝果然成为了一个彬彬有礼的孩子，这也是由于良好的家庭教育所致。

中国有句古话：“养不教，父之过。”孩子不讲礼貌，根源其实不在孩子，而是父母没有教孩子礼貌待人。人的成长过程其实也是一个学习过程。父母首先要改变“学习好则百好”的观念和“什么事都由着孩子”的教育态度。要知道，一个凡事以自我为中心，做任何事情都不考虑他人，更不考虑后果的孩子，将来是很难在社会上立足的。

我国古代关于礼仪教育的内容十分丰富，礼仪方面的典范也很多：“香九龄，能温席。融四岁，能让梨。”讲的是黄香孝敬父亲，孔融友爱兄弟的事例；“程门立雪”讲的是尊敬老师的事例。这些礼仪典范的故事流传至今，教育了一代又一代人。家长让孩子懂礼貌，教会孩子礼貌待人，孩子才能发挥自己的魅力！

培养一个有教养的孩子

当人们在接触一个人之后，通常会给对方一些评语：“这个人是个高素质，有风度的人”；“这个人有教养，谈吐文雅”；“这个人真差劲，连句客气话都不会说”；“这个人真是俗不可耐，满嘴脏话”；“这个人太邋遢，衣服皱皱巴巴，连脸也没洗干净”……

一个素质高、有教养的人，必须有良好的文明礼仪。这样的人，才能被人尊重、受人欢迎。从心理学角度出发，被众人接纳的程度高，有利于建立和谐的人际关系，有利于打开局面、发展事业。如果缺乏教养，不懂文明礼仪，人们都对其采取不欢迎态度，这个人怎么发展事业、立足社会？

所以说，对孩子的文明礼仪要从小培养，使孩子形成良好的习惯。然而，有些父母认识片面，对培养孩子的文明礼仪习惯显得不够重视。一些父母认为，现代社会讲个人自由，懂不懂文明礼仪没关系，只要学习好、有真本事就行了。但父母们只要留心一下周围人物，注意一下大众传媒，事业有成的人有几个不懂文明礼仪的？现代社会的确尊重个人的选择，自由度大了，然而对人的文明礼仪要求更高，因为文明礼仪是社会文明程度的重要标志。现代社会大雅之堂越来越多，每一位父母都不会愿意自己的孩子成为难登“大雅之堂”的人。

也有一些父母认为，小孩子天真无邪，想怎样就怎样，长大了就懂得文明礼仪了，这也是误解。一方面，孩子从小不培养好习惯，就必然形成坏习惯，坏习惯形成了，再改就很难。想一想，现在有些孩子说话没大没小，家里来客人不懂礼貌，饭桌上挑挑拣拣旁若无人，浑身汗味不洗，指甲老长不剪……这些孩子如果不教育、不矫正，会在某一天早上突然变个样吗？另一方面，在孩子小时候就培养他的文明礼仪习惯，这与孩子天真无邪的个性特点并不矛盾，相反，越是懂礼仪的孩子，越能获得自由发展的广阔天地，因为他是受人们欢迎的人。

所以，要让孩子做个有教养的孩子，在家里也要制定一些简单、必要的规定，让孩子从小在有规律的生活中自觉养成好的行为、习惯，并学会自我控制。另外，父母要提高自己的礼仪意识，如果自身不重视礼仪，就无法教育培养孩子。礼仪就表现在生活之中，只要父母重视，以身作则，随时说明要求，按要求去坚持训练，发现孩子有不讲文明礼仪的行为，及时指出并当时改正，这样就能逐步培养起孩子的文明礼仪习惯。

对于孩子来讲，从小培养起来的生活模式，的确能成为他不可磨灭的、与众不同的“教养”，并使他的人生更丰富、更完美。

礼貌待人的行为规范不是一朝一夕就可以形成的，要靠父母对孩子在平时的不断教育、训练和强化。父母要经常为孩子提供教育情境，让孩子不断练习，巩固热情、礼貌待人的行为，这对孩子思想品德、学识能力、行为习惯的培养都有积极的推动作用。

5. 提高综合素质，让孩子全面发展

抓好对孩子的教育既关系到他们的未来，又关系到整个家庭的幸福；抓好对孩子的教育既是社会、学校的责任，更是父母的责任，只有这三个方面有机配合，形成一个教育体系，才更加有利于孩子的健康成长。然而在这三者中，家庭教育尤为重要，因为家长是孩子的第一任老师，每个人都离不开家庭对他的最初影响。

从各个方面入手引导孩子全面发展

现代的孩子，以独生子女居多，有的孩子往往因家长溺爱，对孩子迁就、纵容、包庇乃至无条件满足孩子的一切要求，这使孩子产生了一种错误的认识：家人对自己的关心是天经地义的，而自己从不会想去关心家人，这样就导致小孩逐渐地养成自私自利、唯我独尊、骄纵任性的性格。

因此，从小培养孩子关心他人的情操可以说是提高其综合素质必不可少的一个过程，要做到这点就要从小做起，从小事做起。比如餐桌上有孩子喜欢吃的东西，应该教育孩子怎么照顾到每一

位家庭成员，而不是霸道地自己一个人吃；生日时，教育孩子怎样让家里人一起分享他的快乐；父母工作忙时，教育孩子帮忙做一些力所能及的事务；教育鼓励孩子在集体生活中要懂得关心帮助同学，懂得关心集体；在社会生活中，懂得关心帮助周围有困难的人。总之，父母若能利用各种机会培养孩子关心别人，为他人着想这样一种良好的道德品质，久而久之，孩子的心里想的就不会完全是自己，这也为其今后成为一个善良正直的人打下了基础。

生活自理是一个人自立的起点，孩子总是要离开父母独自走向社会自立的。培养孩子逐渐从依赖性向独立性转化，也是让孩子全面发展的重要基础之一。父母在教育孩子的过程中应该要求孩子自己的事情自己做好，自己不会的事情要学着去做；要求孩子独立做家务，学会生活的最基本的本领；有意识地要求孩子出外办理他能办理的事；让孩子学会在生活中应对突发事情的能力，在社会生活中锻炼他的胆量和独立性。

随着社会的进步和家庭生活的逐步现代化，劳动光荣观点的教育似乎已经被人们淡化了。如果不重视对子女的劳动教育，不注意培养孩子的劳动习惯，这对孩子品格的形成自然会带来很多不良的后果。为了孩子更健康的成长，父母不妨在家中创造各种机会，让孩子在劳动实践中去体验劳动创造一切的喜悦心情，让其体验劳动的艰辛，从而懂得珍惜自己以及他人的劳动成果，在劳动中培养优秀的品格和坚强的意志。

每个人的一生都会遭遇到各种预想不到的艰难、坎坷、挫折，孩子会遭遇到考试成绩不理想、在家在校受到批评等情况。因此，父母要重视培养孩子健康的心理素质。一是对孩子从正面加以引导，二是教育他正确对待成功与失败。尤其是如何看待学习成绩，做到考试成绩好时不骄傲，考试成绩差时不气馁；引导孩子学会正确对待批评和自我批评，孩子容易用放大镜去看待别人的缺点，要引导孩子胸怀宽广、性格开朗，正确对待自己，正确对待别人；引导孩子向生活中的强者学习，提高他们承受挫折的能力；让孩子在生活的风浪中自我搏斗。孩子在学习、生活中遇到挫折是正常的，关键是让他学会如何面对挫折，学会自我调节，学会独立解决在前进的道路上遇到的困难。

提高孩子的综合素质，要从生活和学习的各个方面入手，从小事抓起，对孩子进行积极的引导。孩子优秀的指标不只是学习成绩好，只有能全面发展的孩子，才能从心理和生理上都得到健康的成长，并成为一个真正优秀的人。

提高孩子的综合素质要循序渐进

望子成龙是很多家庭普遍存在的现象，如果不从孩子自身发展规律的心理、生理特点出发，而是进行智力上的填鸭式教育，这样会使孩子负担过重、超越其接受能力，使孩子对学习产生厌烦的情绪，往往会适得其反。对孩子的学习教育，要根据其年龄段心理现象以及年龄特点，循序渐进，启迪孩子的思维、观察、想象等能力，从小培养孩子德智体美劳全面发展。

一个人要想拥有良好的综合素质，并非一日就能实现，俗话说“考试考孩子，平时考家长”，家长的教育方法尤为重要。

首先，家长要做的是更新家教观念，摒弃过分重视智力投资而忽视对孩子思想品德培养的旧观念。由于当前应试教育的影响和人们物质生活水平的提高，有些家长在物质上想尽办法满足孩子的要求，日常生活上替孩子包办一切，评价上重智轻德，只对孩子的考试特别关心。到学校，首先看到的是孩子考试的成绩，问的是孩子在班上的成绩排名；孩子放学回家，首先检查的是孩子的作业，辅导孩子的课外练习，很少涉及孩子的思想品德问题，认为只要考出好成绩，就是好孩子，将来就是人才。而教育正如“人”字，一“撇”代表思想品德，一“捺”代表文化知识，少了哪一笔都不行。

家长必须注意孩子公民道德素质的提高。注重教育孩子遵纪守法、文明礼貌、自尊自律、诚实守信方面的行为。树立德才兼备才是的观念才是孩子全面发展、提高综合素质的基础。

父母还要重视对孩子非智力因素的培养，特别是习惯的养成方面、意志品质和心理健康的培养。有专家做过调查，67%的家长在望子成龙的心态支配下，竭尽全力重视孩子的智力开发，而忽视孩子的非智力因素。调查显示，能让孩子经常参加家务劳动的家庭不足一半，多数孩子学习习惯较差，自控能力不强，被动学习或者不会处理人际关系。从狭义上来说，非智力因素主要是指情感、意志、兴趣、性格、动机等因素构成。人的知识积累和能力的形成发展，不仅取决于知识要素，更重要的是受到健康情绪的激励，高尚人格的引导，意志力量的支配，世界观、人生观、价值观的驱动。

家长要学会研究孩子，琢磨自己的教育观念是否正确，还要多反思自己的教育态度、教育方式是否合适。“言传身教”是中国几千年的传统教育话题。“其身正，不令而行；其身不正，虽令不从。”而有些家长一边给孩子讲“孔融让梨”，一边却带着孩子挤车抢座；一边给孩子讲“好好学习”、“活到老学到老”，一边自己一年也不碰书。家长是孩子的第一任教师，家长的言行和家庭气氛就是一本最生动、最真实的教科书。从某种意义上讲，家长的教育观念和素质的高低，决定着孩子综合素质的优劣。

教育孩子是一门艺术，也是一门学问，在关爱孩子的同时，应更多地对孩子在的品德、性格等方面进行培养教育，使其全面健康地发展，长大后，成为一个对国家、对社会有用的人。

6. 亲近自然，激发孩子对生活、学习的热爱

大自然是孩子最好的老师，能给孩子带来成长过程中最珍贵的礼物。而孩子在大自然中，能感受到真正的生活，能迸发出对知识的渴求和对生命的热爱。家长对孩子的教育应采取以灵活的方式，让孩子接受更多本真的事物，从而激发其最原始的生命动力。

带孩子亲近自然，热爱生活

在我国传统文化中，对于人的成长有“读万卷书，行万里路”的要求。印度诗人泰戈尔的父亲就是这样培养他的孩子的，攀越高峰、游览胜迹、长途跋涉、诵诗读书，这对于一个文学家的幼年来说，其意义不但是一段快乐奇妙的时光，更是使人受益匪浅的经历。这种潜移默化的熏陶往往在一个人成人后显现出来。

泰戈尔，是印度著名的诗人、作家、艺术家和社会活动家，1913年荣获诺贝尔文学奖。他一生中写了50多部诗集，被印度人民称为“诗圣”。他还写了10部中长篇小说，100多篇短篇小说，20多部剧本以及大量文学、哲学、政治著作，并创作了1 500多幅画，谱写了数量难以统计的歌曲。泰戈尔的多次旅行，使他了解到许多不同的文化以及它们之间的区别。他对东方和西方文化的描写是迄今为止这类描述中最细腻者之一。

泰戈尔是一位多才多艺的诗人，所涉及的学术范畴极为广泛，其中包括文、史、哲、艺、政、经等，他几乎无所不精。他的作品充满了鲜明的爱国主义和民主主义精神，同时又富有民族风格和民族特色，具有很高的艺术价值，深受人民群众的喜爱。他的成长得益于父亲严格而又得当的教育。

他出身于一个豪门贵族，父亲是受人尊敬的智者。父亲对他的教育概括起来就是："潜移默化，身体力行。"父亲除了潜心研究印度宗教圣典和西方哲学外，还爱好旅游。泰戈尔12岁那年，父亲为他举行了成人仪式。仪式结束后，父亲问他愿不愿意跟他一起去喜马拉雅山旅游，泰戈尔当然愿意，而且为此相当兴奋。

他们的第一站宿营地是桑地尼克坦，那里空旷无垠，广阔的原野，袒露的黄士，还有错落有致的沟沟壑壑，在蓝天白云下，像是一幅浓墨重彩的油画。壮丽的景色深深地感染了泰戈尔，他第一次获得了在空旷的大自然里自由遨游的乐趣。他们继续向喜马拉雅山进发，沿途游览了很多地方，还特地参观了阿默尔特萨尔的金庙，和那些虔诚的信徒在一起，吟唱锡克人的颂神曲。抵达喜马拉雅山麓时已是阳春三月，但山区的春天却姗姗来迟，他们稍事休息之后，便向海拔7 000英尺的德尔豪杰峰攀登。

途中要经过几个营地，他们或步行，或骑马，或坐轿。山路两旁，古松参天，春花初绽，云飞雾绕，鸟语声声，皑皑白雪在峰岭闪烁，山路自下盘旋而上，沟壑万丈、层林叠翠。这一切，对泰戈尔来说都宛如天堂，闻所未闻、见所未见，一颗好奇和探索的童心完全陶醉在这山区的美景之中了。他们到达德尔豪杰峰后，住在自己早已购置的小屋里。每当太阳从东方的峰岭喷射出万道金光时，泰戈尔和父亲早已在户外散步了，然后回到屋里读一小时英文，读完就到冰凉的水里沐浴，下午仍是读书，讨论宗教问题，晚上则是坐在星空下，听父亲讲天文知识，欣赏高山美丽迷人的夜色。就这样，父子俩共同在这里度过了四个月美好的旅游生活。

此次旅游使得泰戈尔与喜马拉雅山结下了不解之缘，给他留下了很多终生难忘的美好记忆，他后来称喜马拉雅山是"蛰居在心灵上的情人"。后来，泰戈尔又曾怀着深深的眷恋多次攀登了喜马拉雅山。1916年出版的诗集《飞鹤》，就真实地记录了他这些游览活动的感受。后来，泰戈尔和他的父亲又在喜马拉雅山脚下的桑地尼克坦买了一块地，建了一幢住宅和一座花园，他们常去那里游览休假。他还在那里创立了植树节和开犁节，使当地植树造林蔚然成风。泰戈尔的生活已经与桑地尼克坦紧密地联系在一起，他通过在那里的许多实验活动，扩大和增进了对自己所热爱的大自然的亲近感，饱览了美丽的自然风光，熟悉了普通人民的生活情形，这为他一生的诗歌创作产生了重大而深远的影响。

有位著名教育家曾经说过，没亲近泥土的童年即不是真正的童年。人是大地的产物，土地是一切生命的源泉，现在很多孩子甚至连真正的土地是什么都不知道，他们心目中的土地就是宽阔的马路，要不然就认为是花圃里的黄泥。要想让孩子拥有一个真正的童年，让他们真正的热爱生活，就应该带他们去亲近自然。人与自然之间的关系是最微妙的，在对自然的亲近中，会让孩子变得更聪明，变得更健康。

城市里的孩子，混凝土的世界隔离了他们与蓝天、碧海、大地的亲密接触；孩子们与花草树木、飞鸟游鱼亲近的机会也越来越少了。因此，不要吝惜时间陪孩子去大自然中感受真正的生活，毕竟、电视中和书本上的大自然离孩子是遥远的，想象永远也比不上真实。自然界的一切生命，包括植物、动物和人，归根到底都是源于自然、生于自然，最后又要回归自然的。

大自然带给孩子的礼物

离开城市后，才发现生命原来可以那么丰富多彩：孩子们会不小心被飞过的蜜蜂或者别的小虫子蛰到；会发现在城市里寻找不到的斑斓蝴蝶和上万知了的齐声合唱；会放纵自己在泥地里弄得脏兮兮的，然后在清澈溪水中荡涤自己的所有不快……现在已经有越来越多的人愿意离开喧嚣的城市去乡间旅游，因为只有在这里，人才能彻底地放松，回归于自己最本质的状态。而孩子也很容易在这样的环境中感受到最原始的生命力。

无论是正在发芽的树枝，还是潺潺的流水，无论是蓝天白云还是狂风暴雨，不经过近距离的接触，孩子是无论如何也体会不到这些大自然的神奇的，只有亲身接触到这些神奇，才能感受到生命和自然的联系。孩子能在这样的环境中体验到蓬勃的生命力，获得一种超自然的快乐，这就是大自然带给孩子最珍贵的礼物。

古今中外，人们总能从很多人身上看到大自然对人的影响，很多历史名人都能在自然中发现灵感，获益匪浅。一个苹果成全了牛顿灵光闪现，使他发现了万有引力定律；白鹅在池塘中的悠然让年仅七岁的骆宾王借助一首咏鹅诗展现了自己的诗词天赋；河中的小虾深深吸引住了齐白石，又在他的画笔下活蹦乱跳。这些都是大自然给予人类的灵感。童年是一个人智力启蒙的基础阶段。大自然能美化人的生命、启迪人的智慧和灵感。孩子在自然中能培养对线条、形体、色彩、音响、生态的敏锐观察力和感受力。很多人给孩子报学习音乐、文学和绘画的各种启蒙或进一步学习的辅导班，但这并无法使孩子理解很多艺术巨著的深层思想。这就是因为在画室和琴房所能学到的只是技巧，却学不会对生活的新奇、幻化、天真的感受。

美国有一对颇具冒险精神的夫妇，他们将四个孩子带到偏远的农场自己培养。白天孩子们像普通农夫一样在农场干活，并在劳动中讨论种子发芽、遗传、农药等知识；晚上，曾是大学教授的父亲则负责给孩子们讲授文化知识。到了周末，一家人会开车到附近小镇的图书馆借阅各种书籍。这种特殊的教育方式激发了四个孩子前所未有的求知欲，他们如饥似渴地学习，然后在农场里进行自己的各种实验。孩子们不断探索，养成了很强的发现问题解决问题的能力，四个没有读过中学的孩子均以优异的成绩考进了著名的哈佛大学，并分别成为电脑、畜牧、天文、造船方面了不起的专家。这对夫妇认为书本上的文字是死的，而大自然的一切都是鲜活的，让孩子看着书本想象并不符合孩子的天性。很多知识，孩子们在自然界中自然能找到答案，并且是自己认为最满意的答案。

孩子从大自然中体会到的空灵是最好的生命启发，在大自然中，通过对山川湖海、花鸟虫兽的神奇变化的观察，孩子们还常常会想到日月星以上的境界，想到地面下的情形，想到花卉的用处，想到昆虫的语言，从而大大激发了他们的想象力，诱导他们展开探索的翅膀，产生揭示大自然奥秘的强烈欲望，促进他们智力的发展。

7. 培养孩子对生活坚定的信念

如果一个人没有人生信念，他的人生将会一片迷茫，始终找不到成功的彼岸。同样地，如果一个孩子从小对生活就没有坚定的信念，那么他的人生注定会一塌糊涂。培养孩子对生活坚定的信念，是家庭教育的重要任务，也是让孩子实现伟大理想、走向成功的基石。

坚定信念，成就伟业

只有带着信念的孩子，才能正确地对待挫折，才能迅速地在逆境中重整旗鼓，并以更高的热情继续投入。带着信念的孩子，面对困难就能以平静的心态勇敢地接受挑战。他们考虑的是如何解决问题，而没有信念的孩子只会在困难面前退缩，轻言放弃，等待别人创造成功。带着信念的孩子力求使自己有责任感，对社会有用，能与人友好相处。

带着信念的孩子，表现得果断、勇敢、可靠、友善，他们了解自己的优点和缺点，能扬长避短，不寄希望于别人的帮助。而没有信念的孩子往往显得优柔寡断、胆小怕事、喜怒无常、性格孤僻、无所事事，老想要别人帮忙。带着信念的孩子，能控制自己的言行。他们也会遇到困难，但他们充分相信自己的能力，认为凭自己的力量能够克服困难。

美国第42任总统比尔·克林顿是美国一位出生于第二次世界大战期间的总统，也是仅次于西奥多·罗斯福和约翰·肯尼迪的最年轻的美国总统，以及在富兰克林·罗斯福之后连任成功的唯一一位民主党总统。1979年1月，年仅32岁的克林顿就任阿克瑟州州长一职，成为美国历史上最年轻的州长之一。因为克林顿在任期间政绩斐然，五次连任该州州长历时长达13年，并于1990—1991年任民主党领导委员会领导人。1992年，克林顿作为民主党总统候选人与在任共和党总统沃克·布什以及独立候选人罗斯·佩罗竞选美国总统，在内政方面提出一系列改革方案，以43%的公选票，370张选举人票当选美国第42任总统，于1993年1月20日宣誓就职。1996年克林顿击败了共和党总统候选人罗伯特·多尔和独立候选人罗斯·佩罗连任成功。

克林顿的母亲弗吉尼亚用这样的话总结了她的生活史："我不是一个为了规则而活的人。"弗吉尼亚的人生充满了波折，但是她却用自己的双手培养了一位杰出的总统儿子。当克林顿还没有出世的时候，他的父亲就在一场意外中丧生了，克林顿成了父亲的遗腹子。三个月后，在失去丈夫的悲痛中，弗吉尼亚生下了克林顿。弗吉尼亚是一位坚强的母亲，为了让儿子有更好的生活，她一边工作一边读夜校学习护理，并取得了注册护士的资格。她把自己所有的爱都放在了儿子身上，让克林顿住大房间，在他3岁时就开始教他读书。在克林顿的记忆里，虽然自己从来没有得到过父爱，但是他和母亲的关系十分密切融洽，从未觉得遗憾。

克林顿经常到厨房和母亲聊天，对于孩子的任何话题，弗吉尼亚都认真地跟儿子讨论，用她开朗、坚强的性格去跟儿子交流他们共同的梦想。15岁那年，克林顿突然在厨房对妈妈说，他将来长大了要去竞选美国总统。别家的小孩这样说，父母也许会嘲笑孩子异想天开，但是弗吉尼亚认真地想了想对克林顿说："我相信你能行，我也曾有过这样的梦想，只是当我觉得我做一个让病人喜欢的护士更适合我就放弃了。现在，对于你来说，也许正是实现这个梦想的最好时机。"

从此以后，弗吉尼亚给了克林顿最强大的支持，她成为了克林顿勇气和力量的源泉，而且总是叮嘱克林顿要"永远不停止学习，永远不要说'我做不到'"。于是，为了自己的总统梦，克林顿一直努力着、坚持着，他不仅成了总统，也是被公认的美国历史上最具人格魅力的总统之一。

海伦·凯勒说过："当一个人感觉到有高飞的冲动时，他将再也不会满足于在地上爬。"正是她的这种信念，才使这个又盲又哑的女孩创造了一个生命奇迹，成为20世纪美国十大英雄偶像之一。而她的理想和信念都来自于她的老师。正是因为老师为她点燃了信念之火，她的生命才能如熊熊烈火般燃烧起来，指引她走出黑暗、飞上云天。

用行动支持信念

梦想和信念是开创美好人生的基础，孩子是否能有一个美好的人生，家长是最重要的人物。做父母的要以自己的言行来教育和影响孩子，其中家长要注重自身素质的提高，父母的精神状况、思想品德、工作态度对孩子的影响是巨大的。因此，家长要尽最大的努力做得好一点，让孩子感到自己的父母很了不起或者非常可敬，只有这样，家长的教育效果才会更好。

十几年前,一个女孩毅然辞去了令人羡慕的大学教师的职务,做起了自己并不熟悉的服装生意。那个时代的中国男人,穿的衣服永远不会超出黑白灰以外的颜色。当时她不明白,为什么杂志上的外国人穿的那些彩色西服那么好看,就没有一个中国厂家肯生产,就没有一个中国男人在穿呢?

于是当时的她萌生了一个念头,一定要让中国的男士和外国的男士一样,穿好看的衣服。她要做一些与众不同的西装,和那些外国人穿的一样,格子的、条纹的,还有彩色的。老板阻止了她,说那是不可能的,中国没有男人会穿那样的衣服,打扮只是女人的事情。

她不相信,并决定亲自尝试一下。她找到一家毛纺厂,那里生产了很多她想要的彩色布料,原本是想出口,但是苦于配额限制,一直积压在那里,成了厂长的一块心病,有人买厂长自然非常高兴,高兴之余他也替眼前这个女孩担心,"悠着点啊姑娘,现在挣钱不容易"。他这样对她说,她笑笑,决定冒这个险。

她费尽口舌和努力,在商场租到四个货架,把这些漂亮的西服满满当当地挂在里面,开张第一周,人们是看的多买的少,所有的人都相信,她赔定了。可她却不死心,她不相信这些款式漂亮的衣服会没有市场,人们不买一定是因为不了解。那个时候的中国还没有POP的概念,她把杂志上穿着彩色西服的国外男人的照片翻拍成大海报贴了满满一墙,终于有人意识到这些衣服的好处,动心了、掏钱了。

她还不满足,因为有人已经开始学习她的办法,她不能被动地等其他商家来挑战自己,她要主动出击,寻找在竞争中不败的地位:她不愿意被动地等待被人发现她的衣服,她趁着午休时间跑遍了北京所有高档的写字楼,在那些白领们就餐的餐厅摆开了摊子。她很清楚自己的目标群体,这些外资企业的年轻人注重形象、能接受新事物,还有一定的消费基础,她的生意果然好得出奇。打铁要